Wolfgang Etzrodt

Vom DDR-Grenzer zum Katholiken

oder vom Saulus zum Paulus

conception SEIDEL OHG

Bibliografische Information der Deutschen Nationalbibliothek
Die Deutsche Nationalbibliothek verzeichnet diese Publikation in der Deutschen Nationalbibliografie; detaillierte bibliografische Daten sind im Internet über dnb.de abrufbar.

Etzrodt, Wolfgang
Vom DDR-Grenzer zum Katholiken

Auftragsveröffentlichung

Best.-Nr.: 644.242
ISBN 978-3-86716-242-5

Vorwort des Verlegers

Um der Frage der Leserschaft vorzubeugen, weshalb ein evangelisch-freikirchlich geprägter Verlag dieses Buch verlegt, hier vorab einige Gedanken.
Autor und Verleger gehören dem gleichen Geburtsjahrgang an, beide haben die unselige DDR-Geschichte miterlebt. Entsprechend ihrem Hintergrund haben sie unterschiedliche Wege gewählt. An der Wehrpflicht kamen beide nicht vorbei. Der Autor mit seiner Dienstpflicht als Wehrpflichtiger bei den Grenztruppen der DDR, der Verleger mit dem Verweigern des Wehrdienstes und dem Ableisten eines Wehrersatzdienstes (Bausoldat).
Trotz dieser widrigen Umstände haben beide früher bzw. später Glaubensentscheidungen getroffen – für das Festhalten am lebendigen Gott und ihrem Vertrauen, dass Jesus Christus, der Ewige, menschgewordene Sohn Gottes, für sie eine Zukunft vorbereitet. Freilich versteht sich von selbst, dass die Hinwendung zum Katholizismus unserem Bibelverständnis Mühe macht.
Mit dem Blick in die Vergangenheit, aus dieser heraus, lohnt sich jedoch der Blick nach vorn.

Um dem Vergessen vorzubeugen, verlege ich dieses Buch gern.

Frieder Seidel

Vorwort

Als ich im Jahr 2008 als ehemaliger Vorsitzender eines Gemeindekirchenrates und Synodaler der thüringischen Landessynode zum katholischen Glauben konvertierte, lief mein bisheriges Leben wie im Zeitraffer vor mir ab.
Mit achtzehn Jahren wurde ich 1974 als Wehrpflichtiger zu den Grenztruppen der DDR eingezogen. Das dort Erlebte konnte ich nie vergessen, doch dachte ich nicht darüber nach, diesbezüglich ein Buch zu schreiben, da wir bei unserer Entlassung verpflichtet wurden, nichts über die Vorkommnisse an der Grenze zu berichten. Trotz alledem ließen mich diese Erlebnisse nie los und beschäftigten mich manche Nacht sehr in meinen Träumen. Meine spätere Frau half mir bei der Überwindung und Aufarbeitung des Erlebten, ihr gilt hierbei mein ausdrücklicher Dank.
Nach 1989, mit der Öffnung der Grenze, gab es plötzlich eine neue Situation. Die ersten Bücher über Geschehnisse an der Grenze kamen auf den Markt. Viele der Autoren verurteilten die Taten der Grenzer, ohne sich je emphatisch mit der Situation der jungen Wehrpflichtigen zu befassen. Die Staatssicherheit und die Grenztruppen wurden zum Sündenbock der Nation gemacht. Der kategorische Imperativ von I. Kant kann hierbei hilfreich sein. Die abgewandelte Form „Was du nicht willst, das man dir tu, das füg auch keinem andern zu!“ sollte zumindest das Urteil über die Taten der Grenzsoldaten der DDR in einem anderen Licht darstellen.
Ich war zu keiner Zeit in meinem Leben Kommunist, trotzdem war ich Teil des Systems. Als Vorsitzender eines evangelischen Gemeindekirchenrates vor und nach der Wende und nach 1991 als Mitglied der Thüringer Landessynode der evangelisch-lutherischen Kirche, hatte ich lange mit mir gerungen, zum römisch-katholischen Glauben zu konvertieren, da gewisse Ressentiments in mir vorhanden waren. Heiligen- und Marienverehrung, Inquisition, Hexenverbrennungen und die Unfehlbarkeit des Papstes standen dem lange im Weg. Doch nach einer Führung in der katholischen Dresdner Hofkirche wurde mir bewusst, dass auch seitens der Protestanten sehr viel Unrecht im Rahmen der Re-

formation gegenüber den Katholiken geschehen war. Von der Rolle der ev. Kirche von 1933–1945 ganz zu schweigen.
In diesem Buch wollte ich beschreiben, wie mich Gott, trotz schlimmer Erfahrungen an der innerdeutschen Grenze, in der Not der Einsamkeit der Gedanken, näher zu sich brachte. Die unbarmherzige Härte der Ausbildung bei den Grenztruppen der DDR, welche teilweise noch von alten Wehrmachtsmilitärs eingeführt wurde, und das auf sich ganz allein gestellt sein als Teil eines Postenpaares, da man nie wusste, was dem anderen durch den Kopf geht, war für einen 18- oder 19-Jährigen kaum auszuhalten. Zeugnis davon legen die Zahlen der erschossenen Grenzsoldaten ab, die durch ihren jeweiligen Posten bei Fahnenfluchten ums Leben gekommen waren. Diese Zahlen wurden nach der Wende veröffentlicht. In einer solchen Situation befand auch ich mich kurzzeitig. Die Lage des Standortes der Grenzkompanie Großburschla in einem Sack, umgeben von westdeutschem Gebiet, erreichbar nur durch eine schmale Straße, welche in ein Felsmassiv unterhalb des Heldrasteines vor meiner Zeit bei den Grenztruppen hineingesprengt worden war, machte die Situation noch dramatischer.
Bereits 1976, nach meiner Armeezeit, nahm ich Kontakt mit einem evangelischen Pfarrer auf, um mit meinen Erlebnissen an der Grenze fertigzuwerden. Trotz des Versuchs, mich anzuhören, empfand ich das Misstrauen des Pfarrers mir gegenüber. Dies passierte mir so bereits während meiner Armeezeit.
In diesem Buch versuche ich, die Realität an der Grenze und der Ausbildung aus der Sicht eines Wehrpflichtigen darzustellen, ebenso mein Engagement in der evangelisch-lutherischen Kirche und meine Beweggründe, zur katholischen Kirche zu wechseln. Die Zeit nach dem Armeedienst, der Wiederaufbau einer evangelischen Kirche zu DDR-Zeiten, die Entstehung ersten katholischen Lebens in der Diaspora durch die Aufstellung eines Feldkreuzes sowie der Bau einer Kapelle werden beschrieben.

Die Einberufung

Geboren 1955 in einem kleinen nordthüringischen Dorf neben dem evangelischen Pfarrhaus, das schon seit den 1930er Jahren nicht mehr von einem evangelischen Pfarrer besetzt war, und der 1938 vollständig abgebrannten Kirche, wuchs ich in der tiefsten DDR auf. Die Gegend um den sagenumwobenen Kyffhäuser war seit Luthers Reformation tief vom Protestantismus geprägt, und hätte es nicht die Vertreibung der Deutschen aus den Ostgebieten, welche insbesondere im Sudetenland und Schlesien dem katholischen Glauben nahestanden, gegeben, so wäre wohl niemand in der Gegend katholisch geprägt gewesen. Im Gegenteil, oft wurden Katholiken als „rattenkatholisch" verbal verunglimpft und verspottet.
Gottes Wege sind oft unbegreiflich für uns Menschen und erst recht für einen Atheisten. Die Bevölkerung hatte in der Nachkriegszeit ohnehin andere Sorgen, zumal der Mauerbau in Berlin 1961 die Teilung Deutschlands zementierte und die Bevölkerung sich nach und nach dem Schicksal Deutschlands anpasste. In der DDR wurde man, wie von den Siegermächten verordnet, eben ein guter Sozialist, der möglichst keine Bindung zu einer Religion besitzt, und in der BRD frönte man dem „Amerikanismus".
Unser Dorf hatte in den 1960er Jahren zwei Bäckereien, zwei Gaststätten (mitunter sogar drei), einen Konsum und einen Fleischerladen. Es gab im Ort auch einen Kindergarten und eine Schule, welche ich bis zur 4. Klasse besuchte. Danach fuhren wir mit dem Bus in den Nachbarort zur Schule. Diese Zeit des Aufwachsens nach dem Krieg war mit Entbehrungen für uns Kinder verbunden. Anfang der 1960er Jahre fielen die Lebensmittelmarken weg. Obwohl wir genügend zu essen hatten, da wir jährlich zweimal schlachteten, war ich so abgemagert, dass ich mit einigen anderen Kindern in ein Erholungsheim für vier oder acht Wochen nach Sornßig bei Bautzen geschickt wurde. Außerdem war ich der Jüngste in meiner Klasse – mit gerade einmal sechs Jahren kam ich in die Schule. Meine Klassenkameraden, teilweise ein Jahr älter, waren fast alle bei der Einschulung einen Kopf größer als ich. Etwa ab der 7. Klasse war die Schule für

mich die Hölle, da ich noch immer sehr klein und zierlich gebaut war. Zwei Lungenentzündungen hatte ich als Kind überstanden und mit den Auswirkungen noch Jahre zu kämpfen. Für einen Heranwachsenden kann es zum Problem werden, wenn er in der Pubertätsphase bei Gruppenzwang-Ereignissen oft unterlegen ist. So war es anfänglich auch bei mir, da ich mich nicht wie von mir erhofft entwickelte. In der 7.–10. Klasse fürchtete ich nur die Pausen in der Schule, da die Brutalität unter den Kindern und Jugendlichen in einer Art „Gemeinschaftsschule" enorm war. Das hörte schlagartig mit dem Schulabschluss auf.

Nach meinem Abschluss der 10. Klasse der Polytechnischen Oberschule begann ich eine Lehre zum Chemiefacharbeiter, genauer gesagt zum Facharbeiter für chemische Produktion. Diese Lehre schloss ich 1973 erfolgreich ab. Weil meine Leistungen gut waren, durfte ich anschließend am Anfahren einer chemischen Fabrik, eines Reifenwerkes in Vidin in Bulgarien, teilnehmen. Da ich mich weiterentwickeln wollte, brauchte ich das Abitur bzw. die Hochschulreife. Zunächst meldete ich mich auf der Abendschule an.

Mein Elternhaus war landwirtschaftlich geprägt. Der Bruder meiner Mutter war Tierarzt, mein Großvater mütterlicherseits war Schäfermeister. Er behandelte hier im Ort die Tiere und manchmal auch die Einwohner. Mein Opa war sehr beliebt bei den Menschen, da er eine gewisse Empathie gegenüber kranken Individuen hatte. Das imponierte mir sehr, und ich hatte das Gefühl, dass die Chemie nicht mein Ding war, sondern dass ich wie mein Großvater, der mit Tieren arbeitete, oder mein Onkel der Tierarzt war, diesen Beruf erlernen möchte.

Am Rande noch eine Bemerkung zu den Zulassungsbedingungen für Mediziner oder Veterinärmediziner in der heutigen Zeit. Die Zulassungen dürften sich auf keinen Fall nur an Notendurchschnitten orientieren. Ich habe in meiner praktischen Zeit so viele Fehlbehandlungen an Tieren, aber auch an Menschen beobachtet. Meist von Leuten, die einen Notendurchschnitt von 1,0 hatten, jedoch keinerlei Einfühlungsvermögen. In der Veterinärmedizin, wie auch in der Humanmedizin, arbeitet man mit le-

benden Organismen und nicht mit Robotern. Jedes Lebewesen reagiert anders. Eine Juridifizierung (Verrechtlichung) der Medizin ist dabei kontraproduktiv, da der Arzt Therapien anwendet, welche rational ihn, nicht jedoch in jedem Fall den Patienten schützen oder ihm dienen. Ich habe oft in den Augen schwer kranker Tiere sehen können, wenn ihnen ein bestimmtes Medikament guttat. Man muss als Therapeut die Fähigkeit und den Willen haben, sich in den Patienten hineinzuversetzen und das ist das große Manko in unserer Zeit. Soweit mein kurzer Ausflug in die Neuzeit.
Anfang der siebziger Jahre gab es die Möglichkeit, ein Studium der Veterinärmedizin an einer Ingenieurschule für Veterinärmedizin in Rostock oder in Beichlingen (bei Weimar) aufzunehmen. Voraussetzung hierfür war das Abitur mit einem landwirtschaftlichen Praktikum im Vorfeld des Studiums bzw. der Abschluss der 10. Klasse, zusätzlich ein sehr guter Berufsabschluss in einem landwirtschaftlichen Beruf (zum Beispiel der Tierproduktion oder eines adäquaten Faches) und eine Delegierung eines Betriebes aufgrund hervorragender Leistungen.
Ich entschloss mich also dazu, eine Ausbildung an einer Spezialschule der VVB Tierzucht zu absolvieren, um eine Chance der Aufnahme zu diesem Studium zu erhalten. Ich schloss diese Spezialschule als einer der Wenigen mit der Note 1 ab und hielt mir damit alle Optionen offen. Die Hochschulreife würde ich durch den Abschluss der Ingenieurschule ohnehin bereits mit dem Bestehen des Grundstudiums erhalten. Dieser Weg schien mir am sinnvollsten. Da später meine Armeezeit in Aussicht stand, erübrigte sich das mit der Abendschule ohnehin wieder. In der Landwirtschaft und Bildungslandschaft gab es zu jenem Zeitpunkt in der DDR einige Veränderungen. So wurden zum Beispiel die Fakultäten Veterinärmedizin an den Universitäten Berlin und Leipzig geschlossen und in eine Sektion Tierproduktion und Veterinärmedizin überführt. Da meine spätere Frau, die das Abitur mit Eins ablegte, sich dort beworben und eine Absage erhalten hatte, weil sie aus religiösen Gründen keine Jugendweihe absolviert hatte, wusste ich später, dass mein Schritt in Richtung Veterinä-

ringenieur richtig war. Außerdem schrieb mein späterer Schwiegervater in einem Brief an uns 1977, dass zu diesem Zeitpunkt an der Uni in Leipzig von fünfzig immatrikulierten Studenten fünfundzwanzig Afrikaner und fünfundzwanzig DDR-Bürger, davon ein Mädchen, waren. Dies hatte ihm ein befreundeter Landwirt beim Besuch einer BHG (Bäuerliche Handelsgesellschaft) mitgeteilt. Für mich war dies ohnehin noch Zukunftsmusik, da ich so früh wie möglich meinen Wehrdienst ableisten wollte, um mein Leben etwas planen zu können. Eine Freundin, also eine feste Bindung, hatte ich zu dieser Zeit nicht. Lediglich kurz andauernde Beziehungen, wenn man eine Bekanntschaft zur Kirmes, die in unseren Dörfern früher ausgiebig gefeiert wurde, schloss. Da mein Wehrdienst irgendwann anstehen sollte, hatte es auch keinen Sinn, eine feste Beziehung zu beginnen.

Mein Vater, aber auch mein Bruder erzählten mir vom Militär. Meine Eltern, beide Jahrgang 1926, sorgten sich schon im Vorfeld um meine Wehrdienstzeit. Mein Vater wurde nach dem Reichsarbeitsdienst, den er in Kirchhasel bei Rudolstadt absolvierte, 1944 zur Luftwaffe als Bordfunker aufgrund seiner guten Englischkenntnisse eingezogen. Er nahm dort an der Ardennenoffensive teil und wurde durch einen Granatsplitter schwer verletzt. Die Luftwaffe der deutschen Wehrmacht war zu dieser Zeit bereits kaum noch handlungsfähig, da viele Flugzeuge und Landebahnen zerstört waren. Nach einer Zeit im Lazarett in Bergzabern 1944 musste er zurück an die Front als MG-Schütze. Anfang 1945 kam er in amerikanische Kriegsgefangenschaft. Mit meiner Mutter war er seit der Schulzeit befreundet und 1949 heirateten sie. Mein einziger Bruder wurde einige Jahre vor mir zu den Grenztruppen der DDR eingezogen. Bereits damals hatte meine Mutter große Angst um ihn, da in unserer Familie ein Onkel im Zweiten Weltkrieg gefallen war.

Der Tag meiner Einberufung rückte näher. Mein Stiefgroßvater, der ebenfalls am Zweiten Weltkrieg teilgenommen hatte, gab mir noch einige Ratschläge. Bei den jährlichen Schlachtfesten erzählten die Älteren ständig über ihre Kriegserlebnisse. Mein richtiger Opa hatte den Polenfeldzug und vorher den Ersten

Weltkrieg mitgemacht. Er war Landwirt mit Leib und Seele. Mein Vater kam 1946 aus der Kriegsgefangenschaft nach Hause. Gemeinsam mit ihm hatte mein Opa eine Dreschmaschine angehoben und sich dabei die Wirbelsäule gebrochen. Aufgrund der schlechten Zeiten und der mangelhaften medizinischen Möglichkeiten verstarb er 1947. Sein Bruder war bereits im Krieg gefallen. Um die Landwirtschaft am Laufen zu halten, bat er seinen ledigen Freund darum, meine Großmutter nach seinem Tod zu heiraten, was dann auch so geschah. Dieser Stiefopa gab mir den Ratschlag, nie als Erster oder Letzter bei der Armee zu laufen bzw. anzukommen. Er meinte, es wäre besser, im hinteren Drittel anzukommen. Mein Einberufungsbefehl war da, und im Mai 1974 wurde ich mit achtzehn Jahren zu den Grenztruppen der DDR eingezogen.

Am Bahnhof nahm uns ein Offizier des Wehrkreiskommandos in Empfang, welcher für die reibungslose Überführung zur Grenzausbildungskompanie verantwortlich schien. Der erste Schock kam bereits, als sich die Türen des Zugs öffneten, brüllende Unteroffiziere in Kampfanzügen ausstiegen und unsere Namen vorlasen. Der Zusatz „Soldat“ vor jedem Familiennamen war ein Novum für uns Rekruten. Die Türen des Zugs, der nur mit Rekruten in Zivil und Unteroffizieren besetzt war, schlossen sich. Ein letzter kurzer Blick zu den am Zug stehenden Eltern, und die Reise ins Ungewisse begann.

Die Waggons waren einzeln aufgeteilt. Mit militärischer Präzision hatte man schon vorsortiert, wer in welchem Abteil zu sitzen hatte. Einige Rekruten hatten noch lange Haare und kamen von Abschiedsfeiern in der vorhergehenden Nacht alkoholisiert an. Insbesondere bei diesen hörte man die Unteroffiziere brüllen: „Name!“ und die Betreffenden wurden notiert. Nach und nach, bereits während der Zugfahrt, schrien die Unteroffiziere pausenlos herum und sortierten teilweise sich widersetzende Rekruten aus. Alkoholisierte oder langhaarige Jungsoldaten wurden besonders schikaniert. „Ihnen werden wir schon das Laufen lernen“, brüllte ein Kapo, wie wir später diese Ausbildungsunteroffiziere nannten. Wohl keiner dieser „Menschenk(sch)inder“ hät-

te wohl jemals die richtige Westgrenze gesehen, da diese Leute lediglich darauf getrimmt waren, uns möglichst hart zu erziehen. Empathie oder Menschlichkeit hatten dabei keinen Platz. Dies merkten wir bereits nach der ersten Stunde der Zugfahrt. Natürlich war diese Angstmacherei Bestandteil des militärischen Kalküls und verfehlte an uns frisch eingezogenen Soldaten ihre Wirkung nicht.
Auf dem Bahnhof in Eisenach angekommen, mussten wir uns nach der Größe sortiert aufstellen und, als militärische Formation den Befehlen dieser Kapos folgend, bis zu den auf uns wartenden LKW marschieren. Die Bevölkerung der Stadt schien wenig davon mitzubekommen, da die Zeitpunkte der Ankunft der Züge vermutlich so gewählt wurden, dass keine größeren Menschenansammlungen in und um den Bahnhof zu erwarten waren.
Nun begann ein Leben, bei dem man nicht mehr selbständig denken musste. Als Wehrpflichtiger war man der Maschinerie relativ wehrlos ausgeliefert. In der Regimentskaserne angekommen, wurde weiter unaufhörlich geschrien. Ein Offizier teilte uns mit, dass wir nun Soldaten im Dienste der Deutschen Demokratischen Republik wären und dass wir der Militärgerichtsbarkeit unterstehen. Danach wurden wir in die zugeordnete Kompanie innerhalb des Regiments im ersten Marschschritt verbracht.
Hierbei fällt mir eine Begebenheit ein, als ich die Stube des mir zugeordneten 3. Zuges betrat. In jenem Zimmer saß auf einem Hocker mein späterer (und bis heute) Freund Gerhardt (Name geändert).
In leicht sächsischem Dialekt sagte er zu mir: „Du brauchst dich nicht erst hinzusetzen, der da draußen brüllt gleich wieder los.“ Er hatte kaum gesprochen, schon brüllte es. Ich konnte nur kurz sehen, dass mein Name an einem Bett und an einem Spind stand, als ein Uffz auf dem Flur schrie: „Kompanie raustreten!“ Da wir diese Kommandos aus dem Zivilleben nicht kannten, schauten wir vorsichtig aus der Tür, was er wohl meinte.
„Sie brauchen wohl eine Extravorladung? Die können Sie gern haben!“, drohte er. „Antreten und sofort aufstellen, der Größe

nach, vor die jeweilige Tür, wenn das Kommando ertönt. Zeitvorgabe X + 5." Damit meinte er, in fünf Sekunden müssten wir uns aufgestellt und ausgerichtet haben. Mit wissenschaftlicher Exaktheit schien man hier vorzugehen, dachte ich mir, da der Kapo mit mathematischen Begriffen zu arbeiten schien. Während wir noch immer in Zivil auf weitere Schritte warteten, füllte sich unser Zimmer nach und nach, so dass wir am Ende zwölf Mann auf einem Zimmer waren. Sachsen, Sachsen-Anhaltiner, Thüringer waren in etwa gleich stark vertreten, während nur zwei Berliner unser Zimmer teilten.
An einen auffällig religiösen Soldaten in dieser Situation kann ich mich nicht erinnern, aber es war auch nicht die Zeit zum Meditieren vorhanden, da es nur noch Drill, Drill und nochmals Drill gab. Man hatte keine Minute, noch nicht einmal eine Sekunde, um zu verschnaufen. Es ging zur Einkleidung zu dem dort ansässigen „Kammerbullen". Ich bin mir nicht mehr sicher, aber ich denke, es war ein Unterfeldwebel. Zu dieser Zeit kannten wir die Dienstgrade der NVA noch nicht und deshalb ist mir dies auch nicht mehr so im Bewusstsein. Dies sollte sich wenig später aber ändern.
Der für die Einkleidung verantwortliche „Kammerbulle" machte kein großes Federlesen. „Mützen, Koppel, Mantel, passt, ab, wegtreten." Im Sekundentakt gab er dies vor. Ich bekam zwei Paar Stiefel, ein Paar neu und ein Paar gebraucht, in die ich kaum hineinkam. Gasmaske, Teil 1, Teil 2, die Kalaschnikow sowie das Seitengewehr. Alles im Laufschritt, eine Rast gab es nicht.
Nun lernten wir unsere Vorgesetzten kennen. Unsere Stube hatte beim Gruppenführer Glück. Sein Name war Steinbock, und es war noch der beste Griff, den wir machen konnten. Leider war er nicht allein für uns zuständig. Die anderen Gruppenführer waren wechselseitig für uns verantwortlich, so dass wir auch den Schikanen dieser unbarmherzigen Ausbilder ausgeliefert waren. Unser Zugführer war ein Stabsfeldwebel, der höchste Unteroffiziersdienstgrad zu dieser Zeit, da der Fähnrich erst kurz danach, meine ich, eingeführt wurde. Von Beruf hatte er Schweinezüchter gelernt, und diesem Berufsbegriff machte er alle Ehre, denn nach der Ausbildung fühlten wir uns wie „gezüchtete Schweine".

Da wir anfänglich die Dienstgrade der Grenztruppen noch nicht kannten, antwortete einmal mein Freund Gerhardt unserem Zugführer mit: „Jawohl, Genosse Unteroffizier", da er dachte, dass ein Unteroffizier ein unterer Offizier war. Dies sollte er nicht ungestraft getan haben, denn ein Stabsfeldwebel war mehrere Dienstgrade über dem Unteroffizier einzuordnen.
Die erste Übung, die Gerhardt als Lehrstunde von unserem „Schweinezüchter", den wir auch „Dozent" nannten, erhielt, begann mit den Worten: „Auf – nieder – auf – nieder" bis fast zum physischen Zusammenbruch. Dann übergab der „Dozent" Gerhardt Studienmaterial, das die Dienstgrade der Grenztruppen, insbesondere die der Unteroffiziersdienstgrade, beinhaltete. Von diesem Moment an wussten wir, dass man diesen oft „profilneurotischen Militärs" in der Ausbildung nur genug Raum für ihre Selbstverwirklichung und ihr Machtbedürfnis geben musste, ansonsten würde dieses halbe Jahr noch mehr zur Hölle, als es ohnehin schon war.

Die Vereidigung

Zwei, drei Wochen nach der Einberufung kam es zur Vereidigung. Bei der politischen Brisanz, die nach der KSZE (Konferenz über Sicherheit und Zusammenarbeit in Europa, vom 18. September 1973 bis zum 21. Juli 1975) auf die Grenztruppen und die damit im Zusammenhang stehende Sicherung der Staatsgrenze der DDR zukam, erforderte es ausgewählte Soldaten, um keine kriegerische Auseinandersetzung mit der westlichen Welt zu provozieren. Diese Auswahl der Wehrpflichtigen zeichnete sich nach meiner Auffassung nicht durch besondere Staatsnähe aus, sondern hing vom Intellekt, der Heimatverbundenheit und der daraus resultierenden Besonnenheit des Handelns im Grenzdienst ab.

Sicher gibt es heute viele andere Auffassungen, da die ehemaligen Grenzer keine Plattform mehr haben, und natürlich hat die Staatssicherheit auch dort mitgewirkt und es gab auch Kontakte dieser Abteilung zu uns Grenzern, aber nur während der Armeezeit bzw. bei der Einordnung zu den Waffengattungen, wie aus der Literatur auch hinreichend bekannt ist. So hart es auch klingt, ich bin noch heute der Meinung, dass dies in vielen Fällen angebracht war, in manchen nicht. Keine Armee der Welt kann sich Deserteure leisten. Der Fall Weinhold hat beispielsweise gezeigt, dass eine falsche Einschätzung oder die falsche Zuordnung in den bewaffneten Organen fatale Folgen haben kann.

Bis zur Vereidigung, die für mich damals eine Art Formsache war, war der militärische Drill noch erträglich. Exerzieren, Marschieren und Gesang waren an der Tagesordnung. Unter den Rekruten wurde gemunkelt, dass man den Eid der Soldaten abwarten und danach die Zügel spürbar anziehen würde. Ich persönlich kann mich an keine Begebenheit erinnern, dass ein Soldat aus religiösen oder anderen Gründen den Eid bei uns im Regiment verweigert hätte. Sicher hat man seitens der Staatssicherheit und der Grenztruppen dies auch versucht zu vertuschen, aber ich kenne zu meiner Zeit niemanden. Es wäre mir auch nie in den Sinn gekommen, diesen Eid zu verweigern, da ich kein Held war. Seitens meiner Eltern wurde ich auch nicht zu einem Oppositionellen erzogen, obwohl beide der evangelischen Kirche angehörten.

Wenn man heute das Fernsehen anschaltet und es geht um einen Jahrestag der Deutschen Einheit oder Ähnliches, bin ich immer wieder erstaunt, dass es angeblich so viele Freiheitskämpfer gab. Sicher gab es sie, aber auf dem Land hat man sie nicht gesehen. Besonders in der evangelischen Kirche tummelten sich auch einige arbeitsscheue Elemente, die ihre Ausbildung abgebrochen hatten, nun eine Bestätigung suchten und diese darin fanden, sich mit dem DDR-Regime auseinanderzusetzen.
Dies war meine subjektive Auffassung zu dieser Zeit. Deshalb war für mich der Dienst bei den Grenztruppen eine der Wehrpflicht geschuldete Aufgabe. In einem System zu leben, in dem ich mein ganzes Leben vor mir hatte (niemand glaubte 1974 an die Wiedervereinigung in kurzer Zeit) und mir durch das Verweigern des Eides und damit der Waffe das Leben zur Hölle zu machen, kam für mich persönlich nicht in Frage. Außerdem wollte ich mich zum Veterinärmedizinstudium bewerben. Die religiöse Komponente stand für mich nicht zur Debatte, da unsere Dorfkirche ohnehin bereits 1938 abgebrannt war und nur Fragmente der verwilderten Ruine standen. Die wenigen evangelischen Gottesdienste, welche ich vor meinem Wehrdienst ab und zu besuchte, fanden in einem maroden Pfarrhaus neben meinem Elternhaus statt. In der Regel besuchten sie vier bis zehn Gemeindeglieder. Der Pfarrer dort, auf den ich später noch eingehen werde, war ein Mann, der wirklich an Gott glaubte. Er kam aus der Rhön in unser Dörflein, und ich lernte ihn nach meinem Wehrdienst näher kennen. Jedoch hätte ich keinen Gedanken daran verschwendet, an der Vereidigung nicht teilzunehmen. Ich war nicht in der Partei, wollte aber in meiner Heimat leben. Der materielle Reichtum des Westens hat mich als Jugendlicher, der das aus dem Westfernsehen kannte, zwar fasziniert, aber dafür meine Heimat aufzugeben, das wäre niemals mein Ding gewesen.
Zur Vereidigung durften meine Eltern anreisen, und ich hatte auch kurz die Möglichkeit, mit ihnen zu sprechen. Danach aber ging es los: Drill, Drill, Drill! Meine Mutter hatte große Angst, dass etwas passieren könnte. Immerhin standen sich an dieser Grenze die zwei größten Militärblöcke der Welt gegenüber – Nato und Warschauer Pakt. Ein falscher Schuss aus einer Kalaschnikow hätte den 3. Weltkrieg auslösen können.

Der erste Härtetest

MKE – Militärische Körperertüchtigung – war das Zauberwort. Früh 6 Uhr bereits 2.000-m-Lauf, dann auf die Sturmbahn, dann Frühstück und dann wieder MKE. Klimmzüge, Gewichtheben in Zeiteinheit X + ..., Liegestütze und immer wieder ertönten die Worte: „Stellung, Gas, Atomschlag von rechts." Kontrolle des Dosimeters, welches jeder Soldat mitführte, und Märsche über zwanzig, dreißig oder vierzig Kilometer mit allem, was man hatte. Wir waren relativ unvorbereitet, und die teilweise noch kriegserfahrenen Ausbilder bzw. deren Vorgesetzte waren unbarmherzig daran interessiert, uns „kriegstauglich" zu machen. Hinzu kam eine Nahkampfausbildung. Ich kann mich entsinnen, dass wir von hinten angebrannt wurden und dieser Brand durch drehende Bewegung am Erdreich gelöscht werden sollte. Leider klappte das nicht immer, so dass es zu Verletzungen kam.
Wir fürchteten uns täglich vor den neuen und immer wieder ausgeklügelten Methoden der Unteroffiziere. Sie hatten teilweise sichtlich ihre Freude daran, wenn bei langen Märschen einer nach dem anderen zusammenbrach. Der erste Härtetest, er wurde auch Komplex 4 genannt, war für mich einer der schlimmsten. Der erste Urlaub nach etwa zwei Monaten kam näher, und dieser Härtetest lag vor uns. Wer diesen Test nicht durchhält, darf nicht in den Urlaub, so die Verkündigung des Kompaniechefs, ein Hauptmann.
An diesem Tag waren wir ab 6 Uhr morgens auf den Beinen, und das Essen, für das man ab und an nur maximal fünf Minuten Zeit bekam, war eine Katastrophe. Wenn beim Anmarsch zum Speiseraum das Marschieren im Gleichschritt nicht klappte, wurde so lange um den Speiseraum marschiert, bis es klappte, ansonsten fiel das Essen aus. Wer als Letzter bei der Essenausgabe ankam, hatte Pech, denn es wurde nicht gewartet, bis er fertig war. Es kam der Befehl „Kompanie – Mittagessen beenden" und danach war sofort Schluss.
Am Abend des besagten Tages ertönte 22.30 Uhr der „Büffel" (eine Art furchtbar klingender Hupe). Zugleich kam das Kommando: „Gefechtsalarm". Innerhalb von Sekunden musste man

angezogen mit allem, was man hatte (Teil I + II = Sturmgepäck mit Zeltplane und Schutzanzug, Gasmaske etc.), vor dem Zimmer stehen und die Befehle ausführen. In der Regel ging es dann einige Kilometer mit einem LKW W50 in die Wildnis, wo wir mitten in der Nacht ausgesetzt wurden. Wir wussten nicht, wo wir waren, und dann ging es, oft bei Regen oder Sturm, in einen endlos scheinenden Fußmarsch. Am schwersten hatte es der Panzerbüchsenschütze bzw. der Gehilfe, welcher die Geschosse zu tragen hatte. Ab und an mussten von uns zusätzlich Munitionskisten transportiert werden, die unglaublich schwer waren. Als die ersten unserer Kameraden zusammenbrachen und wir dachten, die Ausbilder lassen nach, kam der Befehl von hinten: „Weiter, weiter – Lichtblitz von links!“ Nach dem Befehl mussten wir den „Jumbo“, eine Art Gummianzug, der bei Atomkriegen zur Anwendung kommen sollte, in kürzester Zeit anziehen. Da ich als chemischer Dienst gemustert war, musste ich mit einer Spürpumpe die Gaskonzentration messen und den Befehlshabern berichten. Der Marsch wurde mit diesem zusätzlichen Ballast fortgesetzt. Hinzu kam das Kommando „Gas“, und das Atmen wurde noch schwerer. Am Rand sah ich mehrere Soldaten liegen, die den Stress nicht durchgehalten hatten und physisch zusammengebrochen waren.
Ich habe im späteren Leben nie wieder solche Blasen an Extremitäten gesehen, weder bei vergleichenden Vorlesungen im Veterinärbereich noch im humanmedizinischen Bereich an der medizinischen Fakultät. Die Gasmasken standen teilweise bis zum Mundwinkel „unter Wasser“ (Schweiß). Beim ersten Zwischenstopp in der Nacht habe ich meine Stiefel ausgezogen und geschätzt einen halben Liter Wasser ausgekippt. Das klingt sicher leicht übertrieben, aber wir empfanden dies wirklich so. Die Blasen fühlten sich wie Luft- oder Wasserkissen unter den Füßen an, ab und an platzten sie und flüssiges Exsudat füllte unsere Stiefel, so dass man bei jedem Schritt ein plätscherndes Geräusch vernahm.
Als wir in der Nacht am vermeintlichen Ziel mitten im Wald ankamen, peitschte der Regen dem Rest der übriggebliebenen

Kompanie ins Gesicht, so dass wir innerhalb kürzester Zeit bis auf die Haut durchnässt waren. Die kommandierenden Unteroffiziere kannten keine Gnade und befahlen uns, in einer Zeiteinheit von einigen Minuten, jeweils zwei Mann, mit unseren Zeltplanen Zelte zu bauen. Mein Freund Gerhardt und ich knüpften unsere Planen zusammen und legten uns hinein, wie wir waren. Irgendwie schliefen wir trotz der Nässe und Kälte ein und öffneten unsere Augen, als das von außen eindringende Wasser etwa dreißig Zentimeter hoch in unserem Zelt stand. Ich erinnere mich noch an die angenehme Kühlung der Füße, die voller Blasen waren. Der Morgen dämmerte und der nasse Nebel stand über den Thüringer Wäldern.
Wir hatten ein, zwei Stunden im Wasser geschlafen, als draußen unser „Dozent", der Stabsfeldwebel, schrie: „Kompanie – aufstehen zur Morgentoilette!" Die Morgentoilette bestand aus einem Baumstamm, auf dem mehrere Soldaten ihre Notdurft verrichteten. Mehr als ein, zwei Minuten gab es dafür nicht.
Danach „durften" wir eine Sturmbahn überqueren, und am Ende kam der Befehl, einen Schützengraben auszuheben. Von dort aus ging es zum Handgranatenwerfen und weiter zur Schießausbildung in Schützenkette, zunächst ohne scharfe Munition.
Später bekam ich zum ersten Mal Respekt vor dieser Kriegswaffe. Es wurde im Dunkeln eine Schützenkette gebildet (eine Gruppe mit zehn bis zwölf Mann), und im Laufschritt sollte ein aufkommendes Ziel bekämpft werden. Zumeist war dies ein kleines Licht, relativ weit entfernt. Durch die unterschiedliche Geschwindigkeit beim Vorwärtslauf kam es vor, dass manche Soldaten zehn bis zwanzig Meter weiter vorn als die anderen waren. Der Befehl lautete: „Stellung – Ziel bekämpfen!" Wir legten uns hin und schossen auf dieses Licht. Da ich relativ weit vorn war, spürte ich den Wind der Kugeln knapp über meinem Kopf. Ein tiefes Angstgefühl erschütterte meinen ganzen Körper, und ich bemühte mich von da an, im hinteren Bereich der Schützenkette zu bleiben.
Aber weiter zum Härtetest Komplex 4, der noch nicht beendet war. Die körperliche Belastung war so groß, dass einige Solda-

ten dies physisch aber auch psychisch nicht verkraftet hatten. Ich kann mich an zwei Rekruten in meinem Zug erinnern, die nach dieser Tortur aufgrund von Verletzungen usw. aus dem Militärdienst ausgeschieden sind. Andere wurden später aufgesammelt und in den Medpunkt gebracht. Der Rest der Truppe, zu der ich gehörte, musste den strapaziösen Heimweg antreten. Wieder und wieder kam der Befehl „Gas". Ein Soldat, der neben mir lief, hatte eine Idee. Er drehte die Verschraubung leicht auf, so dass er besser atmen konnte. Diese Idee übernahm ich dann auch, und es ging etwas besser voran. Nur hatten wir die Rechnung ohne unseren Zugführer, den „Schweinezüchter", gemacht, der plötzlich eine Art Tränengasgranate warf und unsere Idee somit zunichtemachte. Es war härter, als ich es mir je hätte vorstellen können. Zeit zum Nachdenken gab es nicht, und manche Kameraden schliefen bereits beim Laufen ein.
Die klugen Sprüche von Philosophen oder Adligen, die gern bei einschlägigen „Grenzerbüchern" im Vorwort oder als Kommentar zur intellektuellen Absicherung zu lesen sind, öden mich zumeist an, da diese Leute nicht eine einzige Schicht unter diesen Bedingungen erlebt haben. Im weichen Sessel ist es einfach, Frieden mit sich und der Welt zu schließen, aber die raue Wirklichkeit und Realität ist anders. Die Männer, die diesen Härtetest überstanden haben, haben entweder an ihre Familie, Freundin, Eltern oder auch an Gott gedacht. Ich begann dort, nach längerer Zeit, heimlich zu beten, während mir der Schweiß über den ganzen Körper lief: „Lieber Gott, hilf mir, das hier zu überstehen!" Dieses kurze Gebet, davon bin ich überzeugt und nach diesen vielen Jahren wurde mir das auch von anderen ehemaligen Grenzern bestätigt, hat geholfen, das durchzuhalten.

Nach dem ersten Härtetest

Ausgelaugt und völlig erschöpft kamen wir in der Kaserne an. Unerfahren wie wir waren, meldeten wir uns mit unseren Blasen und Hämatomen im Medpunkt. Der Medpunkt war eine Art Lazarett für die Armeeangehörigen. Scherzhaft meinten wir immer, dass die Ausbildung der dort tätigen Ärzte oder Sanitäter mit einer Vorüberfahrt an einem Krankenhaus abgeschlossen wurde. Natürlich war das nicht so, aber allzu sensibel waren die Mitarbeiter dort nicht. In der Regel, und ich gehe hierbei von mir aus, bekam man drei Tage „Innendienst" verordnet.
Zunächst freute ich mich sehr über diesen Innendienst, aber die Freude war schnell vorüber, da dieser Dienst mit einer Meldung beim Hauptfeldwebel, welcher auch als „Mutter der Kompanie" bezeichnet wurde, einherging. Der Hauptfeldwebel ließ uns keine Sekunde Ruhe. Wir mussten Betten, Gestelle und Schränke mehrere Etagen hoch und runter transportieren und das noch über den Dienstschluss hinaus. Als die normale Kompanie bereits am Abend ein wenig Freizeit hatte, mussten wir „Kranken" weiter fleißig schuften, so dass ich mir schwor, nie wieder in den Medpunkt zu gehen.
Unsere Unteroffiziere meinten jedoch, dass dies erst der Anfang gewesen wäre und die anderen Komplexe wesentlich kräftezehrender seien. Ich empfand das später nicht so, vermutlich waren wir dann schon durchtrainierter und auch routinierter im Umgang mit den Befehlen unserer Kapos. Im Grenzausbildungsregiment waren die Kompaniestärken bzw. die Zug- und Gruppenstärken wesentlich größer als an der Grenze.
Eine Kompanie bestand aus etwa 120 Soldaten, aufgeteilt in drei Zügen. Die Ausbildungsunteroffiziere waren oft auch nur arm dran. Von unten, also von den Soldaten, wurden sie aufgrund des Drills verachtet und oft auch verspottet, und von oben bekamen sie Druck, um uns so hart wie möglich an eine fiktive Kriegsrealität heranzuführen. Ich erinnere mich hierbei an einen Unteroffizier, wir nannten ihn Rudi, der relativ klein war und dessen übergroße Mütze ihm bis über beide Ohren hing. Eines Abends bekam er den Befehl, die ganze Kompanie zum Abendessen zu führen.

Zu dieser Zeit gab es einen Witz in der DDR, der auch den Soldaten der Kompanie bekannt war: Ein Elefant kämpfte mit einer Maus. Beide standen sich, umringt von Mäusen und Elefanten, in einer Art Stadion gegenüber. Der Elefant hieß Jumbo, die Maus Rudi. Als der Kampf begann, feuerte das Publikum jeweils ihren Vertreter an.

Die Elefanten riefen: „Jumbo, wirf ihn in die Luft!" Der Elefant nahm die Maus mit dem Rüssel und warf die Maus Rudi zwanzig Meter hoch in die Luft, so dass der Mäuserich im Genick des Elefanten landete.

In diesem Augenblick riefen die Mäuse: „Rudi, würg ihn!"

Dieser Witz war auch dem kleinen Unteroffizier bekannt. Wie erwähnt, sollte er die Kompanie zum Abendessen führen. Er stellte sich vor die Kompanie und schrie, so laut er konnte: „Kompanie – stillgestanden!" Die Kompanie zuckte auf Befehl zusammen und stand still. Man hätte eine Erbse fallen hören können, so still war es plötzlich. Sichtlich erfreut über die Macht, die er über uns hatte, strahlte sein ganzes Gesicht.

Da erschallte es mit kindlich hoher Stimme mitten aus der Kompanie: „Rudi, würg ihn!"

Seine Miene verfinsterte sich schlagartig, und er brüllte wie ein Löwe: „Wer war das?" Da sich niemand meldete, befahl er: „Im Laufschritt um den Speisesaal!" Es meldete sich abermals niemand. Als er der Kompanie „Stillgestanden!" befahl, fragte er erneut: „Wer war das?" Er wiederholte mehrfach dieses Spielchen. Trotz des Hungers und der kräftezehrenden Strafrunden um den Speisesaal meldete sich niemand. Nun versuchte er es ein letztes Mal und fragte unter Androhung mehrerer Strafrunden über die Sturmbahn, sollte sich niemand melden: „Wer war das?" Aber wieder vergeblich.

Plötzlich ertönte aus dem Hintergrund der Kompanie erneut eine kindliche Stimme: „Rudi, würg ihn!"

Nun platzte ihm der Kragen. Uffz Rudi jagte uns über die Sturmbahn bis zur völligen Erschöpfung. Niemand verriet den Rufer, aber später sollten wir Rudis Rache bei der Nahkampfausbildung noch zu spüren bekommen.

Ausbildungsalltag

Frühsport, Stuben- und Revierreinigen bis zum Morgenappell waren die Regel. Der Frühsport war zu meiner Zeit eine Tortur und von Kompanie zu Kompanie unterschiedlich in seiner Intensität, je nach Vorgesetztem, gegliedert. Der Ausbildungsalltag sah in der Regel so aus: Gefechts- und Grenzausbildung, Taktik-, Exerzier-, Schieß-, Schutz- sowie Topografieausbildung, militärische Körperertüchtigung und Politausbildung.
Auf den Polituntericht freuten wir uns besonders, da er die Gelegenheit zur Erholung vom körperlichen Stress bedeutete. Einmal fragte mein Freund den Politoffizier, einen Hauptmann, ob die westlichen Grenzer nicht auch Menschen wären, denen wir mit einer Art Respekt entgegenkommen sollten. Da war er bei diesem Hauptmann in den Fettnapf getreten. Er musste natürlich, seinem Kampfauftrag entsprechend, ein Feindbild vermitteln, das den guten Ostgrenzer, der für Frieden und Sozialismus kämpft, vom bösen Söldner aus dem Westen unterscheidet. Das war nicht immer leicht. Aber die Westkollegen handhabten es ähnlich, denn auch sie brauchten ein Feindbild.
Arbeiten wie Waffenreinigen oder Revierreinigen waren an der Tagesordnung, da wir unsere Fahrten auf den Wartenberg regelmäßig mit Schießübungen (allerdings wurden hier Platzpatronen verwendet) krönten. Auch fuhren wir öfters auf den Böller oder nach Tanne, wo scharf geschossen wurde.
An einen Meinungsaustausch hinsichtlich Glaube und Religion im Ausbildungsregiment kann ich mich nicht mehr erinnern. Unangenehm blieb mir nur in Erinnerung, dass wir bei einem der wenigen Ausgänge, die wir hatten, versuchten, in einer Art Gaststätte einzukehren. Als uns die recht jung wirkenden Angestellten mit unseren Uniformen sahen, wurden ihre Mienen ernst, und wir fühlten uns hier nicht willkommen. Ich glaube, es war eine der evangelisch angehauchten Kneipen in Eisenach, bin mir aber nicht sicher. Ich verstand nicht, weshalb wir dort nicht angesehen waren. Wir hatten niemandem etwas getan und hatten es in dieser Art „Wehrpflichtgefängnis" auch nicht leicht. Da Jesus alle Menschen liebt, verstand ich umso weniger, wieso diese

vielleicht auch noch bezahlten Christen im Dienst der evangelischen Kirche nicht das Gespräch mit uns suchten. Vermutlich hatten sie Angst vor der allgegenwärtigen Stasi, aber auch das waren Menschen, für die wir später zu DDR-Zeiten insbesondere gebetet haben. Diese Verhaltensweise der dortigen Gaststättenbetreiber hat mich jedenfalls nicht dem Glauben nähergebracht. Ähnliches passierte mir später an der Grenze an einer Kirche.

Ich hatte mich in der neu gegründeten „Regimentsband" beworben. Da ich Trompete spielen konnte, gab ich dies bei der Befragung an und wurde auch kurz danach in der Kapelle eingesetzt. Die Übungsstunden waren etwa zweimal in der Woche und in dieser Zeit konnten wir uns etwas Luft von der Ausbildung verschaffen. Ich durfte meine Trompete aus der Heimat holen, die anderen Bandmitglieder ihre Gitarren usw. In der Liederauswahl waren wir relativ frei, aber es mussten natürlich auch eine Anzahl an Osttiteln dabei sein. Um kein Aufsehen zu erregen, hielten wir uns daran. Jeder versuchte das Beste aus seiner Situation zu machen.

Band im Ausbildungsregiment Eisenach 1974 ohne den Autor

Ich erinnere mich an einen Appell mit der ABK (Ausbildungskompanie). Der Hauptfeldwebel (Spieß) stand vor der Kompanie und rief: „Kraftfahrer – vortreten!“ Da erinnerte ich mich an meinen Großvater, der mir geraten hatte, mich nicht so schnell freiwillig für irgendetwas zu melden, da meist ein „Pferdefuß“ dahinterstecke. Ich hatte eine PKW-Fahrerlaubnis, aber ich gab es nicht an. Das war mein Glück. Viele meiner Kameraden erhofften sich nun einen Vorteil und dachten, sie könnten sich als Kraftfahrer vom Ausbildungsstress fernhalten. Der Spieß nahm alle, die sich als Kraftfahrer gemeldet hatten, unter seine Fittiche.
Ich hörte nur noch: „Schubkarre und Jauchenschöpfer aufnehmen – Scheiße aus der Klärgrube in das Sammelbecken fahren!“ So hatten die Kameraden sich das nicht gedacht, und es führte dazu, dass sich kaum noch jemand freiwillig zu etwas meldete.
Bei der Exerzierausbildung mussten wir einst ein Lied einüben, welches das Lieblingslied eines Generals, der uns im Ausbildungsregiment aufsuchen wollte, sein sollte. Unser Kompaniechef bestand darauf, dass wir dieses Lied bis zum Perfektionismus einüben sollten. Der Titel war: „Grau war der Tag und dunkel die Nacht“. Da ich bei Recherchen zu diesem Buch nirgends im Internet etwas zu diesem Liedtext fand, möchte ich hier den Text wie folgt veröffentlichen:

„Grau war der Tag und dunkel die Nacht und der Regen, der peitscht ins Gesicht. Wir Grenzsoldaten steh'n auf der Wacht, ein Verzagen kennen wir nicht. Vorwärts ihr Grenzsoldaten, für uns gibt's kein zurück, ja kein zurück. Wir schützen unsere Fahne und unsere Republik, wir schützen unsere Fahne und unsere Republik.“

Der Name des Generals, welcher unser Regiment in Eisenach besuchte, war Erich P., zu dieser Zeit Chef der Grenztruppen und stellvertretender Minister für Verteidigung der DDR. In der deutschen Wehrmacht diente er, nach meinen Recherchen im Internet, als Unteroffizier bei den Panzereinheiten. Das Lied der Panzergrenadiere der Wehrmacht hatte bei der Entstehung dieses Liedes vermutlich Pate gestanden, da der Text und auch die Melodie Ähnlichkeiten aufweisen.

Freizeit

Die Freizeit in der Ausbildung war sehr begrenzt. Sie beschränkte sich am Abend auf ein, zwei Stunden, wenn man Glück hatte und es keinen Gefechtsalarm gab. Am Sonntag war es etwas lockerer. Wenn man zum Ausgang berechtigt war, konnte man sich dazu anmelden. Als ich es zum ersten Mal versuchte, scheiterte ich an der Ausgangskontrolle am Kontrollpunkt. Ich wurde gefühlt zehn Mal wegen einer ungleichmäßigen Bügelfalte zurückgewiesen, so dass man es sich genau überlegte, ob man sich dieser Schikane erneut aussetzte. Wenn wir es dennoch geschafft hatten, die Kaserne zu verlassen, versuchten wir eine Gaststätte zu finden, in der wir uns so schnell wie möglich betrinken konnten, um diesen Drill für kurze Zeit zu vergessen.
Einmal waren wir so angetrunken, dass einer von uns in einen Brunnen in der Stadt fiel. Ich versuchte, ihn mit dem vollgesogenen Wintermantel herauszuziehen, was mir auch gelang. Die größte Hürde war dann, an der Eingangskontrolle des Regiments vorbeizukommen, ohne sich hierbei eine Bestrafung wegen Missachtung der Kleiderordnung und der Beschmutzung des Ehrenkleides einzuhandeln. Im Schutz der Massen und der Dunkelheit gelang es uns.
Zusätzlich Ausgang zu erhalten, war nicht möglich. Deshalb nutzten wir einmal die Möglichkeit, an einem klassischen Konzert in Eisenach teilzunehmen. Auf Nachfrage der Kompanieführung sollten sich die Soldaten melden, die daran interessiert waren. Anfänglich war ich skeptisch, da ich eine Falle dahinter vermutete. Trotzdem meldeten sich neben mir auch noch mehrere Kameraden zur Teilnahme am Konzert. Eigentlich waren wir zu dieser Zeit auch altersbedingt keine Freunde der klassischen Musik. Am Rande der Veranstaltung nahmen wir die Gelegenheit wahr, einige Flaschen Schnaps zu organisieren. Dies gelang uns, da mein Kumpan zufällig eine Bekannte im Theater traf, die uns behilflich war, den Alkohol unbemerkt an den Unteroffizieren vorbeizuschleusen. Wir sahen nur, dass unsere Aufpasser sich wunderten, weil wir so ruhig auf unseren Sitzen saßen. An das Konzert kann ich mich nicht mehr erinnern, nur daran, dass

es im Laufe des Abends immer lustiger wurde und wir im Schutze der Dunkelheit mit unseren Flaschen anzustoßen versuchten und somit das Publikum doch etwas störten.

Der letzte Härtetest

Soweit ich mich entsinne, war zwar der sogenannte Komplex 12 nicht der letzte Härtetest, aber es war der letzte, der uns noch etwas mehr körperliche Fitness abverlangte. Wie beim ersten Härtetest waren Märsche von zwanzig oder dreißig Kilometern in Verbindung mit topografischer Ausbildung gefragt. Außerdem jagten wir mit Platzpatronen unsere „Feinde", die sich in den Thüringer Wäldern versteckt hielten. Am Ende waren wir so geschafft, dass wir im Ernstfall auch geschossen hätten, da unsere „Gegner" sich immer wieder neue Verstecke aussuchten und manchmal mit einer Art Holzmesser plötzlich aus einem Gebüsch heraus über uns herfielen.
Ein Ereignis blieb mir in Erinnerung. Wir waren todmüde und ich fand mich auf einer Pritsche eines W50 LKW wieder. Im Rahmen einer Nachtfahrt wurden wir wieder einmal irgendwo in den grenznahen Wäldern Thüringens herumgefahren. Wir hatten Gefechtsausrüstung dabei und unser LKW war mit geschätzt zwanzig Mann beladen. Der Fahrer und auch wir waren schon Tage ohne Schlaf, und die Kapos ließen sich ständig neue Schikanen einfallen. Durch das Tarnlicht an den LKW sah man uns kaum. Der Fahrer orientierte sich lediglich an einer kleinen Tarnlampe des voranfahrenden LKW. Neben ihm schaute ein Beifahrer aus der Dachluke, der wahrhaft nicht zu beneiden war. Bei Frost mit Stahlhelm erfror er sich fast das Gesicht und die Ohren. Die Tarnkappe, bei uns „Oma" genannt, durfte er nicht über die Ohren ziehen. Wir hinten auf dem LKW schliefen alle, trotz des rumpelnden Fahrzeugs. Auf einmal gab es einen Schlag und ich sah nur im Dunkeln Menschen über mir liegen, die vor Schmerzen schrien. Der Fahrer war eingeschlafen oder hatte das Tarnlicht nicht mehr gesehen.

Zum Glück hatte ich den Stahlhelm auf, so dass mein Kopf nicht verletzt wurde. Ich versuchte, mich nach oben zu ziehen, um eine gewisse Ordnung in diesem Chaos zu erkennen. Da sah ich einen Kameraden, der bewusstlos an der Bordwand lag und dessen Tarnjacke voller Blut war. Beim genaueren Hinsehen erkannte ich, dass Elle und Speiche (die Unterarmknochen) die Haut und die Tarnjacke perforiert hatten. Mit meinem Verbandspäckchen versuchte ich, durch Abbinden zunächst die heftige Blutung zu stillen und danach die Wunde zu verbinden, was mir – Gott sei Dank – auch gelang. Ein Kamerad fiel fast in Ohnmacht, als er mir helfen sollte und die Wunde sah. Die anderen ansprechbaren Soldaten versuchten Hilfe zu holen.
Als die Kapos an der Unfallstelle ankamen, gab es weder Mitleid noch Erbarmen. „Haben Sie sich nicht so", hieß es. „Weiter, weiter, weiter." Ein Sankra transportierte die Verletzten ab. Die anderen Verletzten hatten starke Prellungen und Gehirnerschütterungen. Für uns ging der Härtetest weiter. Viel später erfuhr ich, dass der verletzte Kamerad später aufgrund der Komplexität der Frakturen ausgemustert und aus der Armee entlassen wurde.
Dieser Härtetest führte uns auch über die Klippen und Schluchten um Eisenach herum. Ich kann mich noch gut daran erinnern, dass wir das Burschenschaftsdenkmal bei unserem Marsch seitlich querten. Dieses Denkmal war in der DDR eine Art Wahrzeichen früherer Feudalherren und galt als nicht existent. Die Fenster waren zugemauert, es schien in eine Art Schlaf verfallen zu sein. Durch unsere körperliche Erschöpfung hatten wir ohnehin kein Verlangen auf Geschichtsunterricht und schnell war der optische Eindruck, den dieses Monument bei uns hinterließ, vergessen. Kein Gedanke daran, dass die Burschenschaftlichen Verbände der Vision der Jenaer Urburschenschaft von 1815 nach der „Kleindeutschen Lösung" der Einigung Deutschlands hier den 1870/71 gefallenen Brüdern eine Art Ehrendenkmal errichtet hatten. Wir waren daran beteiligt, das wiederum zerfallene Deutschland als wehrpflichtige Grenzsoldaten vor einer Vereinigung zu „schützen". Da dies in der Schule nicht oder kaum behandelt wurde und wir mehr mit physischen Problemen

zu kämpfen hatten, als das geteilte Deutschland zu retten, und unsere Unteroffiziere uns auch keine Möglichkeit des Nachdenkens gaben, gingen wir zu unserer Tagesordnung über.
Wer die Umgebung von Eisenach nicht nur aus Tourismusbüchern kennt, weiß, dass es dort viele Klippen, Felsvorsprünge und Schluchten gibt. Einer unserer Vorgesetzten rief plötzlich: „Kompanie – halt!“ und schon standen wir vor solch einer Schlucht, in deren Tiefe ein Bach verlief. Über diese Schlucht war ein Seil gespannt, jeweils an einem Baum befestigt, und nun sollten wir, angetrieben durch die Kapos, mit voller Gefechtsausrüstung auf die andere Seite übersetzen. Es gab kein Halt und kein Verschnaufen. „Übersetzen, weiter, weiter, weiter!“, lautete der Befehl.
Ich muss zugeben, dass ich große Angst hatte, zog mich aber mit letzter Kraft und völlig erschöpft auf die andere Seite der Felsen. Auch mein Freund Gerhardt schaffte es. Plötzlich sahen wir einen Soldaten am Seil hängen – es war Wolfram Kitschel, ein Kamerad aus unserer Stube, der eine Art Panikattacke hatte. Die Ausbilder brüllten: „Kitschel, weiter, Sie Saftsack.“ Aber er war mit seinen Kräften am Ende.
Gerhardt und ich kletterten runter in den Bachlauf, in den Wolfram abzustürzen drohte. Als wir unten ankamen, fiel er auch schon, aber wir konnten ihn so abfangen, dass er nicht mit voller Wucht aufprallte. Teil 1 und der Stahlhelm federten ihn weiter ab, so dass er bis auf Prellungen heil aus dieser Aktion herauskam.
Für unsere altruistische Tat wurden wir von den Unteroffizieren mehr getadelt als gelobt und es ging ohne Halt weiter, weiter und weiter durch den Wald. Die üblichen Schikanen wie Sturmbahn, Zentnergewichtheben, Handgranatenwurf und Nahkampfübungen – wie immer bis zur völligen Erschöpfung – beendeten die Aktion.
Wir merkten, dass wir zu einer Art Eliteeinheit in der DDR ausgebildet werden sollten. Im Kriegsfall hätten wir im feindlichen Hinterland vermutlich als Aufklärer fungiert, um die nachfolgenden Truppen des Warschauer Paktes in die richtige Richtung zu lenken.

Ausbildungsende

Das Ausbildungsende nahte, und wir sollten bald an die Grenze versetzt werden. Deshalb kamen wir in eine Art EK-Stimmung, da wir froh waren, aus dieser Knochenmühle mit schlechtem Essen und Drill herauszukommen. Sooft es möglich war, versuchten wir in den Ausgang zu kommen. Aber mir gelang dies selten. Deshalb sprach mich Detlef, ein Soldat aus dem zweiten Zug der in meiner Band war, an, ob ich im Schutz der Dunkelheit mal mit über den Zaun käme. Sogar Siegfried B., der als eine Art Schwejk bekannt war und der den Vorgesetzten wegen seiner Art als besonderes Vorkommnis galt, wäre schon mit im unerlaubten Ausgang gewesen.

Dazu muss gesagt werden, dass wir auf dem Boden der Kaserne in Eisenach einige Stahlhelme der Wehrmacht gefunden hatten. Da Siegfried gern schlief und bei fast jedem Appell als Letzter kam, hatten wir aus Jux einen dieser Helme mit einem DDR-Tarnbezug bezogen und auf seinem Spind auf der TSM (Gasmaske) für eventuelle Gefechtsbereitschaft deponiert. Nun kam es, wie es kommen musste. Bei einem Gefechtsalarm stand unser Siegfried als Letzter auf dem Kasernenhof und hatte den besagten Wehrmachtsstahlhelm auf. Die Reaktion der Vorgesetzten kann man sich denken ...

Da nun sogar Siegfried den unerlaubten Ausgang mitgemacht hatte, beschloss ich, mich gleichfalls zu beteiligen. Einer aus unserer Truppe sprach mit dem Wachposten am Zaun und schon waren wir drüber und suchten im Trainingsanzug eine Gartenkneipe auf, in der wir versumpften. Als wir zurückwollten, dachten wir nicht daran, dass es eine Wachablösung der Posten am Kasernenzaun gegeben haben könnte. Am Zaun angekommen, sahen wir keinen Posten, so dass wir keinen Kontakt aufnehmen konnten. Nachdem wir den Zaun überwunden hatten, rief uns der Posten an: „Halt! Stehenbleiben, oder ich schieße!“ Dieser Aufforderung kamen wir nicht nach, da wir mit schwerer Bestrafung rechnen mussten, wenn man uns gestellt hätte. Plötzlich knallte es, der Posten eröffnete das Feuer auf uns. Ich weiß nur noch, dass ich um mein Leben gerannt bin und den Windhauch

der Kugeln über mir spürte. So schnell ich konnte, sprang ich von außen über das Fenster in unsere Stube. In diesem Moment hörte ich schon den „Büffel", den in der Regel unser Schreiber, auf den ich später noch zurückkomme, auslöste. Ich hatte den unerlaubten Ausgang genossen, aber auf weitere Ausgänge im GAR (Grenzausbildungsregiment) hatte ich keine Lust mehr.
Gegen Ende der Ausbildung fuhren wir zum militärischen Wettkampf mit unseren sowjetischen Freunden, denen wir mit unserer Band bereits zuvor einen Besuch abgestattet hatten. Sie waren sehr höflich zu uns. Wir beneideten diese Soldaten nicht, denn sie schliefen auf Betten, die geschätzt nur 60 cm breit waren. Die Verpflegung war noch schlechter als bei uns in der Ausbildung, aber sie waren echte Kumpel. Manche Soldaten von uns mussten bei Übungen gemeinsam mit einem sowjetischen Soldaten in den Schützengraben und dann rollte ein Panzer über sie. Man klammerte sich an den Russen, und natürlich verband auch eine solche Freundschaft. Beim militärischen Wettkampf ging es aber nur sportlich zu. Zumeist waren die Russen besser als wir.
Auf unserem Zimmer hatten wir Thomas, den stärksten Mann im Regiment. Er konnte in einer Zeiteinheit das 50-kg-Gewicht sechsunddreißig Mal stemmen. Er war über 1,90 m groß und sehr muskulös. Diesem Hünen hatte man nun einen russischen Soldaten gegenübergestellt, der etwa 1,70 m groß und sehr dünn war.
Thomas lachte und spottete, als er ihn sah: „Mit dem wollt ihr mich doch nicht im Ernst vergleichen?" Aber er staunte nicht schlecht, als der Russe, flink wie eine Gazelle, das Zentnergewicht stemmte. Am Ende unterlagen wir, denn der Russe stemmte das Gewicht vierundfünfzig Mal.
Ich merkte, dass die russischen Menschen sehr bescheiden waren und sich nicht in den Vordergrund schoben. Vermutlich war dies auch ihrer inneren Haltung geschuldet, die von einem tiefen inneren orthodoxen Christentum her geprägt war, das trotz der vielen Jahre Verfolgung der Christen und Zerstörung der Kirchen in Russland und der ganzen Sowjetunion überlebt hatte.

Autor rechts mit einem sowjetischen Soldaten 1974 in Eisenach

Schreibermethode und Laborant

Zurück zu den letzten Tagen im Grenzausbildungsregiment in Eisenach. Unsere Kompanie, bis auf die Vorgesetzten natürlich, bestand nur aus Rekruten des ersten Diensthalbjahrs. EKs, also Entlassungskandidaten, gab es hier nicht – bis auf den Schreiber der Kompanie. Obwohl er im Soldatendienstgrad als Gefreiter verharrte, sah er uns als eine Art „Sklaven" an. Er gab sich nicht mit uns ab, war auch wesentlich älter als wir und hielt sich ständig in den Reihen der Unteroffiziere und Offiziere auf. Von Beruf war er wohl Bauingenieur oder Architekt. Er sprach uns mit Sie an, und Übertretungen meldete er gleich unseren Vorgesetzten. Wenn wir einen Urlaubsschein beantragten, mussten wir diesen beim Schreiber abholen. Oft schikanierte er uns, indem er den Schein erst später herausgab. Er besaß Privilegien, wie ein Einzel- bzw. später ein Doppelzimmer. Die Sturmbahn kannte er nur vom Sehen, musste sie nie selbst überwinden.
In den letzten Tagen nun ließ er sein EK-Gehabe so richtig an uns aus. Er verspottete uns und solidarisierte sich mit den Unterfeldwebeln, die gleichfalls mit ihm entlassen werden sollten. Fast täglich gingen sie in den Ausgang und kamen betrunken zurück.

Von Weitem hörten wir sie schon singen und über uns spotten: „Diesen Rotärschen (so nannten sie Soldaten des ersten Diensthalbjahres) heizen wir nochmal so richtig ein, bevor wir nach Hause gehen."
Wir wollten uns von diesem arroganten Schreiber auf irgendeine spezielle Art verabschieden. Am späten Abend saßen wir zusammen und beratschlagten, wie wir ihm ein Abschiedsgeschenk bereiten könnten. Da er beim Kompaniechef gut angesehen war, konnte es gefährlich für uns werden. Außerdem war er in der Partei und zugleich Parteisekretär in der Kompanie – ein richtiger Opportunist.
Da wir sehr gut durchtrainiert waren und echt gute Nahkämpfer auf dem Zimmer hatten, meinte der „Braune" (ein Spitzname für Axel, der im Gesicht sehr gebräunt war): „Wenn er vom Ausgang kommt, dann setzen wir unsere „Oma" auf und hauen ihm die Hucke voll."
Dieser Meinung konnten und wollten wir uns nicht anschließen, da er dann ja gewonnen und wir mit Gewalt geantwortet hätten. Das war nicht unser Ding. Nein, wir mussten etwas finden, worüber er sich ärgern aber was niemanden gegen uns aufbringen würde. Wir saßen bereits mehr als eine Stunde, beratschlagten und überlegten, aber nichts fiel uns ein, bis Fritz (sein richtiger Name war Siegfried) aufstand und eine Zeitung nahm.
„Halt, Fritz, wo willst du hin?", fragte ich.
„Aufs Klo natürlich. Ich muss mal schei..."
„Ich hab's", sagte ich. „Mach dein Geschäft auf die Zeitung und bring es mit zu uns aufs Zimmer."
Gesagt, getan. Fritz brachte seine übelriechenden Exkremente auf der Zeitung mit, und auf unser Anraten hin befüllte er damit eine blaue Plastetasse, die wir durch die Versetzung ohnehin nicht mehr brauchen würden. Fritz ging mit der Tasse nochmal auf die Toilette und befüllte sie zusätzlich mit seinem Urin. Danach setzte er sich an den Tisch und betätigte sich als Laborant, um die gewünschte Konsistenz herzustellen. Es war meine ziemlich unchristliche Idee, dieses Gemisch dem Schreiber bei seiner Ankunft als eine Art „Gesichtsmaske" zu verordnen. Alle waren

begeistert. Für die Ausführung meldeten sich alle freiwillig, so dass wir losen mussten. Natürlich fiel das Los auf Gerhardt und mich.
Es gab noch ein Problem, denn auf dem Zimmer des Schreibers war inzwischen noch ein zweiter neuer Schreiber einquartiert worden. Er war ein gutmütiger Typ, der uns nichts getan hatte und eigentlich unser Diensthalbjahr war. Man erzählte sich, dass er Dolmetscher im Umfeld von Erich Honecker war, aber das musste nicht unbedingt wahr sein. Fritz meinte, dass es ihm nicht schaden könne, wenn er etwas von der „Schminke“ abbekäme.
Also waren die Würfel gefallen. Nun warteten wir ab, bis der Schreiber aus dem Ausgang kam und das sollte nicht lange dauern. Von Weitem hörten wir bereits die Parolen, die der betrunkene Schreiber und ein Unterfeldwebel brüllten. Als sie in der Kompanie ankamen, starteten wir unser Vorhaben, setzten unsere Tarnschals auf, um unser Gesicht zu verhüllen, und warteten ab, bis sie auf ihren Zimmern waren. Inzwischen sprangen wir zwei aus unseren Fenstern, und Fritz übereichte uns vorsichtig seine „Tinktur“ aus Stuhl und Urin. Als das Licht im Zimmer des Schreibers ausging (über den Flur konnten wir nicht gehen, da dort der UvD bzw. OvD saß), begann unsere Aktion. Wir klopften am Fenster der zwei Schreiber und versteckten uns unterhalb der vergitterten Scheibe. Ich sah am Gitter das Gesicht des Schreibers, den wir eigentlich nicht treffen wollten. „Wer ist da?“, fragte er.
„Ich bin's“, sagte ich, „Stocky“ (so hieß der Unterfeldwebel mit dem er im Ausgang war). Nun kam der richtige Schreiber ans Fenster, jedoch sah er uns nicht, da wir unter dem Fenster postiert waren. Ich sagte: „Schau mal, ich hab dir etwas mitgebracht!“ und kippte ihm Fritzes Exkremente ins Gesicht. Danach flohen wir schnell zurück auf unser Zimmer und hörten schon auf dem Gang das Geschrei. Der Schreiber wollte sich beim Offizier vom Dienst (OvD) beschweren. Zwischenzeitlich hatte der UvD schon alle Zimmer geöffnet, um nach den Tätern zu suchen. Wir hörten nur noch den OvD brüllen: „Schreiber, Sie sind ja besoffen ins Scheißhaus gefallen!“

Unsere Schadenfreude war groß, bestimmt unchristlich, und deshalb bin ich bis heute nicht immer stolz darauf – aber leider manchmal doch noch, da es heute auch viele Sesself... gibt, die man vermutlich mit dieser Methode schnell und wirksam aus ihrem Beamtenschlaf wecken könnte. Das soll nur ein Scherz sein, aber man kann schon mal darüber nachdenken, bevor man die Wartesäle der Psychologen füllt. Ich überlasse es dem Leser, ob diese Geschichte wahr oder erfunden ist.

Die Versetzung an die Grenze

Der Tag der Versetzung näherte sich und unsere Gruppe würde es vermutlich in dieser Zusammensetzung nicht mehr geben. Ein Soldat wurde bereits zur Güst (Grenzübergangsstelle) nach Wartha abgezogen, und unsere zwei Berliner wurden zum Bau des Palastes der Republik nach Berlin kommandiert. So waren wir nur noch neun. Wolfram Kitschel, der beim Komplexhärtetest vom Seil abgestürzt war, war so verängstigt, dass er zum Grenzdienst als untauglich eingeschätzt werden sollte. Fast vierzig Jahre später erfuhr ich, dass er sein ganzes Leben lang allein blieb und sehr aufopferungsvoll seine Mutter gepflegt hatte, bis er selbst 2018 starb. Die Grenzausbildung zumindest hatte er, nach Aussagen seiner Nachbarin, nie mental verarbeitet. Also waren wir nur noch acht. Fritz, der Laborant, hatte ständig mit „Wehwehchen" zu tun, so dass er vermutlich auch die Grenze als Soldat nicht sehen würde, obwohl er aus der Nähe von Ellrich stammte und sein Vater oder Onkel dort Offizier gewesen sein soll. Fakt ist, dass ich ihn nicht bei der Verteilung auf die einzelnen LKW der Grenzkompanien sah. Bei meinen Recherchen zu diesem Buch erfuhr ich später, dass er doch noch in eine Grenzkompanie versetzt wurde. Am besagten unerlaubten Ausgang in das Gartenlokal, als der Posten auf uns geschossen hatte, war er laut seiner Aussage mit beteiligt.
Der Tag der Versetzung kam, und wir packten unsere Sachen in eine Zeltplane. Ein letzter Appell mit dem Kompaniechef und

ein fröhliches Lächeln zu unseren „Schindern“, den Unteroffizieren. Es galt als sicher, dass diese Ausbilder die Grenze nie sehen sollten, da sie lediglich die Aufgabe hatten, uns möglichst „kriegstauglich“ zu machen. Eine Begegnung an der Grenze wäre undenkbar gewesen, da diese Leute bei den Soldaten dermaßen verhasst waren, dass sie dort Angst um ihr Leben hätten haben müssen.
In der gesamten Ausbildungszeit habe ich nie einen Soldaten erlebt, der sich aus christlicher Überzeugung irgendeiner Maßnahme widersetzt hätte. Einmal hatte ich gehört, dass es im Ausbildungsregiment zu Suiziden gekommen sein soll. Ich selbst habe es aber nicht gesehen und kann das auch nicht während meiner Dienstzeit bestätigen.
Es ging also zum Regimentsappellplatz, unsere Namen wurden aufgerufen, und wir wurden auf die einzelnen Grenzkompanien verteilt. Die Planen auf den LKW wurden geschlossen, damit wir nicht sahen, wohin es ging. Außerdem sollte die Bevölkerung und der BGS (Bundesgrenzschutz) möglichst wenig von dieser Aktion mitbekommen. Aus meiner Ausbildungskompanie war lediglich ein Soldat mit auf dem LKW gelandet. Ich kannte ihn aber kaum, da er im ersten Zug war und wir, bis auf den KC, jeweils andere Vorgesetzte hatten. Im Lauf der Zeit an der Grenze sollte dieser Soldat aber nochmal meine Aufmerksamkeit erhalten, da er nach etwa sechs Monaten mit einem Unteroffizier aus meiner Kompanie in den Westen floh.

Die Grenzkompanie, die neue Heimat

Mit dem LO ging es, mit mehrfachem Anhalten an Kontrollpunkten, über holprige Wege eine kurvige Strecke im Wald entlang. Einer der Insassen öffnete die Plane etwas, und wir sahen für kurze Zeit durch die Bäume hindurch hell angestrichene schöne Häuser. Das konnte nur der Westen sein, denn in der DDR hatte man es nicht so mit Farbe. Außerdem waren Baumaterialien ständig knapp, so dass nur notwendige Reparaturen erfolgten.
Am Ortseingang stand ein Schild: Großburschla, Kreis Eisenach, Bezirk Erfurt. Dieses Dorf lag nicht nur im Sperrgebiet, sondern im Schutzstreifen. Es war eine „Halbinsel", die quasi im Westen lag und nur durch eine neu in den Fels gesprengte Straße von der DDR her erreichbar war. Früher, so erzählte man sich, fuhren die Grenzer ohne Waffen durch den Westen, um in die Kompanie zu kommen. Der Ort war geteilt. Der Bahnhof Großburschla lag im Westen und die Nachbardörfer Heldra, Altenburschla, Völkershausen, Weißenborn und Rambach waren gleichfalls alle im Westen angesiedelt. Auf dem oberhalb liegenden Heldrastein saß die Stasi mit einem Horchposten gen Westen, aber darüber wurde schon so viel in den Medien berichtet, dass ich dieses Thema aussparen möchte, da wir bis auf wenige Berührungspunkte keinen Kontakt zu diesen Leuten hatten.
In der Grenzkompanie empfing uns der Kompaniechef und der (alte) Spieß, der, wie wir später erfuhren, nur noch einige Tage vor seiner Pensionierung stand. Da wir noch den Drill aus der Ausbildungskompanie im Kopf hatten, zuckten wir vor jedem Vorgesetzten quasi zusammen. Als zufällig ein Unteroffizier vorbeiging, grüßten wir und wendeten den Kopf in seine Richtung, mit einer Hand an der Mütze und der anderen Hand an der Hosennaht. Unsere künftigen Postenführer und Gefreiten schauten aus den Zimmern und lachten laut über uns. Wir wunderten uns, dass niemand ihrer Vorgesetzten diese Disziplinlosigkeit ahndete. Wir hielten uns jedoch streng an die Ausbildungsvorgaben, drehten uns auf Befehl um und suchten unsere Zimmer auf. Auf den Zimmern waren nur sechs Betten. Die Gefreiten hatten sich die besten Schlafplätze gesichert und schliefen unten.

Wir packten unsere Sachen aus, während die anwesenden Gefreiten uns aufklärten: „Ihr seid hier die Achtziger (das stand für 80 Mark, die es früher als Sold im zweiten Diensthalbjahr gab) und ihr macht jetzt ein halbes Jahr unseren Dreck. Wir sind die EKs, und es gibt nur zwei Dienstgrade in der Armee: General und Gefreiter. Wenn ihr das berücksichtigt, diese Hierarchie so hinnehmt, dann kommt ihr hier einigermaßen klar. Wenn nicht, dann zeigen wir euch, wie es geht."
Plötzlich, als wir noch beim Einräumen waren, öffnete sich die Tür und ein kleiner Unteroffizier kam herein. Wir, die Neuen, standen sofort stramm und meldeten: „Genosse Unteroffizier ich melde, Soldat ... und Soldat ... beim Spind einräumen."
Die Gefreiten blieben auf ihren Betten liegen, was uns sehr verwunderte. Das hätte in der Ausbildung schon drei Tage Arrest bedeutet. Sie sagten dem Unteroffizier: „Klaus, mach's Brett zu."
Der Unteroffizier, der unser Gruppenführer war, gehorchte und schloss die Zimmertür.
Auf das Pfeifen des UvD hörte auch kaum jemand, das kam uns alles sehr merkwürdig vor. Über unser Grüßen und Strammstehen vor einem Unteroffizier wollten sich die Gefreiten/Postenführer totlachen. Ich fragte einen der Gefreiten, der unter mir sein Bett hatte, wieso es hier diese Disziplinlosigkeit gab.
„Junge", meinte er zu mir, „mach mal ein paar Schichten mit, dann siehst du das alles anders. Wenn du hier überleben willst, dann richtest du dich nach den Gesetzen des Krieges oder du stirbst im Stiefel."
Ich verstand erst Wochen später, was er meinte.

Die erste Mahlzeit in der Grenzkompanie

Da wir seit unserer Ankunft in der GK noch nichts gegessen hatten, führte uns der Spieß (Hauptfeldwebel) in den Speiseraum. Es war beeindruckend. Wir dachten, dort wurde für eine Delegation von Offizieren eingedeckt. Aber nein, das war alles für uns. Wir waren verängstigt und trauten uns nicht, uns zu setzen, bis der Spieß den Befehl gab: „Platz nehmen zum Abendessen. Sie können sich jederzeit am Büffet bedienen.“ Es war besser als in einem Interhotel.

In der Ausbildung hatten wir außer einer Graupensuppe und „toter Oma“ (flüssige, fettige Blutwurst mit Grieß) nicht viel Abwechslung und die Essenszeit war auf wenige Minuten beschränkt gewesen. Hier war alles vom Feinsten. Etwa zehn Sorten Wurst, Schnitzel, Eier, verschiedene Sorten Joghurt, sogar Südfrüchte, Kaugummi, Pudding – alles da. Es war einfach überwältigend. Drei ältere Frauen und zwei Köche sorgten für uns. Sie schmierten uns sogar Brote für die Schichten. Es war nicht zu fassen. Davon hätten wir in der Ausbildung nicht zu träumen gewagt.

Als wir vom Essen auf die Zimmer zurückkamen, sagte ich zu einem der Postenführer, die in der Zeit des Wechsels der Jahrgänge oft mit Fahnenfluchten zu tun und zwölf bis sechzehn Stunden Dienst geschoben hatten: „Ihr habt es ja hier gut! Das Essen ist Spitze, und die Kapos gehen euch auch nicht auf den Senkel.“ Er lächelte und meinte: „Du wirst schon sehen – hier ist Krieg, und manchmal bekommst du keinen Bissen des guten Essens mehr runter.“ Er sollte recht behalten.

Die erste Schicht an der Grenze

Vor der ersten Schicht wurden wir Achtziger vom Kompaniechef Hauptmann R., ein intellektueller Typ, den ich während meiner gesamten Dienstzeit nie lachen sah, in die Postengebiete eingewiesen. Der Kompanieabschnitt wurde uns ausführlich gezeigt, und wir verstanden vorerst nicht viel. Das Einzige, was mir in Erinnerung blieb, war der Grenzverlauf am Dreiherrenstein, welcher nicht mit herkömmlichen Absperrungen zu sichern war, da es dort einen Steilhang von, meiner Meinung nach, mehreren hundert Metern gab.

Die dort ansässige Truppe des MfS bekamen wir nicht zu sehen. Da diese auch in Grenzeruniformen agierten, konnten wir kaum unterscheiden, ob es diese oder Soldaten waren, die uns im Rahmen der Bataillonssicherung ablösten. Erst nach der Wende erfuhr ich, dass es dort die sogenannte Hüneburg gab, ein gesondert gesicherter Bereich, bei dem es wohl auch eine Baracke der Stasi im Zusammenhang mit der Abhörstation gab. Wir wussten, auch durch die Einweisung des KC, dass wir diesen Bereich zu meiden hatten und dass dort das MfS agierte. Was die Angehörigen dieser Truppe dort machten, wusste ich nicht. Durch die Kuppel konnten wir uns denken, dass es ein Aufklärungsposten ist, aber darüber geredet wurde fast nie. Nachts sahen wir dort später öfter Licht mitten im Wald, deshalb nannten wir dieses Phänomen „Heldra-Gespenst“, da nach Meldung an den Führungspunkt nie eine Reaktion erfolgte.

Nun stand aber meine erste Schicht auf dem Programm. Es war gleich eine Nachtschicht. Wir machten uns gemeinsam mit den Gefreiten, von denen etwa drei Viertel zum Postenführer befördert worden waren und außer dem „Gefreitenbalken“ noch zusätzlich einen dicken grünen Balken auf den Schulterstücken trugen, auf den Weg. Niemand erfuhr vor der Vergatterung, mit wem er rausgehen würde. Die Nachtschicht begann etwa 20 Uhr. Die Kompanie bereitete sich ab etwa 18.45 Uhr auf den Grenzdienst vor.

Etwa 19 Uhr kam der Befehl des UvD: „Kompanie – raustreten zur Vergatterung.“ Wir stellten uns zugweise im Flur auf, und der

Zugführer, bei uns ein verträglicher Oberfeldwebel (sein Name war Harry, wir nannten ihn unter uns Harry, sprachen ihn aber aufgrund seiner Dienststellung mit Sie an), las vor, welcher Posten mit welchem Postenführer herausgehen wird. Ich wurde dem Postenführer Gefreiter Ulli T. zugeordnet. Das war ein großer, stämmiger Kerl, etwa 1,90 m groß, mit leicht rötlichem Haar. Er war mit auf meinem Zimmer und nannte uns nur „Achtzig". Das war ein Schimpfwort für das niedere zweite Diensthalbjahr. Namen sprachen die EKs kaum aus. Sie sagten nur: „He, Achtzig, mach was ich dir sage, dann ist alles i. O., klar!"
Nun kam die Vergatterung, die sich wörtlich so anhörte: „Sie sind eingesetzt als Sicherungsposten im Bereich Großburschla, Ifta, Neuenhof und Schnellmannshausen zur Sicherung der Staatsgrenze der Deutschen Demokratischen Republik in der Zeit von 20 Uhr bis 4 Uhr. Provokationen und deren Ausdehnung auf das Staatsgebiet der DDR sind zu verhindern, Grenzverletzer sind festzunehmen bzw. zu vernichten. Vergatterung! Links um – auf die LKW aufsitzen."
Und so kamen wir in der Dämmerung an der Grenze in einem Waldgebiet, das als Postenpunkt Eichholz bezeichnet wurde, an. Es war schon ein mulmiges Gefühl, zum ersten Mal mit einem anderen Menschen mit scharfen Waffen kurz vor der Grenze zu stehen. Was dachte er – was dachte ich? Fragen über Fragen gingen mir durch den Kopf. In wenigen Sekunden konnte einer von uns tot sein und der andere in den Westen flüchten.
Der Postenführer sagte zu mir: „Achtzig, du gehst vor mir und machst das, was ich sage. Das sind hier keine Kriegsspielchen mehr, wie in der Ausbildung, hier stirbst du ganz schnell im Stiefel, wenn du schläfst, verstanden?" Ich nickte und folgte seinen Anweisungen.
Rechts von uns war plötzlich Hundegebell zu hören, und ich erschrak, da wir zuvor versucht hatten, uns leise an den Rand eines Waldgebiets heranzutasten.
Ulli meinte: „Wir müssen unsichtbar sein. Sollte ein GV (Grenzverletzer) die Ablösung beobachtet haben, wird er unseren Standort ausmachen können, und das kann tödlich für uns enden."

Also machten wir bewusst einen Umweg, um unsichtbar zu bleiben, und nahmen dann am Waldrand unseren Postenpunkt ein. Als Sitzgelegenheit benutzten wir ein aufblasbares Luftkissen, das wir uns in weiser Voraussicht bereits von zu Hause hatten schicken lassen. Das war zwar offiziell verboten, wurde aber von den meisten Vorgesetzten stillschweigend toleriert. Wir beobachteten in Richtung DDR, da die eigentliche Grenzlinie hinter unserem Rücken verlief und zusätzlich ein kleines Waldgebiet uns die Sicht nach Westen verdeckte. Dort verharrten wir und gingen über „LFK“ (die Abkürzung kann ich nicht mehr übersetzen, es war eine Verlängerungsschnur) ständig auf Empfang. Die Steckdose für die Verbindung über das GMN (Grenzmeldenetz) befand sich in der Regel an einem Baum oder Mast.
Die Nacht brach an, und wir konzentrierten uns auf die Geräusche. Es raschelte an allen Ecken und Enden. Ich dachte immer an die Ausbildung, bei der uns gelehrt wurde, die MPi niemals aus der Hand zu geben. Die Müdigkeit kam hinzu, so dass mir fast die Augen zufielen. Ich bemerkte, dass mein Postenführer mich genau beobachtete, und als ich fast am Einschlafen war, versuchte er, meine Waffe zu ergreifen. Da ich mir den Gurt um die Hand gewickelt hatte, schaffte er das nicht.
„Da hast du nochmal Glück gehabt“, meinte er. „Mal sehen, wie es die anderen Achtziger so halten. Denn wenn du hier entwaffnet bist – dann wars das.“ Ich war froh, dass ich diese Bewährungsprobe bestanden hatte. Einigen anderen von uns Neuen war es nicht gelungen. Die EKs hatten sie im Handumdrehen entwaffnet, was ihnen eine Lehre war.
Natürlich war es unheimlich, da man nicht wusste, ob das nächste Geräusch oder das nächste Hundegebell vielleicht schon durch einen Grenzverletzer ausgelöst wurde.
Mein Postenführer meinte, wir sollten uns zum Tor am GSZ (Grenzsignalzaun) schleichen. Seiner Meinung nach hatte dort etwas aufgeblinkt. Dieses Tor war ungesichert, da dort der GSZ anfänglich noch nicht unter Spannung stand. Ulli befahl mir, langsam vor ihm den Weg entlang in Richtung dieses Tores zu laufen. Dies tat ich dann auch, und im Schleichgang ging es ganz langsam vorwärts. Ich war schon sehr erleichtert, da ich, kurz

vor dem Tor angekommen, nichts Verdächtiges vor dem GSZ erkennen konnte. Doch plötzlich gab es einen riesigen Knall und neben mir blitzte es auf. Ich warf mich in eine Senke und riss meine Maschinenpistole durch, so dass sie scharf war. Den Finger am Abzug schaute ich nach vorn, aber ich sah außer meinem lachenden Postenführer nichts.

„Komm raus, Achtzig", meinte er, „das war eine Lehrstunde in Sachen SP1." Über den Weg war ein Signaldraht gespannt, der bei Dunkelheit nicht zu sehen war. Je nach Witterung wurde er farblich (im Winter weiß) angepasst. Das Ende des Drahtes war mit dem Abzug eines Karabiners aus früheren Zeiten verbunden. Das Gerät war aus einem umgebauten Karabiner K44 hergestellt worden, mit einer Platzpatrone geladen und konnte erhebliche Schrecken verbreiten.

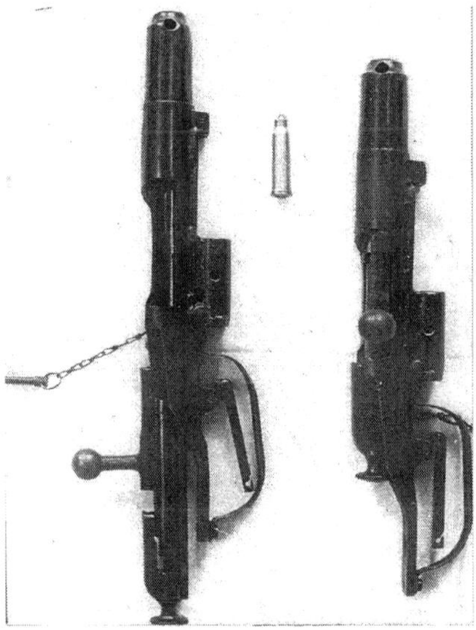

Singnalgerät SP1

Ich war zumindest bedient, und Ulli meinte: „Das war erst der Anfang, Achtzig, wirst schon sehen, was auf euch „Tagesäcke" noch zukommt." Stolz zeigte er mir sein Bandmaß, und als Achtziger hatte ich davor gerade zu stehen. Ich nahm es so an, wie er sagte, da ich ja in einem halben Jahr auch EK wäre. Dann könnte ich das gleiche Spiel mit den zukünftig Neuen treiben.

Zur Erklärung: Jeder Soldat, insbesondere im letzten Diensthalbjahr, hatte ein Bandmaß, das er in der Regel liebevoll bemalt hatte. Jeder Zentimeter bedeutete einen Tag. Meist wurde bei 1,50 m angeschnitten. Das Ganze wurde in einem fast religiösen Akt durchgeführt. Die Achtziger mussten sich dann mit einer Kerze auf dem Stahlhelm um die Gänger (letztes Diensthalbjahr) versammeln und ihnen Unterwürfigkeit signalisieren. Danach wurde die EK-Kugel gerollt, eine Stahlkugel, die in der Kompanie versteckt und von Diensthalbjahr zu Diensthalbjahr heimlich vererbt wurde.
Meine erste Schicht ging zu Ende, und ich zitterte innerlich noch vor Aufregung wegen des Signalgeräts und der versuchten Entwaffnung. Von Drill oder Befehlston war auf den LKW nichts mehr zu hören, wie wir es von der Ausbildung gewöhnt waren. Die Unteroffiziere und Unterfeldwebel saßen mit uns auf den LKW und man sagte Du zueinander, da man ja letztlich aufeinander angewiesen war.

Umstellung von der Ausbildung auf den Grenzdienst

Nach der ersten Schicht bemerkten wir, dass hier wohl alles anders war, als wir eigentlich dachten, und dass der Drill und das idiotische Rumbrüllen irgendwelcher Ausbilder vorbei war. Das kam uns sehr entgegen. Doch jeder von uns war allein. Wir kannten niemanden, da wir völlig auseinandergewürfelt wurden. Jedes Gesicht, jede Reaktion war neu – und dann immer noch die Angst, dass man dem Kameraden nicht trauen konnte, mit dem man zur Schicht ging. Dabei war es weniger die viel gepriesene Angst vor der angeblich allmächtigen Stasi, als davor, dass jemand in den Westen gehen will, den Kumpel in den Rücken schießt oder ihn mitnimmt.
Die zweite Schicht, die ich hatte, befand sich oberhalb der Ortschaft Schnellmannshausen, vor den Orten Heldra in der BRD und Großburschla in der DDR. Das Postengebiet nannte man

Kirschallee, und wir hatten einen ruhigen sonnigen Tag. Aufgrund der Höhenlage unterhalb des Heldrasteins und der wenigen GMN-Verbindungssteckdosen wurde mir ein riesiges Funkgerät aufgebürdet. Ich schätze, es wog etwa 50 kg. Gegen Mittag nahmen wir unsere Position unterhalb des Heldrasteins, rechts der neuen Straße ein.

Mein Postenführer stammte aus unserer Gegend, und wir konnten uns ganz gut unterhalten. Ich sagte ihm, dass es hier ja doch nicht so stressig wie in der Ausbildung sei, denn die Sonne schien, das Essen in der Kompanie war Spitze und die Küchenfrauen schmierten jedem Soldaten noch die Postenbrote. Das wäre doch ein Service, den es in der ganzen NVA nicht gab.

Lächelnd sagte er: „Du wirst es schon noch zu spüren bekommen, Achtziger, denn hier geht „Lupo" um. Lupo ist der Gängertot." Es war die Bezeichnung dafür, wenn jemand in eine missliche Situation kam und Leib und Leben in Gefahr war.

Der Abend nahte, und ich dachte an die Auslösung des Signalgeräts durch mich einen Tag zuvor. Täglich konnte das ja nicht vorkommen, hoffte ich, und außerdem wollte mich der Postenführer gestern erschrecken. Ich war fest davon überzeugt, dass es eine ruhige Schicht werden würde. Wir sahen in der Ferne Fahrzeuge und einen Bus aus Eisenach kommend in Richtung Großburschla fahren und alles schien friedlich seinen Gang zu gehen. Plötzlich gab es bei einbrechender Dunkelheit einen riesigen Knall, und neben mir fiel ein Klumpen Dreck vom Himmel. Mir blieb fast das Herz stehen!

Die Miene des Postenführers wurde ernst: „So, Achtzig", sagte er, „jetzt wird es ernst, du machst nur, was ich sage. Geschossen wird erst, wenn ich es dir befehle! Das war eine Mine. Wir müssen hoch und am K6 abriegeln. Nimm dein Funkgerät und dann nichts wie hoch!"

Wir liefen, so schnell wir konnten, vor zur letzten Sperre und versuchten uns als Horchposten. Weil ich das Funkgerät auf dem Rücken hatte, war ich fix und fertig, da wir zusätzlich einen recht großen Höhenunterschied überwinden mussten. Der Postenführer sagte mir, ich solle das Funkgerät anschalten und in die

Kompanie funken, was mir aber nicht gelang. Wir schossen ein Handleuchtzeichen lt. Postentabelle, ich glaube, es war Ein Stern Rot, was so viel bedeutete wie „Alarmgruppe kommen, Minenauslösung!“ Als wir am K6 (Kontrollstreifen 6 m) eine Steckdose für das GMN gefunden hatten, meldete der Postenführer die Minendetonation dem Führungspunkt. Wir postierten uns am Kolonnenweg und redeten, wenn überhaupt, nur ganz leise.
Plötzlich hörten wir zwischen den zwei Zäunen ein ständiges Stöhnen. Es war schwer festzustellen, ob es ein Mensch oder ein Tier war. Blut klebte an den restlichen Blättern der Büsche in der Minensperre, und später sah ich einige Tierkadaver dort liegen, die den Minen bereits zum Opfer gefallen waren.
Dort betete ich das erste Mal innig zu Gott, dass ich das hier alles überstehe. Niemand, auch nicht der härteste Schinder in der Ausbildung, konnte uns das vermitteln. Die Alarmgruppe kam erst nach etwa einer halben Stunde. Sie schlichen sich an uns heran und es kam fast zu einem Schusswechsel zwischen uns. Als wir die Geräusche hörten und das Durchladen ihrer Waffen vernahmen, riefen wir: „Halt – Grenzposten – Parole!“ Alles war plötzlich ganz still, nur das Stöhnen in der Minensperre war leise zu hören.
Endlich kam die richtige Parole aus der Dunkelheit. „Berlin“, rief der Alarmgruppenführer, der sich mit seinen zwei Postenpaaren schon auf ein Feuergefecht eingestellt hatte. Mein Postenführer antwortete laut mit „Belzig“ und die angespannte Situation klärte sich langsam. Der A-Gruppenführer schickte ein Postenpaar zur Kontrolle des K6-Spurenstreifens, um eventuelle Spuren eines Grenzverletzers festzustellen. Nach etwa dreißig Minuten meldete er dem Führungspunkt: „Minenauslösung durch Wild.“ Dann ging der A-Gruppenführer in Richtung des verletzten Tieres, nahm es mit Hilfe eines Scheinwerfers ins Visier und tötete es mit einem Schuss in den Kopf. Es war ein Reh, dessen Beine bis zur Unkenntlichkeit zerfetzt waren, und der Gnadenschuss war eine Erlösung für das Tier.

Der Alltag im zweiten Diensthalbjahr

Nun war ich zwei Tage an dieser Grenze, und der Schreck saß mir in allen Gliedern. Ich hoffte nur, dass es nicht so weitergehen und etwas Frieden in den Alltag einkehren würde. Das war auch so. Es gab Tage, an denen es richtig ruhig war und wir auch draußen im Grenzdienst Langeweile hatten. Nur das Wetter war an manchen Tagen unser größter Freund oder Feind. Oft waren wir schon nach einer Stunde im Grenzdienst total durchnässt und durchgefroren. Deshalb bauten wir bei Regen als Erstes im Postengebiet, meist an Waldrändern, eine kleine Hütte aus Stöcken und Laub und deckten diese zur Tarnung mit Fichtenästen ab. Bei Kälte machten wir uns ein kleines Feuer und versuchten, die Sicht mit dem Regenumhang in Richtung Führungspunkt abzudecken.

Einige Male waren wir auch auf Ski im Winter unterwegs. Dies hat sich aber nicht bewährt, da die Abfahrten oft zu steil und unsere Skifahrertalente zu gering waren. Ich erinnere mich an einen Tag im Winter, als wir bei minus 18 Grad draußen waren. Wir zogen alles an, was wir hatten, da wir auf freiem Gelände unsere Postenpunkte besetzen mussten und kaum laufen durften, um unsere Stellung nicht zu verraten. Um bei klirrender Kälte die Schicht zu überstehen, legten wir eine Spiritustablette unter unseren Körper, hingen den Regenmantel, manchmal noch das Schneehemd, über und wärmten uns so einige Minuten auf. Bei eisigem Wind und Schneestürmen war es fast unerträglich, zumal es durch die Temperaturschwankungen oft auch zu Minenauslösungen kam.

In unserem Abschnitt waren drei Sorten von Minen verlegt. Die ältesten Minen waren die sogenannten Holzkastenminen (PMG-6), dann kamen die Plasteminen (PMN-1 und PMN-2), sie sahen aus wie eine leere Bohnerwachsschachtel, mit dem Zünder an der Seite. Beides waren Bodenminen, die zwischen den letzten zwei Zäunen in einer Art Halma-Muster verlegt worden waren. Danach kam die Anlage 501. Es waren Selbstschussanlagen, die am letzten Streckmetallzaun angebracht waren und bei Berührung Stahlgeschosse in eine Richtung abgaben. Ein sehr großer Teil –

ich glaube, der größte Teil der von uns im Rahmen der Bataillonssicherung gesicherten Territorien – war minenfrei.

Autor Wolfgang. E. vorn als Posten im Winter 1974/75 mit Postenführer Gerd H. bei Großburschla

Außer den Witterungsbedingungen gab es natürlich im Grenzeralltag auch andere Schwierigkeiten. So kam fast täglich vor der Schicht bei der Vergatterung eine Fahndung heraus. Sehr oft waren das sowjetische Soldaten, die geflohen sein sollten und mit jeder Menge Munition und Handgranaten zu uns unterwegs waren. Es gab auch Fahndungen nach entflohenen Sträflingen bzw. sogenannten arbeitsscheuen Elementen. Täglich wurde der K6 abgelaufen und nach Spuren abgesucht, obwohl das manchmal unmöglich war, zum Beispiel, wenn der K6 gefroren war, konnte man keine Spuren erkennen. Auch an felsigen Stellen war es unmöglich, Fußabdrücke zu finden.
Es kam vor, dass Verbrechen im westlichen Umfeld, also in der BRD, verlesen wurden. Ich erinnere mich an ein Tötungsdelikt im Raum Eschwege, es kann auch ein versuchtes Tötungsdelikt gewesen sein. Dass dies vor der Vergatterung verlesen wurde,

wunderte mich. Natürlich hatten wir auch die Aufgabe, die Aktivitäten der westlichen Akteure zu beobachten und diese der Führungsstelle zu melden. Besonders im Fokus standen hierbei der ZGD, später GZD (Zoll) genannt, der BGS, Polizei, Bundeswehr und die Amerikaner, die im Raum Ifta-Rittmannshausen auf dem Point India aktiv waren und dort einen Horchposten betrieben.

Der neue Spieß

Nach einigen Wochen verabschiedete sich der alte Spieß von der Kompanie und ging in Rente. Er hatte alles schleifen lassen, so dass es in den Wasch- und Toilettenräumen wirklich schmutzig aussah. So war es auch kein Genuss, sich in der wenig verbleibenden Freizeit zwischen den Schichten dahin zu begeben. Der alte Spieß hatte das Stuben- und Revierreinigen völlig wegfallen lassen, und überall stapelte sich der Dreck. Dies war vermutlich auch der Kompanieleitung, insbesondere dem Politoffizier aufgefallen. Nun sollte ein „harter Hund" als Hauptfeldwebel wieder Ordnung in das Chaos bringen. Der kam dann auch. Sein Name war Johann S. – im Folgenden nur Johann oder Spieß genannt.
Meine erste Begegnung mit ihm war schon prägend. Etwa drei, vier Wochen nach meiner Ankunft in der Grenzkompanie wurde er uns vom Kompaniechef bei einem Appell vorgestellt. Seine Aufgabe als „Mutter der Kompanie" war es, Ordnung und Sauberkeit wiederherzustellen. Da wir uns in den wenigen Tagen unseres Grenzerdaseins an der „Front" daran gewöhnt hatten, dass wir in der Kompanie Ruhe vor irgendwelchen nervigen Sachen wie Stuben- und Revierreinigen hatten, konnten wir es uns gar nicht mehr anders vorstellen.
Kurz nach der Vorstellung des neuen Spießes kam ich eines Tages die Treppe in der Kompanie herunter und Johann begegnete mir. Ich ging an ihm vorüber, als würde ich ihn nicht sehen.
Kaum war ich vorbei, da brüllte er schon: „Haken zu!"
Ich wusste zunächst nicht, was er meinte. Am Kragen der Dienstuniform befand sich ein Haken mit einer Öse auf der anderen

Seite, um den Kragen exakt geschlossen halten zu können. In der Ausbildung wurden wir öfters damit gegängelt, aber hier an der Grenze schien dies bisher niemanden zu interessieren.
Da hatten wir aber die Rechnung ohne Johann gemacht. „Kommen Sie zurück, Soldat“, brüllte er, „und grüßen Sie!“ Diese Töne war ich an der Grenze nicht mehr gewohnt und konnte mir das Lachen nicht verkneifen. Als Johann das bemerkte, wurde er wild: „Ihnen werde ich es schon noch zeigen, wenn Sie die Disziplin der Truppe untergraben wollen!“ Er notierte sich meinen Namen, und kurz darauf rief mich der UvD zum Hauptfeldwebel. In meiner Freizeit vergatterte er mich nun dazu, die Pfosten eines Volleyballfeldes auszugraben. Nach der Fertigstellung musste ich sie immer wieder ein- und ausgraben, bis sie nach seiner Meinung gerade in der Erde standen. Ich konnte ihm nichts recht machen.
Zwischenzeitlich berichteten mir meine Zimmergenossen, dass sie ebenfalls mit dem neuen Spieß Ärger bekommen hatten. Wolfgang K., wir nannten ihn Bofi, da er immer müde war und trotz des Verbots im Grenzdienst öfters schlief, war auch in sein Visier geraten. Er war Landschaftsgärtner, und der Spieß holte ihn ständig wegen irgendwelcher Blumenbeete, die er anlegen wollte.
Nun kam es zum ersten Appell. Ich musste vortreten, da ich wegen des offenen Hakens an der Dienstuniform nach seiner Auffassung eine schwere disziplinarische Verfehlung begangen hatte. Die Strafe folgte sofort. Er befahl mir: „Sie säubern die obere Toilette, des Weiteren die mittlere Toilette und des Weiteren die untere Toilette!“ Die deutsche Grammatik schien nicht seine Stärke zu sein, aber sein Wille, uns Schliff beizubringen, war unübersehbar. Ich konnte machen, was ich wollte, er hatte immer etwas an den Toiletten, die ich putzen musste, auszusetzen. Der Urinstein war ihm nicht gut genug entfernt worden, ebenso der Staub hinter der Heizung. Erst als Letzter durfte ich das Stuben- und Revierreinigen beenden. Ich muss zugeben, dass dies wirklich nicht meine Stärke war, aber Johann brachte mich mit seiner Art schier zur Verzweiflung. So schworen wir ihm Rache.

Seine neueste Erfindung war, jedes einzelne Zimmer mit Zensuren zu bewerten. Hierzu ließ er von einem Soldaten eine Grafik herstellen, in der jedes Mannschaftszimmer aufgeführt war und täglich mit Farben der Reinigungszustand dokumentiert wurde. Wenn ich mich richtig entsinne, war rot=1, grün=2, blau=3 und schwarz=5. Eine Vier gab es bei der Armee nicht, und daran hielt sich auch Johann. Bei einem Zimmerdurchgang brüllte er in unserem Nachbarzimmer herum und ließ den für die Zimmerreinigung verantwortlichen Soldaten herbeirufen. Sein Name, ich glaube, war Ricklein.
Als der Spieß mit seinen weißen Handschuhen hinter die Heizung fasste, hatte er etwas Staub an den Fingern. Er hielt seine Hand vor dem Soldaten hin und rief mit lauter Stimme: „Sehen Sie mich noch, Ricklein?"
Der sehr intelligente und schlagfertige Soldat antwortete: „Nein, Genosse Hauptfeldwebel, aber ich erkenne Sie an Ihrer Stimme."
Johanns Miene kam der eines angreifenden Löwen gleich.
Das Ganze hatte für mich aber einen positiven Aspekt, denn nun durfte dieser Soldat meine Toiletten schrubben. Später komme ich nochmal auf Johann zurück. Eines muss ich ihm aber im Nachhinein bescheinigen. Seitdem er die Hauptfeldwebel-Stelle übernommen hatte, konnte man wieder ohne Schaudern die Toiletten, Wasch- und Aufenthaltsräume benutzen.
Da ich stellvertretender Gruppenführer im dritten Diensthalbjahr war, wurde ich für alle Unordnung in unserem Zimmer vom Hauptfeldwebel zur Verantwortung gezogen. Ständig zeigte er mir vor den anderen stellvertretenden Gruppenführern die schlechten Noten, die mein Zimmer beim Durchgang erreichte. Fast alle Felder waren schwarz, das bedeutete eine Fünf und damit Repressalien wie Ausgangssperren oder zusätzliches Zimmer- und Revierreinigen für mein Zimmer.
Der Spieß hatte einen Lieblingsstellvertreter, der angeblich in seiner Gruppe alles in Ordnung hatte. Es war auch so, denn in meiner Nachbargruppe war in der Regel besser aufgeräumt als bei uns. Verantwortlich dafür war ich. Weil ich darauf jedoch wenig Wert legte und es leid war, ständig meinen Kameraden irgendwelche Probleme wegen der Reinigung zu machen, ließ ich es laufen, wie es war.

Da der Spieß den Druck auf mich und mein Zimmer erhöhte und unser Nachbarzimmer immer als Vorbild hinstellte, ersann ich einen Plan. Kurz nach der Vergatterung, es befanden sich alle Soldaten nicht auf den Zimmern, sondern auf dem Gang oder dem Hof, ging ich heimlich in unser Nachbarzimmer und nahm aus dem Blumentopf einer Zimmerlinde eine Hand voll Blumenerde und warf sie in dem Zimmer aus. Zusätzlich zog ich noch die Betten auseinander, so dass es aussah, als hätte niemand die Betten gemacht. Sicher war das unchristlich von mir. Es sah aus wie nach einer Schlacht. Da unser Spieß nach dem Ausrücken der Kompanie einen Stubendurchgang mit den verbliebenen stellvertretenden Gruppenführern machte und seine Noten vergab, war ich auf das Ergebnis gespannt. Bevor wir das besagte Zimmer betraten, meinte der Spieß, wir sollten uns doch jetzt ein Vorbild an diesem Zimmer nehmen. Als er die Tür öffnete, musste ich mir das Lachen verkneifen, denn es sah aus, wie in einem Schweinestall. Der Hauptfeldwebel bekam einen Tobsuchtsanfall und nahm sich den stellvertretenden Gruppenführer vor. Eigentlich schäme ich mich bis heute für meine Tat, und meine Kameraden, die das jetzt vielleicht lesen und von Johanns Schikanen betroffen waren, mögen es mir nachträglich verzeihen.
Unser Spieß hatte es uns mit seinen immer wieder neuen Schikanen angetan. Einmal hatte er sein Motorrad in der Grenzkompanie unter einem Vordach abgestellt, und einer unserer Soldaten, den er öfters mit Schikanen belegt hatte, kam auf die Idee, in den Tank zu pieseln. Als der Spieß am Sonnabend zu seiner Freundin nach Mühlhausen fahren wollte, kam er nur einige hundert Meter weit, da sich der Urin unter dem Benzin abgesetzt hatte und das Motorrad stehen blieb. Er übergab das Fahrzeug dem Schirrmeister, der natürlich keine Ahnung hinsichtlich der Ursache hatte.
An diesem Tag war ein Teil meiner Gruppe als Wachposten der Einheit und ich als UvD kommandiert. Mein Zimmergenosse Ralf war mein GUvD, und wir hörten unseren Spieß, wie er mit seiner Freundin Monika telefonierte. Er sagte zu ihr, dass er nicht gleich kommen könne, da das Motorrad kaputt wäre. Er meinte,

das Zündschloss wäre defekt. Natürlich waren wir schadenfroh, und der arme Spieß tut mir im Nachgang leid, aber es war eine heimliche Rache.

Eine weitere Episode mit unserem Spieß ergab sich, als er im Ausgang in Großburschla war. Einige Kameraden und ich hatten zu dieser Zeit eine Freundin im Ort. Da uns der Spieß wieder einmal Ausgangssperre wegen des unaufgeräumten Zimmers verordnet hatte, kamen unsere Mädels zum Zaun an der Kompanie. Wir baten sie darum, Johann betrunken zu machen und seine Mütze zu verstecken. Im Winter gab es eine bestimmte Anzugsordnung. Da er als Spieß peinlichst auf diese Ordnung pochte und eine Offiziersmütze in seiner Größe vermutlich in der Kompanie nicht vorrätig war, hätte er vor dem Appell mit dem KC doch schlecht ausgesehen. Gesagt, getan, die Mädels im Ort hielten Wort und machten unseren Spieß völlig betrunken. Als er im Objekt an der Wache ankam, hatte er keine Mütze auf und die Haare hingen ihm ins Gesicht.

Einer der Soldaten meiner Gruppe hatte vorher auf dem Hof eine Katze, die sehr zahm war und von der Küche aus versorgt wurde, ausgemacht. Wir streichelten die Katze, bis jemand auf die Idee kam, das Tier in das Zimmer des Hauptfeldwebels zu bringen. Das war nun schon einige Stunden her, und die Katze hatte es sich im Spießzimmer auf seinem Bett bequem gemacht. Zu allem Unglück hatte sie auch noch im Schlaflager des Hauptfeldwebels ihre Exkremente abgelegt. Wer Katzenkot kennt, weiß, wie streng der Geruch ist. Der Hauptfeldwebel brüllte betrunken vor dem UvD-Zimmer herum, bevor er sich zu Bett begab. Wir beobachteten, als er die Tür zu seinem Zimmer öffnete, dass die Katze sofort an ihm vorbei herausflitzte. Der Spieß nahm dies nur im Unterbewusstsein wahr.

Am nächsten Morgen kam er leicht nach Katzenkot riechend und ohne seine Mütze nach unten zum Appell mit dem KC. Seine Anzugsordnung war nicht dienstvorschriftsgemäß, da er eine Schirmmütze aufhatte. Sichtlich zerschlagen trat er vor den KC und gab seine Befehle aus. Diese Aktion sollten wir noch zu spüren bekommen, denn einige Tage später ließ er uns ohne Unterlass das gesamte Kompaniegebäude schrubben.

Gründung einer Band in der GK

Einige Wochen nach Ankunft in der Grenzkompanie hatten wir uns in den Gruppen etwas kennengelernt. In der Freizeit spielte ich mit meiner Trompete und so kamen einige Kameraden zu mir und bekundeten ihre Sympathie zur Musik. Wir fanden uns in einem kleinen Raum rechts neben der Treppe in der Grenzkompanie zusammen und gründeten eine Band.

Da Rolf, Unterfeldwebel und zugleich stellvertretender Zugführer des ersten Zuges, als Bassist mit dabei war, hatten wir anfangs keine Probleme von der Kompanieleitung zu befürchten. So übten wir in der wenigen Freizeit, und Rolf lernte mir etwas Bassgitarre, so dass ich außer Trompete auch noch hin und wieder Bass spielte. Man konnte durch die Musik den harten Grenzeralltag etwas verdrängen.

In der Regel waren wir fünf bis sechs Bandmitglieder. Ralf W. aus meinem Zimmer spielte Schlagzeug und ich Trompete oder bei manchen Titeln Bassgitarre. Diese Zeit war einfach toll, da man alle Sorgen für einige Stunden vergaß. Unser Melodiegitarrist Bernhardt W. war ein sehr bescheidener und hochbegabter Mann. Bei seinen Solos blieb einem fast die Luft weg. Ich habe bis heute nie einen besseren Solisten auf der Gitarre gesehen. Leider wurde er nach relativ kurzer Zeit versetzt, niemand wusste, weshalb.

Ich erinnere mich an die Titel *As Tears Go By* von den Stones, *Atlantis* von Donovan, *You Ain't Seen Nothing Yet* von Bachman Turner Overdrive, *Siebenmal Morgenrot, siebenmal Abendrot* von Andreas Holm und ganz besonders unser Gängerlied *Wir wollen nach Haus* auch bekannt als *Ein B-Turm steht in der Nacht, zwei Grenzer, die gehen auf Wacht* nach der Melodie von *Sloop John B.* von den Beach Boys. Als wir dieses Lied auf dem Saal der Schenke in Großburschla 1975 spielten, rasteten die anwesenden Grenzer dort fast aus, und es war eine tolle Stimmung. Aus der Kompanie kam eine Streife, um die Situation unter Kontrolle zu halten.

Ein- oder zweimal spielten wir auch in der Disko in Großburschla, und der Raum war gefüllt bis auf den letzten Platz. Allerdings gab es zu solchen Veranstaltungen manchmal Streit mit den einheimischen Jugendlichen, die einmal auch in einer Schlägerei mündete. Alles in allem war das aber die Ausnahme zu meiner Zeit.

Band der Grenzkompanie in Großburschla 1975; Autor 1. v. l.

Christen an der Grenze

Ich kann mich nicht daran erinnern, dass ein Soldat jemals an einem Sonntag in die Kirche ging oder darum gebeten hatte. Sicher hätte man versucht, dies von der gemeinen Masse fernzuhalten, aber in einer so kleinen Truppe wie einer Grenzkompanie, wäre das schon jemandem aufgefallen.
An eine Situation im Grenzdienst zwischen Ifta und Pferdsdorf im Rahmen der Bataillonssicherung war ich als Posten mit einem LO-Fahrer unterwegs, der zugleich mein Postenführer war und mit dem ich über alles im Leben redete. Ich fragte ihn, was er machen würde, wenn jetzt jemand käme und die Sperranlagen überwinden wolle. Nach einigem Zögern und einer Zigarette bekannte er sich zu seinem Glauben. Er war Katholik, aus dem Eichsfeld, und meinte: „Ich würde ihn anrufen und in die Erde schießen, in der Hoffnung, dass er dann stehen bleibt und sich festnehmen lässt.“ Dies sollte mir im späteren Leben noch helfen, denn das machte ich mir nun zu eigen für den Fall, dass ich später einmal zum Postenführer befördert werden würde.
Religion war zu jener Zeit in der DDR Opium für das Volk und diente dem Kapitalismus zum Machterhalt. Der Glaube an und für sich wurde lächerlich gemacht (obwohl dies heute, meiner Meinung nach, in anderer, noch gemeinerer Art und Weise gleichfalls geschieht). Ein Slogan war: „Ohne Gott und Sonnenschein bringen wir die Ernte ein.“
Nach der Armeezeit sagte mir ein Dozent im Fach „Wissenschaftlicher Kommunismus“, dass Juri Gagarin, der erste Raumfahrer, Gott im Weltall nicht gesehen hätte. Ein berühmter russischer Hirnchirurg und Philosoph, dessen Name mir jetzt nicht einfällt, soll auf diesen Satz gesagt haben, er habe auch schon viele Schädeldecken geöffnet, so dass er das Großhirn vor sich sah. Die Dummheit habe er aber dennoch nicht gesehen.
Obwohl meine Mutter für mich noch die Kirchensteuer für die evangelische Kirche bezahlte, hatte ich keinen Kontakt mehr zu dieser Institution, zumal ich in den Jahren der Kindheit und Jugend eher von Kirche und Glauben, auch durch die FDJ, abgehal-

ten worden war. Jedenfalls kümmerte sich meine evangelische Kirche, der ich noch angehörte, nicht um mich. Sicher lag das auch an mir, da man mit achtzehn Jahren alles andere als Kirche in seinen Lebensmittelpunkt stellt.
Einige meiner Zimmerkameraden, die vermutlich katholisch waren, bekamen Post von ihren katholischen Priestern. Es beeindruckte mich sehr, dass hier, umgeben von Minen und Stacheldraht, irgendjemand den Mut hatte, einigen der Soldaten etwas von Jesus und Maria auf den Weg zu geben. Es wunderte mich, dass trotz der Kontrolle der Post die Stasi diese Briefe hatte passieren lassen. Ich glaube, dass es unter den Stasi-Leuten gläubige Menschen gab, die froh waren, dass diese Grenzer heimatverbunden waren.
Die evangelische Kirche enttäuschte mich hier zum ersten Mal, aber ich denke, das lag teilweise auch an mir selbst, da ich den Kontakt nicht gesucht habe. Den Trost, den der Glauben vermitteln kann, hätte ich auf jeden Fall gebraucht, da uns Grenztruppen und Staatssicherheit absolute Verschwiegenheit auferlegt hatten, und es niemanden – also wirklich niemanden – gab, dem man sich hätte anvertrauen können.

Der erste Ausgang

Der Ort Großburschla lag im Schutzstreifen. Es gab nur wenige Orte an der innerdeutschen Grenze, die direkt im Schutzstreifen lagen. Man war wie auf einer Insel, umringt vom Westen und im Ausgang nur auf den Ort angewiesen. Im Ort selbst gab es zwei Gaststätten mit Saal, eine Disko, einen Konsum, eine Bäckerei und wohl noch einen HO-Laden.
Da der Ausgang generell nur ab 18 Uhr bis 24 Uhr gewährt wurde, gab es in der Regel nur den einen Weg: In die Kneipe und dann das Gehirn mit Alkohol betäuben, damit man alles für einige Stunden vergessen konnte. Mit unserer Band spielten wir ab und zu im Ort. Das war aber die Ausnahme. Eher war da schon die Disko unser Ziel, die vom Sohn des Bürgermeisters hin und wieder organisiert wurde.

Natürlich hatten wir auch Bekanntschaften zu Mädchen aus dem Ort, denn wir waren achtzehn oder neunzehn Jahre alt. Über diese Begebenheiten möchte ich aber nicht schreiben, da die Mädels in Ordnung waren und uns über einiges bewusst oder unbewusst hinweggeholfen haben. Viele dieser Beziehungen sind durch die Postkontrolle und vermutlich auch durch die gezielte Nichtzustellung von Briefen oder Manipulation durch das MfS oder andere Institutionen in die Brüche gegangen. Manche der Grenzer sind aber auch dort im Ort geblieben und haben geheiratet.
Der Ausgang war in der Regel 24 Uhr zu Ende. Wenn ein Soldat nicht pünktlich zurück war, wurde Grenzalarm vom zuständigen UvD ausgelöst. So kam es, wie es kommen musste – ein Soldat unserer Truppe war nicht anwesend. Die Restkompanie, die nicht im Ausgang war, musste ausrücken und den Soldaten suchen. Nach kurzer Zeit brachten sie Hermi, so nannten wir ihn, zur Kompanie. Er war ein Riese mit rötlichem Haar, sah fast aus wie ein Enkel von Rübezahl, nur mit kurzer Frisur und ohne Bart. Ein Schlesier aus der Zittauer Ecke. Sein Dialekt war markant, sein Rollen der Zunge war unverkennbar.
Von Weitem hörte ich ihn im betrunkenem Zustand brüllen: „Lasst mich los, ihr-r-r Schweine, sonst knall ich euch alle ab." Doch das nutzte ihm nichts. Er wurde über Nacht in die Ausnüchterungszelle der Kompanie gesperrt. Dort randalierte er die halbe Nacht und schrie: „Lasst mich raus!" Ich sah, wie er versuchte, die Eisenstäbe des Gitters auseinanderzubiegen, was ihm trotz seiner Bärenkräfte nicht gelingen konnte.
Am nächsten Morgen kam es zum Appell.
„Soldat H. vortreten!", befahl der Kompaniechef. Der arme Sünder stand reuig vor der Kompanie. „Ich bestrafe Sie hiermit mit drei Tagen Arrest. Koppel ab, Schulterstücke ab! Gruppenführer, überführen Sie den Gefangenen nach Mühlhausen!", so der KC. Der arme Hermi hatte den ersten Ausgang teuer bezahlt, indem er sein zweiminütiges Zuspätkommen mit drei Tagen Gefängnis bezahlen musste. Dieser Arrest war kein Zuckerschlecken. Dort wurde tagsüber die Liege hochgeklappt, damit man sich nicht

hinlegen konnte. Jegliche Undisziplinierheit wurde sofort mit weiteren Strafen belegt, so dass man sich generell ruhig verhielt, um nicht aufzufallen.
Ich bin mir nicht mehr sicher, aber ich hatte im Ausgang auch mal versucht, nach einigem Alkoholkonsum im Ort (im Dunkeln) in die Kirche zu kommen. Leider war die Tür verschlossen, obwohl – und da bin ich mir absolut sicher – niemand irgendwelche Kunstgegenstände oder Ähnliches hätte stehlen können. Denn der wäre nicht weit gekommen, da der Ort einer der am besten bewachten Orte der Welt war.
Die Gegebenheiten im Ausgang, der Umgang mit der Grenzbevölkerung, die es auch nicht leicht hatte, und die einzelnen Lokalitäten sowie die Rivalitäten der Ortsbevölkerung mit den Grenztruppenangehörigen bei Tanzveranstaltungen mussten von uns nach und nach erst erkannt werden. Viele der Burschlaer (Großburschlaer) fühlten sich mehr zu Hessen hingezogen als zu Thüringen.

Provokation am Zaun

Es war für uns nicht leicht, im Alter von achtzehn oder neunzehn Jahren, in den Mündungslauf eines US-Panzers zu schauen und seine Angst nicht zu zeigen. Da die meisten von uns aus ländlichen Regionen stammten, hatten sie noch nie einen Farbigen aus nächster Nähe gesehen. In einer der ersten Schichten schauten wir nicht schlecht, als auf der Westseite des Zauns farbige Amerikaner zu sehen waren. Sie kamen mit Jeeps und Panzern auf der Straße Netra bei Ifta auf uns zugefahren. Kurz vor dem Zaun stoppten sie und zielten mit ihrer Kanone auf uns. Als sie merkten, dass wir uns erschrocken hatten, lachten sie und spielten durch ihre Lautsprecher irgendwelche englischen Titel, denen wir zumindest nichts Schönes abgewinnen konnten.
Bei einem K6-Lauf trafen wir auf einige Passanten aus dem Westen, die uns wie Zootiere begafften und meinten, wir wären „Russenknechte“. Natürlich fanden wir diese Wortwahl nicht gerade zutreffend, denn wir waren Wehrpflichtige. Empathie war

nicht ihre Stärke. Überhaupt gab es Vorurteile uns gegenüber, was teilweise bis in die Neuzeit noch zwischen Ost und West zu spüren ist. Den anderen als Ossi oder Wessi oder wegen seiner Kleidung (Uniform) einzuordnen, das war nicht mein Ding. Man stelle sich vor, Thüringen wäre, wie die ersten zwei Monate nach dem Zweiten Weltkrieg, von den Amerikanern besetzt geblieben und Hessen wäre durch die Russen besetzt worden, wie hätten sich diese Leute dann verhalten? Vielleicht hätten wir dann „Russenknechte" zu ihnen gesagt?
Lothar de Maizière sagte, wenn ich mich recht erinnere, einmal: „Es ist keine Schande, sich anzupassen." Das fand ich in gewisser Weise auch, denn ich war kein Held, der sich vor staatlichen Stellen mit einem Transparent hingestellt und geschrien hätte: „Nieder mit der DDR!" Ich war nur heimatverbunden, wollte mein Leben später gestalten dürfen und das in meiner Region. Dass es im Westen ein paar Bananen mehr gab, als in der DDR, war für mich dabei nicht entscheidend. Von meinen Eltern hatte ich gelernt, vor jeder Arbeit Respekt zu haben, ob Putzfrau oder Professor. Wenn ich die Leute vom BGS sah, dann verstand ich ihr Macho-Gehabe oft nicht. Einmal kamen sie mit einem VW-Kübel, bei dem sie das Nummernschild mit Bildern von nackten Frauen beklebt hatten. Solche Zeitungen gab es in der DDR zum Glück nicht zu kaufen. Die Jugend war meiner Meinung nach von der Moral her besser erzogen worden als im Westen.
Überhaupt kann ich mich nicht daran erinnern, dass wir einen westdeutschen Bürger auf irgendeine Art und Weise angesprochen hätten. Das war verboten. Wir hätten es trotzdem tun können, taten es aber nicht. Schon gar nicht hätten wir ihn als „Ami- oder Engländerknecht" bezeichnet, obwohl diese Siegermächte dort vor Ort waren und es bis heute sind. Man stelle sich vor, einer unserer Leute hätte sich auf solche Diskussionen eingelassen und es wäre bis zu einer bewaffneten Auseinandersetzung gekommen. Das war nicht unser Stil.

Weihnachten am Zaun

Am 24.12.1974 hatte ich Spätschicht. Aufgrund des markanten Datums habe ich mir das gemerkt. Die Vergatterung rückte näher, und wir hofften auf eine ruhige Schicht. Natürlich kam es anders, denn es wurde verstärkte Grenzsicherung wegen den bevorstehenden Feiertagen angeordnet. In Urlaub durften nur Verheiratete mit Kindern. Da ich nicht zu dieser Kategorie gehörte, war mein Platz vorn an der Grenze als Posten. Bei der Vergatterung wurde mir der Postenführer Gerd H. zugeteilt.
Unser Postengebiet nannte sich „über Werra". Das war ein Stück DDR hinter der Werra, welches direkt an die Häuser des Bahnhofs, der bereits auf bundesdeutschem Gebiet lag, angrenzte. Durch eine doppelt gesicherte Brücke mit Stacheldrähten und Alarmanlagen war dieses Gebiet nur von den Grenztruppen der DDR erreichbar. Der Zaun war unmittelbar vor den Häusern, unter denen sich auch eine Gaststätte befand. In den Häusern und der Gaststätte sah man die Lichter an den geschmückten Tannenbäumen brennen. Da ich schon mehrfach in diesem Gebiet war, kannte ich die Bewohner schon vom Sehen. Aus Langeweile interessierten wir uns immer für die hübschen Mädels dort, obwohl das natürlich nicht von unserer Dienstvorschrift gedeckelt war. Wenn die Anwohner links vor uns aus den Häusern traten, befanden sie sich schon auf DDR-Gebiet, da die Straße noch zur Gemarkung Großburschla (DDR) gehörte. Durch ein Abkommen durften sie die Straße nutzen, aber westdeutsche Militärs mit Waffen (zum Beispiel GZD oder BGS) durften dort nicht hin.
Am frühen Nachmittag schien die Sonne und es war etwa -1 bis -3 Grad, so dass der K6-Spurenstreifen langsam festfror. Am westlichen Ufer der Werra befand sich Schilf, und unser Waffenspitz (Unteroffizier, verantwortlich für die Waffentechnik) hatte, da Schnee angesagt war, die Signalgeräte mit weißer Signalschnur versehen. Die Geräte waren für den Beobachter nicht sichtbar, da sie sich im Schilf befanden. Als die Dämmerung eintrat, sahen wir die Menschen aus dem Bahnhofsortsteil in Richtung Heldra gehen. Da sie so etwas wie ein Gesangbuch mit sich führten, war anzunehmen, dass sie zur Kirche gingen. Auch im

Osten brannten im Ort die Lichter an den Tannenbäumen und in der Kirche. Es war ein beklemmendes Gefühl, und mir fiel mein Vater ein, der oft am Heiligabend über den Krieg sprach. Seine Gefühle und Empfindungen konnte ich genau in diesem Moment das erste Mal richtig nachvollziehen, denn er war 1944 genauso alt, wie ich es jetzt war.
Das Wolgalied aus der Operette „Der Zarewitsch" schoss mir in den Sinn, und ich dachte an die Soldaten, die im Zweiten Weltkrieg in Stalingrad an der Front dieses Lied sangen. Franz Lehár hatte 1927 die Musik dazu komponiert. Nach und nach versuchte ich gedanklich den Text des Wolgaliedes zu singen, aber es gelang mir nicht, da ich ihn nicht auswendig konnte.
Angesichts dessen, dass man damit rechnen musste, dass Weihnachten da draußen irgendjemand war, der durchdrehen und versuchen würde, die Grenze in unserem Abschnitt zu überwinden, war ich emotional sehr aufgeladen. Ich merkte es meinem Postenführer an, dass auch er mit der Situation zu kämpfen hatte. Er wollte seine Zeit dort möglichst unbeschadet überstehen. Seine Familie, seine Eltern – all dies ging auch ihm durch den Kopf, wir hatten uns darüber unterhalten.
Er hatte einen Studienplatz für Maschinenbau und wollte dann auch in diesem Bereich in der DDR arbeiten.

Signalgerät mit Leuchtkugel bestückt

Die Dunkelheit brach mit aller Macht herein, und wie im Lied beschrieben, rieselte leise der Schnee, später auch noch mit Nieselregen vermischt, vom Himmel. Alles war sehr ruhig – fast gespenstisch. Wir hatten uns in einer Kuhle vor den Häusern des Bahnhofs geduckt, um vom Wetter nicht allzu sehr überrascht zu werden.
Plötzlich gab es einen Knall, eines der Signalgeräte löste aus und schoss eine Leuchtkugel in den vom herabfallenden Schnee leicht bedeckten Himmel. Das Adrenalin bahnte sich seinen Weg in unseren Blutgefäßen, und wir handelten wie eine eingeschaltete Maschine. Zunächst riegelten wir diesen Bereich vorn am K6 ab. Wir versuchten, eine Verbindung mit dem Führungspunkt herzustellen, aber das funktionierte nicht. Mein Postenführer Gert H. versuchte sich nichts anmerken zu lassen, aber ich bemerkte seine Unruhe. Er entschied, dass wir als Horchposten fungieren sollten. Wir bewegten uns also in die Richtung der Auslösung des Signalgeräts und horchten, ob wir Schritte oder Geräusche vernehmen konnten. In dieser Zeit betete ich zum zweiten Mal, und der Text des Wolgaliedes kam mir schemenhaft in den Sinn:

„Es steht ein Soldat am Wolgastrand,
hält Wache für sein Vaterland.
In dunkler Nacht allein und fern,
es leuchtet ihm kein Mond, kein Stern.
Regungslos die Steppe schweigt,
eine Träne ihm ins Auge steigt:
Und er fühlt, wie 's im Herzen frisst und nagt,
wenn ein Mensch verlassen ist,
und er klagt, und er fragt:

Hast du dort oben vergessen mich?
Es sehnt doch mein Herz nach Liebe sich.
Du hast im Himmel viel' Engel bei dir,
schick' doch einen davon auch zu mir.
Du hast im Himmel viel' Engel bei dir,
schick' doch einen davon auch zu mir ... "

(B. Jenbach, Musik F. Lehár)

Später und noch heute ist mir diese Schicht in Erinnerung geblieben. Vermutlich werde ich sie bis zu meinem Lebensende nicht vergessen.
Zurück zur damaligen Realität. Wir horchten also und hörten eine Weile nichts. Dann beschlossen wir, im Schleichgang eine andere Anrufstelle des GMN zu finden, um den Führungspunkt zu informieren. Dies gelang uns, und man wollte uns die Alarmgruppe schicken. Das war diesmal nicht so gefährlich für uns, da es nur einen Zugang zu uns über die Brücke gab und eine Konfrontation deshalb fast ausgeschlossen war. Spuren im Schnee fanden wir nicht.
A-Gruppenführer war unser Gruppenführer Klaus W., und der meldete, ohne sich groß einen Kopf zu machen: „Auslösung durch Wild." Mit zwei Stunden Verspätung, etwa 22 Uhr, waren wir wieder in unserer Kaserne, wo uns der Politoffizier mit einem fürstlichen Essen empfing und Grüße von unseren Eltern (wenn ich mich recht erinnere, sogar über Radio) übermittelte. Ich glaube, wir durften sogar eine kleine Flasche Bier trinken.

Silvester in der Grenzkompanie

Wie zu Weihnachten gab es auch Silvester eine verstärkte Grenzsicherung. Ich durfte wieder nicht nach Hause, hatte aber Glück und wurde nicht für die Nachtschicht eingeteilt. Da ich bereits am Heiligabend in der Spätschicht war, kam dies zu Silvester wieder auf mich zu. Der große Vorteil als Posten war der, dass man nur Befehlsempfänger und somit nicht unmittelbar selbst verantwortlich war. Am Silvestertag wurde uns verboten, Handleuchtzeichen mitzuführen, da Missbrauch befürchtet wurde. Man hatte Angst, dass wir in unserem jugendlichen Leichtsinn den Wessis Konkurrenz mit unseren Handleuchtzeichen gemacht hätten.
Diese Handleuchtzeichen hatten eine enorme Leuchtkraft und stellten alles, was der Westen zu bieten hatte, in den Schatten. Wenn man sie abfeuerte, sah man den Schweif kaum. Plötzlich

gab es einen dumpfen Knall und am Himmel öffnete sich ein kleiner Fallschirm, der das Leuchtmittel langsam in Richtung Erde begleitete. Somit war die Sichtfeldbeleuchtung relativ lang gewährleistet und das Umfeld wurde für eine längere Zeit ausgeleuchtet.

Als wir zur Schicht fuhren, war es nasskalt und der Himmel bedeckt. Unterhalb des Heldrasteins waren in den Mulden vereinzelt Schneereste, die bei Null Grad überdauert hatten, liegen geblieben. Die Schicht war, entgegen unserer Annahme, sehr ruhig. Unsere einzige Sorge war, das Schichtende unbeschadet zu erreichen und eventuell Alkohol aufzutreiben, um in der Kompanie später ein wenig feiern zu können. Einer unserer Kameraden hatte das geschafft. Werner war ein Talent bei der Beschaffung von „Alk". Bis heute kann ich mir nicht erklären, wie er das immer geschafft hat, aber er hatte überallhin Kontakte, so dass diese grauen Kanäle uns allen zugute kamen.

Die Nacht über dem Grenzgebiet brach herein, und zum Jahreswechsel kamen mir erstmals die Gedanken, dass es doch keine Lösung sein kann, mit Minen und Schüssen den Fortbestand eines Landes zu garantieren. Was mir noch von meinem spärlichen Wissen aus dem Konfirmandenunterricht einfiel, war das fünfte Gebot – Du sollst nicht töten. Dieser Konflikt schwebte über uns allen hier draußen an dieser Grenze. Nur, weil sich Amerikaner, Engländer und Russen nicht einigen konnten, wurde dieser Konflikt nun auf unseren Kinderseelen ausgetragen.

Sicher, die Russen hatten die meisten Opfer im Zweiten Weltkrieg gebracht. 27 Millionen Tote hatte die Sowjetunion zu beklagen, Amerika 407.000, Großbritannien 332.000 und Deutschland etwa 6,4 Millionen. Alles sinnlos – dieser Krieg war eine Katastrophe für die europäischen Völker und die ganze Welt, insbesondere auch für die Juden. Aber die Russen hatten die meisten Verluste zu beklagen, und deshalb standen wir hier. Hier war die neue Front, und zum Jahreswechsel kamen mir diese Gedanken in den Sinn. Angesichts dieser Zahlen muss es doch möglich sein, ein solches Blutvergießen nie wieder zuzulassen. Mir stellte sich die Frage: Kann man mit der Waffe in der Hand

ein erneutes Blutvergießen verhindern? Im Politunterricht und später beim Studium lehrte man uns, eine Revolution ist nur so gut, wie sie in der Lage ist, sich zu verteidigen, und deshalb braucht man eine Armee, die die Errungenschaften der Arbeiter- und Bauernmacht verteidigt. Im Kapitalismus gibt es eine allgemeine und zyklische Krise, die am Ende im Imperialismus und als letzte Form dessen im Krieg mündet. Das leuchtete mir damals ein, aber dass man gleich auf Menschen schießen musste, daran zweifelte ich jetzt.
Der Nieselregen ging in höheren Lagen unterhalb des Dreiherrensteins in Schneeregen über, und wir sehnten uns dem Schichtende entgegen, als plötzlich im Westen die ersten Silvesterraketen in den so friedlich anmutenden Himmel aufstiegen.

Das neue Jahr an der Grenze

Das neue Jahr hatte begonnen. Ich hatte mich zum Studium der Veterinärmedizin beworben und wartete ungeduldig auf die Zulassung, da gemunkelt wurde, dass es viele Ablehnungen gab. Mein Großvater war Schäfermeister und hatte ein Gefühl dafür entwickelt, Tieren zu helfen. Außerdem kannte er sich bestens mit Heilpflanzen aus, so dass er öfter als jeder Arzt in unserem Dorf zu den kranken Tieren, aber auch zu den Menschen gerufen wurde. Sein Sohn, der Bruder meiner Mutter, war dann auch Tierarzt geworden und somit sah ich mich in der Tradition. Dass es aufgrund der Linie der SED, die mit hohen Tierverlusten in der sozialistischen Landwirtschaft zu kämpfen hatte, dann eine Art „Tierarzt light" mit dem Veterinäringenieur gab, war mir egal. Ich wollte Tieren helfen, und mit diesem Berufsbild war das möglich.
Ergänzend muss dazu gesagt werden, dass die Fakultäten Veterinärmedizin an den zwei Universitäten Leipzig und Berlin Anfang der siebziger Jahre geschlossen und in eine Sektion Tierproduktion und Veterinärmedizin überführt wurden. Die Ausbildung an den Universitäten sollte sogar ganz eingestellt werden. Dafür

wurde der Beruf des Veterinäringenieurs, der so gut wie den gleichen Lehrstoff und die allgemeine Hochschulreife im Vorphysikum beinhaltete, jedoch lediglich kürzere Praktika zuließ, eingeführt. Hierzu gab es besonders von „Alt-Tierärzten", die plötzlich ihr SED-Parteibuch und auch ihre frühere Gesinnung in der Zeit nach der Wende abgaben, bis zum heutigen Tag deutliche Proteste, da sie um ihre sicher geglaubten Praxen fürchteten. Aber dazu später mehr. Meine Perspektive war klar, wenn ich den Studienplatz hatte. Ich musste also nur noch diese Zeit hier lebend überstehen und das sollte sich später als nicht selbstverständlich erweisen.

Je länger wir dabei waren, desto routinierter wurden wir beim Umgang mit den sogenannten Lagen, also mit Auslösung von Signalgeräten oder Minen. Während dieser Zeit wurde im Abschnitt des Rotraines, in der Nähe von Ifta, die sogenannte Anlage 501 gebaut und in Betrieb genommen. Es handelte sich um Splitterminen, die entlang des Zauns wie eine Art Geschoss bei deren Auslösung fungierten. Als ich den ersten toten Fuchs in dieser Anlage nach der Auslösung sah, konnte ich nur noch einen großen Blutklumpen erkennen. Es war schon ein beklemmendes Gefühl, wenn man in der Nacht nach Auslösung dieser Anlage die Lage aufklären musste. Ich hätte nie gedacht, dass man sich auch an diesen Stress gewöhnt, der dann mit der Zeit zur Routine wird.

Es wurde kalt und kälter, und wir mussten mit Schneehemden zur Tarnung ausrücken. Als ich aus meinem Urlaub (EU) im Januar zurückkam, war es bitter kalt. Wir froren besonders in der Nacht. Da wir uns nur wenig bewegen durften, waren wir nach wenigen Stunden völlig durchgefroren. Der Schnee knirschte nachts unter den Füßen und es war sehr, sehr unangenehm.

Trost suchten wir in der Kompanie im Alkohol, den findige Kameraden eingeschmuggelt hatten. Werner und der Gefreite M. hatten den Tee, den wir in der Postenflasche mitbekamen, zu einer Art Rum umfunktioniert, so konnten sie die Kälte besser ertragen. Wenn wir unsere Schichten überstanden hatten und beim Aufwärmen in der Kompanie waren, wurden einige von uns zur

Alarmgruppe (A-Gruppe) eingeteilt. Ich selbst wurde sehr oft dazu eingeteilt. Zusätzlich wurde der Zug, aus dem die A-Gruppe gebildet wurde, als A-Zug eingesetzt. Die Aufgabe der A-Gruppe war es, sogenannte „Lagen“ aufzuklären und, wenn möglich, diese zu entschärfen.
Wenn größere Grenzdurchbrüche DDR/BRD oder Provokationen von westlicher Seite her zu befürchten waren, dann kam zusätzlich der A-Zug zum Einsatz. Dies war sehr oft der Fall, da man fast in jeder Nacht eine Fahndung hatte, die bei Auslösung von S-Geräten den Druck auf die Grenzer vor Ort noch verstärkte. Zur Sicherheit oder aus Angst wurde dann die A-Gruppe vom Postenführer angefordert. Natürlich war dies nicht gerade beliebt bei deren Mitglieder. Man war froh, wenn man seinen Dienst geschafft hatte und sich einige Zeit in der Kaserne aufwärmen und ausruhen konnte – und schon ging es wieder los.
Ich erinnere mich daran, dass wir einmal zur A-Gruppe eingeteilt waren und nicht damit gerechnet hatten, gerufen zu werden. Ich war noch einfacher Posten und deshalb nicht Verantwortungsträger. Wir saßen auf unserem Zimmer und hatten es uns bei Bier und Schnaps gemütlich gemacht. Alle Soldaten und Gefreiten, auch die Kraftfahrer, waren völlig betrunken, als der „Büffel“ das Signal „A-Gruppe kommen“ ausrief. Unser Fahrer konnte kaum noch gerade stehen, dennoch holten wir unsere MPi und fuhren los. Niemand war in der Lage, irgendetwas festzustellen. Unser Unteroffizier, der zugleich als A-Gruppenführer eingesetzt war, hatte ebenfalls etwas getrunken. Eigentlich wussten es nach meiner Auffassung alle, dass wir nicht imstande waren, auszurücken. Dennoch taten wir es, da es Befehl war. Hätte uns jemand angezeigt, wären wir vermutlich allesamt in Schwedt gelandet, aber zum Glück passierte das nicht. Der LO-Fahrer fuhr wie ein Irrer und öffnete alle Fenster, um die Resorptionsgeschwindigkeit des Alkohols möglichst zu beschleunigen. Wir nahmen uns zusammen, so gut es ging, und als wir bei dem Postenführer einer Nachbarkompanie (Abschnitt wurde durch die Bataillonssicherung mit gesichert) ankamen, hatte sich alles in Luft aufgelöst, da ein Wildschwein ursächlich für die Auslösung der Lage war.

In der Kompanie gab es auch aufgrund der EK-Bewegung ab und an Auseinandersetzungen zwischen den EKs und Achtzigern. Meist war dabei Alkohol im Spiel. Werner, ein Soldat aus meinem Zug, hatte wieder etwas Alk besorgt, und wir spielten Skat bei Dämmerlicht und Westradio. Plötzlich gab es eine Auseinandersetzung zwischen einem EK, ich nenne ihn hier bei seinem Spitznamen „Schmarx", und Werner. Werner widersetzte sich seinen Anweisungen, da dieser einen größeren Schluck aus der Schnapsflasche haben wollte, wie dies Werner ihm zugestehen wollte. Daraufhin packte Schmarx Werner, zerrte ihn zum Fenster in der obersten Etage und wollte ihn dort hinunterwerfen. Zum Glück hatten mehrere Soldaten und EKs das bemerkt, und im letzten Moment konnten wir die Streithähne trennen.
Es gab aber auch unerlaubte Handlungen, die niemand hätte erfahren dürfen. So überraschte mich eines Tages mein Postenführer während der Kompaniesicherung damit, dass er zwei Mädels zum Ortsrand bestellt hatte, die ein Foto von uns machen sollten. Ich war ziemlich verängstigt, da ich nicht wusste, ob dies eine Falle war. Eigentlich war so etwas streng verboten und wurde hart bestraft – Arrest oder Versetzung hätten uns gedroht, falls es herausgekommen wäre. Ich hoffte, dass es unbemerkt blieb und war der Meinung, dass der Postenführer dafür die Verantwortung hätte, da er ja die Befehlsgewalt über mich hatte. Also kamen die zwei Mädels und machten ein Abschiedsfoto von meinem Postenführer und mir am Waldrand im Schutzstreifen.

Autor rechts, Postenführer und ein Mädchen 1975 in Großburschla

Die Flucht zweier Kameraden

Die Zeit des Frühjahrs kam, und unsere Postenführer sehnten ihren „Heimgang“ herbei. Ständig zeigten sie uns ihr Bandmaß und meinten: „Achtziger, ihr müsst noch ewig dienen und ihr sterbt im Stiefel.“ Allerdings war da in ihren Augen noch etwas, wovor sie Angst hatten. Immer beim Wechsel der Truppenteile kam es zu Fluchten von Soldaten oder zu anderen Situationen, die ihrem Heimgang hätten im Wege stehen können. Einer von ihnen erzählte, dass vor unserer Zeit ein Postenpaar im Finstertal in der Übergangszeit geflüchtet sei. In der Regel wurde man von der Stasi bzw. der Kompanieführung zum Stillschweigen verurteilt. Niemand konnte die Aussagen bestätigen, da es das eiserne Gebot gab, über diese Sachen nicht zu reden.
Einige Tage vor der Entlassung unserer Postenführer und dem Eintreffen der neuen Soldaten hatte ich Frühschicht mit einem Unterfeldwebel. Sein Name war Dietmar B. Er hatte sich auf zehn Jahre verpflichtet und erst anderthalb Jahre seiner Armeezeit rum. Wäre er nur Wehrpflichtiger gewesen, dann würde er jetzt mit unseren Gefreiten entlassen werden, aber das war nun nicht möglich, da er sich für zehn Jahre verpflichtet hatte. Wir liefen den längsten K6 ab, den wir hatten. Er führte fast vom Dreiherrnstein bis zum Pferdsdorfer Köpfchen, und es waren mehrere hundert Meter Höhenunterschied zu überwinden. Physisch war das eine große Belastung. Der Unterfeldwebel lief hinter mir, da er zugleich Postenführer war. Er erzählte die ganze Zeit traurige Geschichten, da ihn der Heimgang seines Diensthalbjahrs sehr beschäftigte. Überhaupt schien er sehr sensibel zu sein.
Der K6 führte fast nur durch Wald, so dass wir ständig allein sechs Meter neben dem Zaun standen. Der alte Grenzzaun im Wald war sehr marode. Es waren zwei Stacheldrahtzäune, etwa fünf Meter voneinander entfernt. In der Mitte sollten Minen verlegt sein, die ich aber zum Beispiel am Hagenberg niemals detonieren sah. Außerdem liefen dort Rehe und Wildschweine umher und hatten regelrechte Pfade von Ost nach West und umgekehrt angelegt. Es befanden sich dort auch einige Gassen, bei denen mit Sicherheit keine Minen verlegt wurden.

Dietmar blieb stehen und meinte zu mir, dass es ein Fehler gewesen sei, sich zehn Jahre zur Armee zu verpflichten. Er sehe keinen Ausweg mehr und sein ganzes Leben sei verpfuscht. Er müsste sich irgendwie abseilen.
Ich fragte ihn: „Wie willst du dich denn abseilen?“ Zugleich hatte ich Bedenken, dass er mir in den Rücken schießen und flüchten würde. Ich wollte auf keinen Fall in den Westen, denn ich war mit meiner Situation in der DDR, bis auf wenige Ausnahmen, noch zufrieden. Ich überlegte, wie ich mit dieser Situation fertigwerden könnte, denn er hatte zugleich die Befehlsgewalt als Postenführer über mich. Er wollte auch, dass ich weiterhin vor ihm laufe. Ich wusste, dass es am Stangenweg eine Gasse gab und rechnete damit, dass er versuchen würde, mich zu überwältigen, um in den Westen zu gehen.
Ergänzend muss ich sagen, dass wir bei langweiligen Schichten am Tag in unserem jugendlichen Leichtsinn das „MPi-Ziehen“ geübt hatten. Unsere alten Postenführer meinten immer, dass dies einem mal das Leben retten könne. Hierbei wurde der Tragriemen der MPi sehr lang gestellt, so dass man mit der linken Hand den mittleren Schaft der MPi nach oben ziehen und zugleich mit der rechten Hand die Waffe „durchreißen“ (durchladen) konnte. Das Ganze war im Bruchteil einer Sekunde möglich, und ich hatte dies mit meinem Postenführer Ulli, mit dem ich früher oft draußen war, viel geübt.
Ich lief vor dem Unterfeldwebel Dietmar, versuchte ihn anzusprechen und zu beruhigen. Er weinte fast, da er nicht nach Hause gehen konnte. Immer wieder begann er davon zu reden, dass er sich aus der Kompanie abseilen müsse. Als ich ihn erneut fragte, wie er sich denn abseilen wolle, meinte er stotternd: „Na, eben aus dem Kompanieleben.“ Ich spürte in meinem Rücken ein dumpfes Gefühl und begann zu beten: Herr, Gott, bitte, wenn es dich gibt, dann lass diesen Kelch an mir vorübergehen! Genau in diesem Augenblick sprang ein Reh wie ein Blitz aus dem Wald vor uns heraus. Durch den Schreck warf ich mich in den Graben am Wald und zog meine Waffe.
Dietmar B. stand wie versteinert vor mir, auch er hatte sich erschrocken. „Mann, bist du schnell mit der Waffe“, meinte er und stotterte irgendetwas vor sich hin.

Ich sagte: „Und du läufst jetzt neben mir." Obwohl ich nicht das Recht dazu hatte.
Die nächste Schicht nutzte Dietmar B. dann mit einem Kameraden zur Flucht. Ich habe mir nur seinen Familiennamen gemerkt, deshalb nenne ich ihn Gehl., da dies die Anfangsbuchstaben seines Familiennamens waren. Gehl. war der einzige Soldat aus meiner Grenzausbildungskompanie, der mit mir nach Großburschla versetzt wurde. Ich kannte ihn nur vom Sehen und hatte mich wenig mit ihm unterhalten, da wir – bedingt durch das gleiche Diensthalbjahr – nie zusammen eine Schicht hatten.
Einen Tag bevor unsere alten Postenführer und Gefreiten entlassen werden sollten hatte Dietmar B. als Unterfeldwebel eine Schicht mit Gehl. zur Sicherung von Feldarbeiten. Ich hatte niemandem von den Ereignissen der Schicht, die ich einen Tag zuvor mit Dietmar B. hatte, erzählt, obwohl dies meine Pflicht gewesen wäre. Ich hoffte nur, dass es nicht zu einer Eskalation der Gewalt in den nächsten Schichten kommen würde, da der Unterfeldwebel nach meiner Auffassung nicht mehr grenzdiensttauglich war. Bei der Vergatterung am nächsten Tag sah ich Dietmar B. als Postenführer mit Gehl. in Reih und Glied stehen. Die Nervosität war ihm ins Gesicht geschrieben, und ich hatte Angst, dass etwas passieren würde.
In der Übergangszeit mussten wir zwölf Stundenschichten schieben, und ich war mit einem anderen Soldaten meines Diensthalbjahres eingeteilt worden. Dietmar B. und Gehl. sollten Feldarbeiten an der Straße Völkershausen sichern. Dort wurden in der Regel ein oder mehrere LPG-Mitglieder (Landwirtschaftliche Produktionsgenossenschaft) durch ein Tor im GSZ in den Schutzstreifen eingelassen. In der Regel säten oder pflügten sie und danach wurden sie mit ihren Maschinen wieder zurückgeführt. Das Postenpaar postierte sich dabei vor der Sperre, also dem letzten Zaun. An der Straße Völkershausen, die vom Führungspunkt nicht einsehbar war, da dieser oberhalb der Straße lag und ein bewaldeter Steilhang dazwischen war, so dass quasi ein toter Winkel entstand, befand sich noch der alte Stacheldrahtzaun mit einer Gasse. Minen gab es dort meiner Auffassung nach nicht.

Mir ging die Geschichte mit Dietmar B. und dem Reh am Tag zuvor nicht aus dem Kopf, als ich im GMN hörte, dass Werner, mein Zimmergenosse, sich mit seinem Posten zur Straße Völkershausen bewegen sollte, da sich Dietmar B. und sein Posten Gehl. am GMN nicht meldeten. Plötzlich sah ich aus dieser Richtung ein Handleuchtzeichen mit Drei Stern Rot am Himmel aufsteigen. In meiner Postentabelle, wo die Bedeutung der Symbole täglich neu aufgeschlüsselt war, las ich bei Drei Stern Rot = Grenzdurchbruch Ost/West. Da ich nicht allzu weit von der Durchbruchstelle entfernt war und ich keinen Schusswechsel vernommen hatte, war ich vorerst froh, dass es vermutlich keine Toten und Verletzten gab. Ich glaube, ich betete wieder: Lieber Gott, hilf, dass niemand ums Leben gekommen ist!
Im GMN hörte ich, dass die Durchbruchstelle und die Waffen gesichert werden sollten. A-Gruppe, A-Zug und Grenzaufklärer rückten aus. Vom Westen her sah ich Hubschrauber aufsteigen, die den Bereich der Grenze gleichfalls aufklärten. Die neue Straße entlang sahen wir bis zur Dämmerung große Limousinen in Richtung Großburschla einfahren. Wir hatten bereits sechzehn Stunden und mehr draußen verbracht und es kam keine Ablösung. Erst gegen Mitternacht wurden wir abgelöst.
Unsere alten Postenführer lagen gespannt in Zivil auf ihren Betten. Sie redeten kein Wort, da sie bereits ein halbes Jahr zuvor mit einer ähnlichen Situation konfrontiert worden waren. Sie wollten nach Hause – und nichts anderes. Die Brisanz dieser Fahnenflucht war an Dramatik nicht zu überbieten, da hohe Offiziere und vermutlich auch ein Militärstaatsanwalt in der Kompanie waren.
Werner und ich wurden bis in den frühen Morgen verhört. Der Vernehmer wollte von mir wissen, was Dietmar B. in der letzten Schicht zu mir gesagt hatte und ob ich nichts gemerkt hätte. Aber ich blieb eisern und sagte nichts von unserem Gespräch in der Schicht am Vortag. Ich glaube, er sagte noch: „Wir finden die auch im Westen und sie werden ihrer Strafe nicht entgehen."
Am nächsten Tag hielt ein BGS-Mann die Wehrpässe der zwei vor einer Streife von uns in die Höhe und meinte: „Kommt doch rüber."

Die Neuen und eine neue Fahnenflucht

Unsere EKs hatten es nun geschafft, und endlich fuhren sie vom Hof. Sie waren froh und glücklich, unbeschadet den Grenzdienst ein für alle Mal quittieren zu können. Die Neuen rückten auf dem Hof ein. Verängstigt blickten sie auf uns, die wir mit frischen Postenführer- und Gefreitenbalken auf den Schulterstücken unserer Kampfanzüge versehen waren. Ähnlich wie wir damals und vom Drill der Ausbildung gezeichnet, grüßten sie ehrfürchtig jeden kleinen Unteroffizier, worüber wir uns amüsierten.
Johann, unser Spieß, nahm sich ihrer gleich an und teilte sie zu verschiedenen Arbeiten ein. Ich wurde in mein Nachbarzimmer versetzt und zum stellvertretenden Gruppenführer befördert. Das hatte den Vorteil, dass ich kein Stuben- und Revierreinigen mehr mitmachen musste. Der Nachteil war, dass man verantwortlich für das Zimmer war und die anderen Kameraden zum Saubermachen animieren musste. Den Achtzigern gegenüber war das kein Problem, sie ordneten sich unter, aber hatte man einen EK dazu aufzufordern, weil es der Spieß befohlen hatte, war das schon ein Problem.
Nach den neuen Soldaten kamen auch neue Unteroffiziere. Werner, auf dessen Zimmer ich nun war, musste mit so einem neuen „Zehnender" Berufsunteroffizier rausgehen. Sein Name war Schwarz. Werner sollte ihm die Grenze und die Postengebiete zeigen. Ich hatte ihn lediglich einmal gesehen, als er rauchend vor der Kaserne stand. Er sollte die Lücke, die Dietmar B. durch seine Flucht hinterlassen hatte, schließen. Zur ersten Schicht, die der Unteroffizier Schwarz nach seiner Schicht mit Werner hatte, flüchtete er mit seinem Posten in den Westen.
Diesmal wurde ich nicht verhört und bekam relativ wenig davon mit. In der Kompanie herrschte eine Art Schockstarre – es wurde kaum geredet und die Atmosphäre war sehr gespannt. Als stellvertretender Gruppenführer wurde ich, vermutlich auch aufgrund der Fluchten der Unteroffiziere, nun verstärkt als Alarmgruppenführer eingesetzt, was für mich als Gefreiter und Postenführer mehr Verantwortung und Stress bedeutete. Der normale Grenzdienst war nun auch straffer geworden, da

man nicht mit jedem über alles reden konnte und die Kontrollen zunahmen.
Einer unserer alten Postenführer hatte mir erzählt, dass er in Dresden Bau oder Architektur studieren wolle und sich den Grenzverlauf genau einprägen würde, um eventuell nach dem Studium in den Westen zu gehen. Er hatte mich auch ermutigt, meiner Bewerbung für mein Studium Nachdruck zu verleihen, was ich auch tat. Nun endlich hatte ich meine Zulassung bekommen, und eine Flucht kam für mich nicht infrage.

Feindwärts mit einem Grenzaufklärer und kein Ausweg

Im Sommer 1975 wurde ich als Posten mit einem Grenzaufklärer im Dienstgrad eines Stabsfeldwebels feindwärts zur Gassensicherung eingesetzt. Die Grenzaufklärer waren eine nochmals besonders gut ausgebildete Truppe innerhalb der Grenztruppen. Sie durften auch allein im Grenzgebiet agieren. Ihre Bewaffnung war besser als die der normalen Grenztruppen.
An einem heißen Sommertag erfuhr ich also, dass ich als A-Posten im Bereich Bahnhof Großburschla feindwärts zur Gassensicherung eingesetzt war. Mein Postenführer, ein Grenzaufklärer, ein „alter Hase", kannte die Grenze vor Ort schon sehr lange. Unsere Aufgabe war es, von der Westseite her, hinter dem letzten Grenzzaun, ein- und ausfahrende Fahrzeuge zu sichern.
Hierzu ist zu sagen, dass hinter dem letzten Zaun an der Grenze noch etwa zwanzig bis dreißig Meter zur DDR gehörten. Erst dann kam die Grenzsäule, welche die genaue Grenze markierte. Auf diesem Stück DDR mähte die LPG des Ortes jedes Jahr das Gras, um es als Futter für ihre Tiere zu verwerten. Natürlich entging das auch nicht BGS und ZGD, die dabei oft zahlreich anwesend waren, da unsere Leute zum Anfassen nahe waren. Wir als Grenzer hatten hierbei oft mit einer Art Provokation zu kämpfen, da wir meist von BGS oder Schaulustigen angesprochen wurden. Antworten durften wir auf keinen Fall. Das hätte für uns zu schweren Konsequenzen geführt.

Also nahm ich mit meinem Postenführer, dem Grenzaufklärer, am Tor auf der Westseite Platz. Wir sicherten die Traktoren und landwirtschaftlichen Maschinen dort ab. Einige Westbürger kamen in unsere Nähe und meinten, dass wir doch nach drüben gehen könnten. Dieser Gedanke war für mich tabu, da ich meine Zukunft nur in meiner Heimat sah. Der Grenzaufklärer erzählte mir von der Zeit, als er an dieser Stelle noch mit den West-Zöllnern Bier getrunken hatte. Für mich war es eine ganz neue Erfahrung, quasi fast im Westen zu stehen. Die sogenannte Freiheit war nur einen Meter von mir entfernt. Ein Schritt, und ich wäre im Westen. Was geht einem jungen Mann mit neunzehn oder zwanzig Jahren da alles durch den Kopf. Vermutlich hätte ich bis zum 65. Lebensjahr nie wieder die Möglichkeit gehabt, in den Westen zu gelangen.
Mein Postenführer, der Stabsfeldwebel, war sichtlich von der witterungsbedingten Schwüle ermüdet. Er meinte. „Wir lehnen uns an den Zaun von der Westseite her und ruhen uns ein wenig aus." Er lehnte seine Maschinenpistole an den Zaun und schloss die Augen.
Eigentlich wollte ich nur angeben, dass ich schon mal im Westen war. Ich dachte mir, wenn wir in der Nähe der Grenzsäule sind, dann stelle ich mal einen Fuß auf Westterritorium. Aber dann überlegte ich, was das für Konsequenzen für mich haben würde. Der Grenzaufklärer neben mir schien friedlich zu schlafen, so dass ich diesen kurzen Spaziergang ohne Weiteres hätte probieren können. Seine Waffe stand direkt neben mir. Es wäre kein Problem gewesen, ihn zu entwaffnen. Aber ich verwarf diesen Plan sofort wieder. Das war auch gut so, denn als der Grenzaufklärer im Halbschlaf seinen Kopf nach vorne beugte, öffnete sich seine Tarnjacke, und ich sah eine Pistole, die aus seiner Brusttasche leicht hervorragte. Im gleichen Atemzug sagte der meiner Meinung nach schlafende Grenzaufklärer mit geschlossenen Augen: „Junge, lass diese Gedanken! Die haben alle einmal." Ich war sehr erschrocken und froh darüber, dass ich meinen kleinen Ausflug nicht in die Realität umgesetzt hatte.

Als er sein Schläfchen beendet hatte, gingen wir direkt zur Grenzlinie. Dort befand sich auf Westseite ein Rübenfeld. Da ich vor meinen Zimmerkameraden und später im Zivilleben einmal damit etwas angeben wollte, fasste ich den Mut und fragte meinen Postenführer, ob ich nicht wenigstens einmal auf den Westen pinkeln dürfte. Er lachte und bejahte mein Vorhaben. So hatte ich nun schon einmal auf den Westen gepinkelt.
Die Feldarbeiten dauerten an, und wir durften unser Tor im Grenzzaun 1 nicht verlassen, obwohl ein Gewitter am Himmel stand. Wer die Gegend um Großburschla kennt, weiß, dass die Gewitter im Werratal oft sehr heftig sind. Hinzu kam, dass dieser Streckmetallzaun die Blitze gerade noch anzog. Zum Glück waren in diesem Bereich, aufgrund der nahen Wohnbebauung im Westen, keine Minen vorhanden.
Am Nachmittag kam das Gewitter mit aller Macht auf uns zu. Zunächst lehnten wir am Zaun auf der Westseite. Als der erste Blitz in den Grenzzaun einschlug, versuchten wir, uns in Richtung Westen zu bewegen. Aber wohin? Die Grenzlinie war nur etwa zwanzig bis dreißig Meter entfernt. Dort war für uns Schluss. Unser Tor durften wir nicht verlassen, weil die Traktoren und Maschinen noch auf der westlichen Seite der Sperre standen. Vermutlich gab es dort einen technischen Defekt, da die Fahrzeuge und die anderen Sicherungsposten nicht zum Tor kamen.
Der Regen peitschte unbarmherzig in unsere Gesichter und wir waren durch bis auf die Haut. Ich sah einen Blitz nach dem anderen direkt neben uns in den Grenzzaun einschlagen. Ich glaube, dort betete ich darum, dass wir heil aus dem Gewitter herauskommen. Ich hatte und habe bis heute in der Regel keine Angst vor Gewittern, aber als ich einen Blitz neben mir einschlagen sah und es wie verbrannt roch, wäre ich am liebsten davongelaufen. Wir hatten keinen Ausweg! Nach dem Westen konnten wir nicht, das wäre Fahnenflucht gewesen und unsere Familien hätten Repressalien erleiden müssen. Außerdem befanden sich noch einige Grenzaufklärer etwa dreihundert bis achthundert Meter links neben uns, die vielleicht auf uns geschossen hätten. Nach Osten konnten wir auch nicht, da wir den Befehl zur Gassensicherung hatten. Also blieb uns nur Gott, der uns nach einigen Stunden in Angst von dem Gewitter erlöste.

West-Zigaretten

Als Postenführer war ich im Bereich Göringen mit einer Kradstreife eingesetzt. Das bedeutete nichts anderes, als dass mir ein Posten mit einem Motorrad zugeteilt wurde. Es gab eine Straße, die unterhalb der Brandenburg aus dem Ort Wartha kommend nach Lauchröden führte. Innerhalb der Bataillonssicherung befand sich hier die Trennungslinie der Bataillone. Alles war ruhig, und in ausreichender Entfernung konnten wir die Fahrzeuge an der Grenzübergangsstelle Wartha beobachten.
Die wenigen Einwohner der Ortschaft Göringen hatten sich mit der Grenze arrangiert, versuchte Grenzdurchbrüche waren nicht zu erwarten. Außerdem war es ein angenehmer Spätsommertag, und da wir Spätschicht hatten, wurden wir auch nicht mit den Gefahren der Nacht konfrontiert. Wir gingen ab und an hinunter zur Straße und hielten Ausschau nach den jungen Mädels im Dorf, die wir gern kontrollierten, um mit ihnen ins Gespräch zu kommen. Auf der Westseite patrouillierte ein Zöllner mit einem Hund, und die Welt schien in Ordnung.
Mein Posten, der Motorradfahrer, erzählte mir, dass er aus der Nähe von Dresden sei und dort auch schon an der DDR-Meisterschaft im Motocross teilgenommen hatte, wo er einen der vorderen Plätze eingenommen hatte. Nachdem ich mich beim Führungspunkt gemeldet hatte, bekam ich den Befehl, als Kradstreife im Bereich Zickelsberg bis Göringen-Wartha zu fungieren und am Schichtende in Kolonne mit unserem LKW Robur (LO) zurück nach Großburschla zu fahren. Damit hatte sich zumindest unsere Langeweile vorerst erledigt, und mein Motorradfahrer zeigte mir, was ein DDR-Meister oder zumindest gut platzierter Cross-Fahrer alles kann. Ich saß auf einer MZ 250 hinten, und mein Fahrer fuhr wie ein Irrer, so dass mir fast das Herz in die Kniekehle rutschte.
Wir fuhren durchs Gelände, über einen Bahndamm und zurück auf einen Feldweg, wo ich ihm befahl, sofort langsamer zu fahren. Eigentlich fahre ich bis heute auch noch sehr gern schnell und bin nicht ängstlich, aber dass ich durch die Luft fliege, wie mit meinem Achtziger, das war mir dann doch zu viel. Zunächst

konnte ich meinen Posten mit seinem Motorrad auf die Tatsachen der Erde zurückbringen, doch das Schichtende nahte, und er freute sich schon auf die Kolonnenfahrt auf der Autobahn von der Grenzübergangsstelle (Güst) Wartha bis zum Abzweig in Richtung Treffurt/Großburschla. Auf diesem Teil der Autobahn trafen wir auf westdeutsche Autofahrer, die die Transitstrecke nach Westberlin nutzten. Jeglicher Kontakt war uns verboten. Eigentlich durfte diese Route überhaupt nicht gewählt werden.
Oberhalb und unterhalb der Grenzübergangsstelle (hier ist von der alten Güst die Rede) waren unsere Posten postiert, die als Kampfeinheiten fungierten, also mit Kampfanzügen bekleidet waren. Die Güst selbst wurde von einer anderen Einheit bewacht, mit der wir nichts zu tun hatten. Diese Einheiten patrouillierten mit einer Art Ausgangsuniform sowie mit Offiziersblusen und sogenannten „Buckelhosen", die in Wirklichkeit Stiefelhosen mit Ausstülpungen über den Knien waren. Niemand von uns hatte Kontakt zu dieser Truppe. Einmal sah ich einen Soldaten, der mit uns in der Ausbildung war, in dieser Uniform im Bereich der Güst. Ich weiß nicht, wo diese Soldaten untergebracht waren. Wir waren nur für den Bereich um die Autobahn, also das Waldgebiet, zuständig. Von da aus konnte man jedoch gut in die Güst hineinsehen. Die Autofahrer, selbst die Soldaten der Güst, sahen uns aufgrund der guten Tarnung nicht.
Einmal sah ich, wie ein junger westdeutscher Jugendlicher mit langen, strähnigen Haaren eine Tüte Puffreis vorzeigen sollte. Der DDR-Zöllner bemängelte, dass er zu viel von diesem Zeug eingeführt hätte. Sichtlich genervt meinte der junge Mann, der in seinem Auto sitzen blieb, wie viel denn das richtige Maß sei und hielt seinen Finger an die große Plastetüte. Der DDR-Zöllner nickte und daraufhin kippte der junge Mann den Rest der Tüte auf die Straße. Der Zöllner schien ohnehin bereits durch das Outfit des jungen Mannes aufgebracht zu sein. Nun wurde diesem eine Lektion erteilt. Unsanft wurde er aus dem Auto gezerrt und von Kopf bis Fuß intensiv gefilzt.
Soweit der kurze Ausflug zur Güst, von der mein Posten mit dem Motorrad und ich, nun der Kolonne folgend, den Heimweg an-

treten wollten. Die Polizeikontrollstelle, die einige Kilometer in Richtung Inland war, durfte uns Grenztruppen weder anhalten noch kontrollieren. Also hatten wir freie Fahrt in Richtung Eisenach. Wir überholten einige Westwagen, die sich genau an die Geschwindigkeitsbegrenzung hielten. Plötzlich hielt ein Insasse eines PKW Opel mit offenem Verdeck eine Schachtel Zigaretten in unsere Richtung. Vor uns fuhr unser Robur mit offener Plane, so dass alle mitfahrenden Soldaten die Übergabe der Zigaretten sehen konnten. Da ich auf dem Motorrad hinten saß, fasste ich nach kurzem Zögern zu und bedankte mich bei dem Fahrer. Ich muss zugeben, dass es mir doch etwas mulmig war. Dennoch verteilte ich die Zigaretten in der Kompanie an alle, die das Schauspiel mit angesehen hatten. Niemand hat etwas davon verraten. Es hätte garantiert schwere Konsequenzen für mich und auch die anderen Beteiligten gegeben.

Die Festnahmen

Die Zeit verging, und die üblichen Lagen waren Routine. Fahndungen kamen fast täglich bei der Vergatterung zur Sprache. Meist hatten Leute die Arbeit nicht aufgesucht und wurden als vermisst gemeldet. Es gab es auch immer wieder sowjetische Soldaten, die aus ihren Kasernen geflohen waren, und – anders als in westlichen Medien dargestellt – es gab richtige Kriminelle in der DDR, die aus dem Gefängnis ausgebrochen waren. Ihr Weg endete spätestens bei uns. In Unkenntnis des Grenzverlaufs (Kartenmaterial der DDR war diesbezüglich ungenau) wurden sie fast immer festgenommen, da es für Ortsunkundige nur wenige Lücken gab.
So kam es auch zu einer Festnahme durch Rolf, einen Unteroffizier, der mit mir in der Band spielte. Der Festgenommene, ein Holländer, der angeblich eine Waffe bei sich hatte, machte den Eindruck, als sei er ein Mann eines Geheimdienstes westlicher Prägung. Da wir mit dem Mann nach der Festnahme nichts mehr zu tun hatten, stellten wir uns, ohne darüber zu reden, die Frage,

was er im Schutzstreifen mit holländischen Papieren gemacht hatte. Weshalb versuchte er, Rolf und seinen Posten zu überwältigen? Eine Theorie war, dass diesem Holländer, der laut Aussage von Rolf auf der Leipziger Messe war, irgendjemand nachstellte. Spekulationen möchte ich hier keinen Raum geben, aber ich sah von oberhalb Kielforst, einem Postenpunkt oberhalb der Autobahn, an der sich der holländische Grenzverletzer vermutlich orientiert hatte, Drei Stern Rot aufsteigen. Diese Stelle war besonders gut gesichert. Hier boten außer der Autobahn mit der Übergangsstelle Wartha, der Werra, der Bahnlinie mit dem Übergang Gerstungen und die Hörsel als Nebenfluss der Werra genügend Orientierungsmöglichkeiten für Grenzverletzer.
Zum Glück hatte Rolf, ein sehr intelligenter Unteroffizier und stellvertretender Zugführer, die Sache mit einigen Warnschüssen schnell unter Kontrolle, und so gab es keine Toten oder Verletzten zu beklagen. Wie immer nach solchen Lagen redeten wir in der Kompanie nicht darüber, und manch ein Soldat unserer Einheit bekam davon nichts mit.
Nicht lange danach kam es erneut zu einer Fahndung, die sich nun auf unseren Bereich konzentrierte. Angeblich waren zwei Männer aus einem Gefängnis ausgebrochen und befanden sich auf dem Weg in unsere Richtung. Für uns war das nichts Neues mehr.
Mein Posten meinte ständig: „Die müssten zu uns kommen, dann könnten wir im Falle einer Festnahme Sonderurlaub bekommen."
Ich sagte: „Achtzig, ich will meine Tage hier friedlich absolvieren." Außerdem wusste ich, dass es bei solchen Gelegenheiten nichts als Ärger, aber keinen Sonderurlaub gab. Innerhalb des GSZ hatten wir Feldarbeiter zu sichern, meist ältere Frauen, die ohnehin als Rentner nach dem Westen hätten fahren können. Warum sollten die uns Probleme machen? Sie waren vom MfS und der Kompanieleitung mit Sicherheit alle überprüft worden. Diesbezüglich hatte ich keine Bedenken.
Mit meinem Posten saß ich getarnt auf einer Art Jägerstand in einer Fichte, ständig auf Empfang mit dem Führungspunkt. Ich

hatte es mir gemütlich gemacht und eine Zeitung, die NBI, mitgenommen.
Mein Posten bat darum, ihm doch mal mein Fernglas zu überlassen. „Kannst du mir mal die „Brille" (unsere Bezeichnung für das Fernglas) geben, ich will mal nach dem Westen gucken", meinte er.
Ich wusste, dass man von dieser Stelle aus den Westen nicht sehen konnte und sagte: „Achtzig, hier siehst du keinen Westen, der Wald ist dazwischen." Weil er immer wieder nervte, gab ich ihm die „Brille".
Da es oft falsche Behauptungen über die Grenztruppen als eine Art „arme Flüchtlinge jagende Elitetruppe der DDR" von westlichen Medien gibt, sei zu deren Verteidigung hier Folgendes bemerkt. Jeder Bürger der DDR wurde vor dem Betreten des Sperrgebiets etwa 5 km vor der Grenze durch dicht gestaffelte Schilder mit der Aufschrift „Sperrgebiet – Betreten oder Befahren verboten" darauf hingewiesen. Auf allen Zubringerstraßen waren 5 km vor der eigentlichen Grenze Polizeikontrollstellen mit Schlagbäumen postiert, die nur mit Berechtigungsvermerk im Ausweis passiert werden durften. Danach, etwa 500 m bis 1 km vor der eigentlichen Grenze, waren etwa alle 100 m gelbe Schilder mit der Aufschrift „Schutzstreifen – Betreten und Befahren verboten" angebracht. Danach kam der Grenzsignalzaun, der mit einer Rundumleuchte und einer Art Sirene ausgerüstet war, welche bei Berührung der Stacheldrähte ausgelöst wurden. Dieser Zaun musste zunächst von einem Grenzverletzer (GV) überwunden werden, erst dann kamen die Grenztruppen zum Einsatz. Es wurde dann auch nicht sofort auf die GV geschossen, sie wurden erst mit den Worten „Halt – Grenzposten – stehen bleiben – Parole" angerufen. Wenn dies nicht fruchtete, sollte ein Warnschuss abgegeben werden. Blieben die GV dann immer noch nicht stehen, wurde versucht, durch gezielte Schüsse möglichst in die Beine, diese zu stoppen.
Soweit die Theorie – in der Praxis war dies nicht in jedem Fall so möglich. Es muss dazu gesagt werden, dass, falls es zu Grenzverletzungen kam, der Postenführer und oft auch der Posten mit

Gefängnis oder Schwedt (Militärknast) zu rechnen hatte. Durch die westliche Propaganda wurden diese Vorfälle – manchmal berechtigt, aber manchmal auch überzogen – ausgeschlachtet. In bestimmten Fällen landeten sie vor der UNO. Für die DDR, die sich zu dieser Zeit um weltweite Anerkennung bemühte, war dies natürlich ein Stachel im Fleisch. Auszubaden hatten das dann meist die kleinen, wehrpflichtigen Grenzer die, wie ich, zum Beispiel achtzehn, neunzehn oder zwanzig Jahre alt waren. Weiter nun zu meiner Geschichte.

Mein Posten hatte mein Fernglas, und er vertrieb sich die Zeit damit, die Natur näher zu betrachten. Der GSZ hatte zwischenzeitlich ausgelöst, aber da nur einzelne Teile dieses Bauwerks funktionierten, nahm ich das Ganze nicht so ernst. Wir hatten ohnehin nur Feldarbeiter innerhalb des GSZ, und die Traktoren fuhren ständig durch das Tor ein und aus. Ich sah sie kaum, da das Tor des GSZ etwa 1 km von mir entfernt war.

Es kam, wie es kommen musste. Plötzlich sagte mein Posten, dass sich drei Mann in unsere Richtung, also in Richtung Grenze, bewegen würden. Ich dachte, es wären Leute von der LPG, und beruhigte ihn. Kurz danach meinte er, dass die von ihm beobachteten Personen Deckung suchten und weiter in unsere Richtung liefen. Ich nahm ihm das Fernglas ab und schaute selbst. Ich sah niemanden, schimpfte mit ihm, dass er mich nicht verrückt machen solle, und gab meinem Posten das Fernglas zurück. Aber er fing wieder damit an, dass drei Personen auf uns zukämen. Ich sagte ihm, dass sich die Fahndung nur auf zwei Mann bezog und er träumen würde.

Nun schaute er erneut mit dem Fernglas und wurde noch unruhiger. „Die kommen immer näher“, meinte er. „Bitte schau genau auf diesen Busch, und du wirst sie sehen.“

Ich schaute eine Weile, dann sah ich, wie drei Leute in unsere Richtung liefen. Verschlüsselt meldete ich das unserem Zugführer auf dem Führungspunkt, der nervös wirkte und versuchte, sich bei allen Vorgesetzten abzusichern. Das nutzte mir aber nichts, die Zeit lief mir davon, da die Personen immer näher kamen. Der Zugführer, der auf dem Führungspunkt Dienst hatte,

sagte mir, nachdem ich fragte, wie ich mich verhalten solle: „Sie kennen doch die Schusswaffengebrauchsbestimmung."
Ich flehte ihn nahezu an, mir die A-Gruppe bzw. Verstärkung zu schicken, aber niemand war in Sicht. Ich war auf mich allein gestellt und betete: „Lieber Gott, hilf mir in dieser Situation." Ich dachte an die Ausbildung, wo wir solche Festnahmen oft geübt hatten, aber damals wurden wir nur mit Holzmessern attackiert. Meinem Posten befahl ich, den getarnten Beobachtungsposten zu verlassen, sich unten am Weg in einen Busch zu legen und auf Befehl von mir in die Luft zu schießen, um den Grenzverletzern Angst zu machen. Sie sollten denken, der ganze Wald wäre voll von Grenzern. Dies war natürlich nicht der Fall, denn innerhalb der vier Kilometer rechts und links von uns war niemand. Die am nächsten gelegenen Postenpunkte waren mit Werner und Gottfried, zwei Kameraden aus meinem Zug, besetzt. Sie hätten zu Fuß etwa eine Stunde gebraucht, um bei mir zu sein. Also musste ich mit der Situation allein fertigwerden – ich hatte keine Wahl.
Meinem Posten befahl ich, seine Waffe durchzuladen und einen „Russen" (unsere Bezeichnung für eine Patrone) leise einzufädeln und die MPi auf Einzelfeuer einzustellen. Er lag zwischenzeitlich in einem Busch unter mir am Weg. Als ich leise, aber bestimmt sagte: „Fädle einen Russen ein!", zitterte er am ganzen Körper und meinte: „Der Russe verklemmt sich ständig, ich bekomme ihn nicht rein."
Die GV kamen immer näher, ich konnte schon in ihre Gesichter schauen. Sie sahen mich nicht, da ich gut getarnt in meiner Fichte saß. Ich musste handeln, denn sonst hätte es zur Katastrophe kommen können. So laut ich konnte rief ich: „Halt – Grenzposten – stehen bleiben – Parole." Es kam keine Parole, stattdessen liefen sie schnell in Richtung Grenze. Ich rief zu meinem Posten: „Gib den Warnschuss ab, Feuer!" Doch der hatte noch immer Ladehemmungen und so gab ich einen Warnschuss ab. Da sie nicht sofort stehen blieben, wollte ich noch einen Warnschuss abgeben, aber dann hatte mein Posten seine Ladehemmungen beseitigt und gab einen Warnschuss ab.

Endlich blieben zwei der drei GV stehen. Bestimmt, ein Auge auf meinen Posten gerichtet, schrie ich: „Hinlegen – Hände hinter den Kopf, Beine auseinander und keine falsche Bewegung!" Der dritte Mann hatte sich in einem Busch versteckt. Ich rief: „Rauskommen, dann passiert Ihnen nichts!" Da er nicht herauskam, gab ich noch einige Warnschüsse ab. Endlich kam er aus dem Busch. Ich befahl ihm, sich hinter seine Mitstreiter hinzulegen. Dann nahm ich ein Handleuchtzeichen und schoss Drei Stern Rot – versuchter Grenzdurchbruch – Alarmgruppe kommen.
Einer der GV, der größte von ihnen, sprach meinen Posten an, er solle doch mit ihnen kommen und mich mit der MPi vom Baum holen. Der Stress in mir wurde enorm groß, da ich nun bis zum Eintreffen der A-Gruppe auch meinem Posten nicht mehr traute. Ich rechnete mit Aktionen seitens der GV, denn einer war mit einem Messer bewaffnet. Gleichzeitig hatte ich Bedenken, dass mich mein Posten erschießen würde. Es war ein furchtbares Gefühl, und ich wünsche niemandem, in eine solche Situation zu kommen.

3. Zug der GK Großburschla; Autor kniend 1. v. l.; 1975 im Herbst

3. Zug 1. Gruppe der Grenzkompanie Großburschla Ende 1975; Autor 2. v. r. vordere Reihe

Die Erlösung – und Gott

Die Zeit bis zum Eintreffen der A-Gruppe war gespenstisch. Von einem der GV wurde ich ziemlich beschimpft, was ich über mich ergehen ließ. Ich wollte nur diese Situation möglichst heil überstehen.

Plötzlich tauchte ein Motorrad vor mir auf, es war ein Grenzaufklärer. Diese Jungs hatten die beste Ausbildung, die es in diesen Grenztruppen gab. Zunächst dachte ich, es wäre ein GV, und rief ihn an, doch schnell erkannte ich ihn. Er durchsuchte sofort die GV. Kurz danach kamen die A-Gruppe und der A-Zug, die sich um den Abtransport der Grenzverletzer kümmerten. Ein Major vom Bataillon traf ebenfalls ein und nahm die Festgenommenen in Augenschein.

Als alle weg waren, kam in mir Wehmut auf. Einerseits war ich froh, dass niemand verletzt oder getötet worden war, andererseits war ich den Tränen nah. Meine letzten Tage bei den Grenztruppen hatte ich mir anders vorgestellt. Ich hätte nie ernsthaft damit gerechnet, in eine solche Situation zu kommen. Es gab dort keinen psychologischen Dienst, wie das heute üblich ist. Ich wurde mit den Ereignissen allein gelassen. In der Kompanie redete niemand darüber.

Am Abend legte ich mich in mein Bett, hing eine Decke davor, da es ein Doppelstockbett war, ging das ganz gut. Ich erinnerte mich daran, dass meine Mutter als ich ein kleiner Junge war mit mir betete. Das Gebet war einfach: „Lieber Gott, mach mich fromm, dass ich in den Himmel komm!“ Ich versuchte, mit Gott zu reden, da ich mich niemandem anvertrauen konnte. Je mehr ich betete, desto mehr spürte ich, dass da etwas ist, was man nicht sieht und doch existiert. Ich nannte es Gott. Plötzlich war ich nicht mehr allein. Ich hatte Gott! Niemand konnte mir mehr etwas anhaben, noch nicht einmal der Tod, denn ich hatte Gott in meinem Herzen aufgenommen, und er tröstete mich.

Vor meinen Kameraden ließ ich mir nichts anmerken, überspielte alles und ging in den Ausgang. Dort lernte ich erneut ein Mädchen kennen. Sie war noch sehr jung, und ich erzählte ihr nichts von den Vorkommnissen. Sie spürte es aber und war mir eine

große Hilfe in dieser Zeit. Kurz nach der Armeezeit trafen wir uns noch einmal, das hatten wir ausgemacht. Wir gingen durch die Stadt und ins Kino. Irgendjemand musste unsere Briefe gelesen haben, denn als wir uns verabschieden wollten, standen plötzlich fast alle meine ehemaligen Vorgesetzten am Bahnhof. Sicher sollte ich eingeschüchtert werden, um keine militärischen Geheimnisse zu verraten oder gar auf die Idee zu kommen, die Seiten zu wechseln.
Aufgrund der erlebten Festnahme schwor ich mir, nie wieder eine Waffe in die Hand zu nehmen und nie wieder eine Uniform anzuziehen – noch nicht mal von der Post oder der Bahn.

Enttäuschung

Seelisch hatte ich immer noch mit den Vorkommnissen an der Grenze zu kämpfen. Es ergab sich, dass ich in einer Schicht als Postenführer eines Brückenpostens im Bereich Großburschla eingesetzt war. Man musste die überquerenden Fahrzeuge kontrollieren und aufpassen, dass niemand diese Brücke überquerte. Plötzlich kam ein Mann mit einem Essbesteck in der Hand. Er arbeitete vermutlich im Ort in der ESDA-Strumpffabrik.
Er sprach uns an: „Ihr denkt wohl, das bleibt immer so, dass die Brücke zu ist?“
Ich wusste zunächst nicht, was ich sagen sollte. Ich spürte seine innere Wut uns Uniformierten gegenüber, aber zugleich auch seine Machtlosigkeit, die ihn zur Resignation zwang. Ich war darüber erschrocken, da ich ein solches Verhalten bisher noch nicht erlebt hatte. Empathie der Bevölkerung in den Grenzorten uns gegenüber gab es nicht, und diese verbale Äußerung ließ mich mehr und mehr an unserem Klassenauftrag zweifeln. Wir beschützten also Menschen, die das gar nicht wollten?
Solche Ereignisse brachten meine bisherige Einstellung ins Wanken. Westliche Medien konnten das bei mir nicht erreichen, da ich diese bis heute für befangen und ihrem System dienend halte. Echte Kritik, die ihr Denkschema verändern könnte, kannten

sie auch nicht. Sie führten ihren Auftrag nur besser aus als die Ostmedien, die oft plump und dumm agierten.
Warum war dieser Mann an der Brücke so frustriert? Hatte er Verwandte im Westen, waren Familien an dieser Grenze zerbrochen oder getrennt worden? Mir war das durchaus bewusst, aber so direkt war ich nie damit konfrontiert worden. Ich dachte an meine Erlebnisse an der Grenze in der letzten Zeit.
Der Abend kam, und da ich meinen Frieden mit Gott zu machen versuchte, ging ich nach Ablösung mit meinem Posten durchs Dorf in Richtung unserer Kaserne. Da sah ich Licht durch einen Spalt an der Kirchentür dringen, also war diese offen. Um allein zu sein, schickte ich meinen Posten zur Kneipe im Ort und bat ihn, einige Flaschen Bier zu kaufen und sich dann mit mir im Ort wiederzutreffen.
Ängstlich ging ich zur Kirche. Der Pfarrer stand kurz hinter der Tür und schaute mich an, als wäre ich ein Verbrecher. Seine Mimik sprach Bände. Vermutlich kreisten seine Gedanken nur um Stasi-Grenzer, MPi und Unrecht. Ich hoffte darauf, dass dieser bezahlte Christ, der es sicher nicht leicht hatte in diesen Grenzorten, wo es Säuberungsaktionen und anderes gab, wovon ich nichts wusste, mir helfen würde, meine persönliche Krise zu überwinden. Das war nicht der Fall, ich fühlte mich hier nicht willkommen. Aber an wen konnte ich mich wenden? Wie sollte ich mich verhalten? Ich war sehr von diesem Vertreter der evangelischen Kirche mir als junger Soldat gegenüber enttäuscht. Doch dieser Mensch war nicht Gott. Gott liebte auch mich, trotz meiner Uniform und Waffe. Auch ich wollte leben und hatte eine Mutter, die ihren Sohn lebend wieder zu Hause haben wollte.
Diese Gedanken ließen mich nicht los. Es war also niemand da, dem ich mich hätte anvertrauen können. Aber ich hatte ja Gott, und der war immer für mich da. Ich versuchte, meinen Glauben, den ich zwar in mir hatte, der aber noch nicht gefestigt war, nicht an Menschen festzumachen, schon gar nicht an einer Institution, da ich dort in der Regel immer enttäuscht wurde. Sicher war dieser Pfarrer ein gebranntes Kind, der mit Militärs nichts zu tun haben wollte. Er vergaß aber, dass Gott auch Soldaten,

Polizisten und Stasi-Leute liebte. Ich kann sein Verhalten heute verstehen. Damals war es für mich eine große Enttäuschung, da ich all meinen Mut zusammengenommen hatte, um über einen Kirchenmann Kontakt zu Jesus zu finden.
Im späteren Leben trug ein evangelischer Pfarrer aus der Nähe von Heilbronn ein Gedicht des schwäbischen Dichters August Lämmle in unserer Gemeinde vor, das ich mir bei der Einschätzung vieler Zeitgenossen zu eigen machte:
„Titel, Namen, Geld, Befrackung
sind zum Zwecke der Verpackung.
Schale gilt nicht, sondern Perle
wichtig ist allein der Kerle.

Ich denke, bis zum heutigen Tag haben diese Zeilen ihre Gültigkeit nicht verloren, wenn man Ärzte, Anwälte, Richter, Polizisten, Feuerwehrleute, Postboten oder Bahnangestellte betrachtet.

Heimgang

Endlich war es so weit. Wir sollten entlassen werden. Man versuchte, jeden einzelnen von uns EKs zum Zoll oder zu anderen pseudomilitärischen Einrichtungen wie MdI, MfS und GT zu werben. Ich positionierte mich ausweichend, wollte nur möglichst unbeschadet hier raus und im Zivilleben nie wieder eine Uniform anziehen.
Meine Eltern schrieben mir ihre Sorgen, die sie hatten. Das war für sie enorm wichtig, aber ich konnte ihnen dabei nicht helfen, da ich selbst genug Probleme hatte, die ich ihnen nicht mitteilen konnte. Ich war davon überzeugt, dass alle Briefe von mir gelesen wurden. Also versuchte ich, den starken Mann zu spielen und ging auf ihre Probleme ein.
In den letzten zwei Schichten hatte ich meine Kragenbinde beschriftet und im Postengebiet versteckt. Außerdem hatte ich in je eine junge Buche meine Initialen mit den Heimgangsdaten HG 75/II eingeritzt. Beide Buchen habe ich im Jahr 2020 wiedergefunden, auch meine Initialen waren noch lesbar.

Initialen und HG/75 II nach 45 Jahren
2020 wiedergefunden

Der Tag des Heimgangs rückte immer näher, und ich hatte Bedenken, dass es durch den psychischen Stress, den die verbliebenen Soldaten hatten, erneut zu Fahnenfluchten oder anderen Grenzverletzungen kommen könnte. Meinen Standpunkt zur DDR hatte ich damals aufgrund der Ereignisse an dieser Grenze völlig geändert. Eine Flucht wäre für mich nicht infrage gekommen. Trotzdem hatte jeder Grenzer für den Fall, dass er aufgrund einer Lage hätte die Flucht ergreifen müssen, seinen Plan im Kopf. Auch bei mir war das so, aber das war wirklich nur ein Notfallplan für den Fall, dass mich zu eifrige Kommunisten in die Enge getrieben hätten.
Übrigens gab es die in meinem späteren Leben doch, aber zum Glück hat mich Gott vor einer solchen Flucht bewahrt. Nach der Wende sah ich diese emsigen „Rucksackkommunisten“ in der CDU, SPD oder anderen sogenannten demokratischen Parteien. Sie hatten an nichts Schuld. Das war alles die Stasi oder Honecker usw.! Kein Gedanke daran, dass es eine Art Mitschuld an allem gab. Die Verse von August Lämmle trafen mal wieder genau zu! Hatte ich mich schuldig gemacht? Ich denke schon – hatte aber jede Menge Ausreden vor Gott – und das Leben musste ja weitergehen.

Außerdem, vor wem sollte ich meine Schuld bekennen? In der Kirche, die ich aufsuchen wollte, war ich nicht willkommen, und noch immer hatte ich eine Uniform an. Ich freute mich auf das Studium und lenkte mich mit diesen Gedanken ab.
Der Tag der Entlassung kam, und wir durften unsere Zivilsachen unter der Uniform bereits anziehen. Der KC oder Polit-Offizier holte mich nochmals in sein Zimmer und belehrte mich, dass ich über die Vorkommnisse hier an der Grenze mit niemandem reden dürfte. Er hielt mir ein Schreiben vor, das ich unterschreiben sollte, was ich auch ohne es zu lesen tat, da ich hier raus wollte. Ich hätte vermutlich alles unterschrieben, was man mir vorgelegt hätte, ich war einfach zu jung, um über Konsequenzen einer Unterschrift nachzudenken.
Also ging es los nach Mühlhausen – zum letzten Mal ein Blick nach Großburschla, Heldra und Altenburschla. Vermutlich würde ich diese Orte vor meinem 65. Lebensjahr, wenn überhaupt, nicht wiedersehen. Nur raus hier – raus aus den Minenfeldern und dem Stacheldraht, weg von unseren Polit- und Stasi-Offizieren und weg von uns den Stinkefinger zeigenden BGSlern.
Nichts wollte ich damit mehr zu tun haben – Freiheit, war mein Gedanke, nur Freiheit. Kaum einer von uns redete, da niemand noch eine Haftstrafe riskieren wollte. Wir bereiteten uns auf den Abtransport vor, ließen unsere Entlassungstücher von den EKs und unseren Achtzigern unterschreiben.
Wir hatten vor, wenn wir den Schutzstreifen an der Trift verlassen würden, unseren Löffel an der Schranke wegzuwerfen. Wir rechneten damit, dass dort ein Postenpaar unserer Achtziger stehen würde. Man hatte uns verboten, die Plane zu öffnen. Ständig wurde mit Arrest und Militärstaatsanwalt gedroht. Trotzdem öffneten wir die Plane und begannen, unsere Löffel von der Ladefläche aus herauszuwerfen. Plötzlich sahen wir uns völlig Unbekannte, vermutlich Grenzaufklärer im Dienstrang Unterfeldwebel, die uns mit böser Miene ermahnten, die Plane zu schließen. Da einige von uns bereits geworfen hatten, befürchteten wir Repressalien im Regiment vor der Entlassung. Da auch andere EKs ähnlich verfuhren, hatte man sich schon darauf eingerichtet, und es passierte zum Glück nichts.

Im Regiment angekommen wurden wir nochmals bezüglich der Geheimhaltung hinsichtlich des Grenzregimes belehrt. Man teilte uns mit, dass wir noch einige Tage unter Militärrecht stehen würden, erst dann könnten wir den Personalausweis im VPKA (Volkspolizeikreisamt) abholen.
In der Dämmerung wurden wir in einen Zug gesetzt, der nur mit Entlassungskandidaten, mehreren Offizieren und Grenzaufklärern im Unteroffiziersrang, die dort Angst bis zur letzten Minute verbreiteten, besetzt war. Meinen Freund Gerhardt, mit dem ich in der Ausbildung war, traf ich dort auch wieder. Vorsichtig suchten wir nach Mitstreitern, die in der Ausbildung auf unserem Zimmer waren. Thomas, den Hünen und stärksten Mann unseres Ausbildungsregiments, trafen wir wieder. Er war ein gebrochener Mann. Nichts erinnerte an seine Lebensfreude und an die Kraft, die er früher ausstrahlte. Als wir ihn fragten, wo er war und ob alles o.k. sei, antwortete er uns nicht. Seine Blicke waren wie versteinert, er redete kaum, zeigte auf unsere Bewacher im Zug und zuckte nur mit den Schultern. Als wir nach dem „Braunen" fragten, wo er denn sei, zeigte er uns nur die Finger vor dem Gesicht. Das deutete darauf hin, dass er im Arrest oder Gefängnis saß.
Der Zug fuhr die ganze Nacht an Bahnhöfen vorbei, die wir nicht kannten. Wir wussten nicht wo wir waren, dennoch hatten wir gehofft, eine Art Abschied feiern zu können, wie man dies oft von betrunkenen Soldaten der NVA auf größeren Bahnhöfen nach ihrer Entlassung sah. So nicht bei uns. Nicht ein Glas Bier haben wir gemeinsam trinken können. Alles war vermutlich bis aufs Detail geplant. Als ich etwa 3 Uhr aufgefordert wurde, auszusteigen, machte ich drei Kreuze. Auf dem Bahnhofsvorplatz stand ein Taxi, als wäre es direkt für mich bestellt. Ich kann mich nicht mehr daran erinnern, ob ich es selbst bezahlt habe oder ob das noch über eine Militärfahrkarte abgerechnet wurde.
Meine Mutter war froh, als ich in der Nacht nach Hause kam. Am Morgen schlief ich aus. Die Armee hatte mein Denken noch voll im Griff. Ich war wie in einer anderen Welt angekommen. Niemand gab mir einen Befehl. Es dauerte einige Zeit, alles zu verarbeiten.

Angekommen/Studium

Ich hatte nur ein Wochenende, dann musste ich zum Studium nach Beichlingen bei Weimar. An diesem Wochenende beschäftigte ich mich mit meiner Gitarre. Rolf, der Unteroffizier, hatte mir Gitarre und dann Bassgitarre beigebracht. Ab und an vertrat ich ihn bei den Proben in unserer Band, da einer unserer Rhythmusgitarristen versetzt worden war.
Zwei Tage nach meiner Entlassung bezog ich mein Zimmer im Studentenwohnheim. Es gab zwei Ingenieurschulen für Veterinärmedizin in der DDR – eine in Rostock und eine in der Nähe von Weimar auf Schloss Beichlingen. Vier Studenten teilten sich ein Zimmer im Schloss, das früher den Grafen von Werthern gehörte. Das Prozedere dort war für mich als Grenzer unbegreiflich. Mädchen liefen auf den Zimmern umher, und niemand gab einen Befehl, was, wann, wo zu tun war. Ein Kommilitone hatte ein Anatomiebuch in der Hand und stotterte ständig irgendwelche lateinischen Worte vor sich hin.
„Du musst dich anstrengen, hast zwei Monate Verzug. Wir haben schon die ersten Abtestate", meinte er, und ich verstand nur Bahnhof.
Ich hatte mir vorgenommen, dieses Studium zu schaffen, koste es, was es wolle. Also machte ich mich an die Arbeit und lernte. Fast wöchentlich gaben Studenten aufgrund des Leistungsdrucks auf. Anfangs ging ich auch nicht in den Studentenkeller, wo täglich Party angesagt war, da mein Rückstand doch enorm war und ich lernen musste, zumal mein Mitbewohner mir täglich Angst machte. Niemand nahm Rücksicht auf das, was ich erlebt hatte, und es interessierte auch niemanden.
Eines Tages sagte mein Zimmergenosse: „Willst du mal mitkommen? Im Nachbarort quatscht ein älterer Mann ganz gut."
Ich nahm die Einladung an, und einige Jungs und Mädels gingen auch mit dorthin. Der ältere Mann war ein Prediger der landeskirchlichen Gemeinschaft. Seine Worte und seine Art fand ich echt gut, und es half mir, meine Erlebnisse an der Grenze besser in den biblischen Kontext einzuordnen.

Nach einigen Besuchen dieser Veranstaltungen lernten wir uns in der Gruppe näher kennen – und ich, über einige Umwege, auch meine Frau. Ich hatte bis zu diesem Zeitpunkt nichts von meinen Erlebnissen und den Vorkommnissen an der Grenze erzählt.
Eines Abends lernte ich gerade wieder für Anatomie in einem Seminarraum. Draußen war es sehr kalt, so um die minus zwanzig Grad, und ich dachte daran, was wohl unsere Achtziger machen würden, die nun als Postenführer eingesetzt waren – an die Kälte und dann oftmals irgendwelche Lagen. Einer der Studenten hatte ein Radio dabei, und ich hörte, dass zwei Grenzer von einem Deserteur (Weinhold) im Raum Hildburghausen erschossen worden waren. Später erfuhr ich, dass teilweise auch unsere Leute dort mit zum Einsatz gekommen waren.
Meinem Gott kam ich durch die erfrischenden Vorträge des Predigers immer näher, so dass ich beschloss, meiner Freundin und späteren Frau irgendwann etwas von diesen Vorgängen zu erzählen. Ich hatte noch nie in einer Gemeinschaft von Herzen gebetet, aber dort, wo alle möglichen Konfessionen zusammen waren, lernte ich es. Besonders die Baptisten fuhren eine „harte Linie" und ließen sich nicht von Jesus abbringen. Auch der Staat DDR machte ihnen dabei keine Angst, denn sie hatten ihren Jesus, und der war stärker als Honecker, Mielke und Stalin, er war aber auch stärker als Brandt, Schmidt und Kohl. Das machte mir Mut, und ich wollte alles tun, um auch diese innere Freiheit zu erringen.
Meine ersten Testate standen an, und ich bestand sie alle. Ich schätze, zu diesem Zeitpunkt waren bereits 20 % der Studienanfänger aus Leistungs- oder anderen Gründen wieder weg.
Da ich keine Schreibutensilien, wie Papier, Hefter usw., hatte, fuhr ich mit meinem Simson Moped Star in die Kleinstadt nach Kölleda.
Zwar war ich offiziell im Zivilleben angekommen, allerdings war mein Geist noch bei den Grenztruppen der DDR, wo ich als stellvertretender Gruppenführer und auch öfters als A-Gruppenführer mit einer Art Kriegsrecht zu tun hatte. Der Einlass in

das Sperrgebiet wurde von der Volkspolizei kontrolliert. Diese Polizisten hatten gehörigen Respekt vor uns, da wir vorn an der „Front“ waren. Außerdem behandelten wir diese Polizisten trotz höherer Dienstgrade wie unsere Lakaien. Wollten sie ins Grenzgebiet, brauchten sie – genau wie jeder andere – eine Berechtigung dazu, denn der Einlass in den Schutzstreifen wurde von uns Grenzern kontrolliert. Wir Grenzer waren diesen Polizisten im Schutzstreifen weisungsberechtigt.
Da ich nun meinen Geist noch bei diesen Grenztruppen hatte, aber in der Stadt Papier und Hefter für mein Studium kaufen wollte, stellte ich mein Moped vor einer Polizeistation in Kölleda ab und ging einkaufen. Als ich vom Einkaufen zurückkam, standen mehrere Polizisten vor meinem Moped und drückten auf den Lenker, die Stoßdämpfer usw. Ein etwas korpulenter ABV setzte sich sogar auf das Fahrzeug.
Als ich dies von Weitem sah, schrie ich mit sehr lautem Befehlston: „He, Dicker, sofort Hände von meinem Moped weg, sonst – aber weg, jetzt sofort!“
Die Polizisten waren empört über meine Rede und sahen in mir einen potentiellen Feind. Einer sagte zu mir: „Zeig sofort deinen Ausweis!“
Darauf reagierte ich noch wie bei den Grenztruppen und befahl ihm: „Wegtreten, Achtziger!“
In diesem Moment wollten mich die Polizisten festnehmen und gingen auf mich zu. Natürlich ließ ich mir das nicht gefallen und griff mir einen dieser Ordnungshüter. Nun kamen noch mehrere aus ihren Beamtenstübchen, und versuchten mich zu überwältigen.
Plötzlich wurde mir bewusst, dass ich nicht mehr bei der Fahne war, sondern dass dies richtige Polizisten waren, vor denen die Bevölkerung in der DDR großen Respekt hatte. Ich ließ mich widerstandslos festnehmen und entschuldigte mich bei den Jungs, die mich nun ermahnten, mein Fahrzeug nicht mehr im Parkverbot abzustellen. Außerdem verpflichteten sie mich, die ohne Zweifel vorhandenen technischen Mängel abzustellen. Ich versuchte, ihnen zu erklären, dass ich gerade erst aus der Armee

entlassen worden und noch nicht richtig im Zivilleben angekommen war. Von den Grenztruppen erzählte ich ihnen nichts, da wir ausdrücklich belehrt worden waren, keinerlei Angaben über Orte und Vorkommnisse im Zivilleben zu berichten.
Ein dicker ABV verfolgte mich mit seiner Simson-Schwalbe, nachdem sie mich nach einem Verhör wieder freigelassen hatten. Sie bürdeten mir als Strafe auf, mein Moped bis zu meinem Studienort zu schieben. Da ein beachtlicher Berg vor mir lag, war das doch eine recht schwere Strafe für mein Vergehen. Nach etwa zwei Kilometern Wegstrecke dachte ich, dass mich der Polizist aus den Augen verloren hätte, aber da hatte ich mich geirrt. Gerade am Fuß des Berges kam er wieder und fuhr aus Kontrollgründen um mich herum. Sogar beim Bergabfahren ließ er mich nicht aus den Augen, so dass ich mein Moped sogar noch den Berg hinunter schieben musste.
Wenigstens hatte ich trotz Hindernissen genügend Papier und Hefter, um mein Studium geordnet zu beginnen.

Frei oder doch nicht frei?

Durch meine Freundin und spätere Frau wurde ich zu einem gewissenhaften Lernen angeregt. Sie war mit in dieser für mich kirchlichen Gruppe, der ich nun auch angehörte, und wir fühlten uns eigentlich ganz wohl. Doch dann kam die Staatsmacht mit all ihren negativen Seiten auf uns zu. Ich dachte mir schon, dass man für spätere Tierärzte bzw. Veterinäringenieure, wenn es auch eine Art „Tierarzt light“ war, keine für den sozialistischen Staat genehme Ideologie an einer solchen Bildungseinrichtung wollte.
So kam es, wie es kommen musste – man lud uns vor, und wir wurden der Gründung einer christlichen Untergrundorganisation bezichtigt. Meine Frau hatte das bereits auf der EOS erlebt. Man hatte ihr trotz eines sehr guten Abiturs nur ein „geeignet“ statt ein „besonders geeignet“ ausgestellt, da angeblich ihre christliche Erziehung nicht mit den sozialistischen Idealen in Einklang gebracht werden konnte.

Doch alles in dieser Gruppe schien so ehrlich und so naiv zu sein, dass nicht die Stasi oder die Partei hätte dahinterstecken können. Ich hatte auf einmal das Gefühl, meine spätere Frau und die anderen beschützen zu müssen. So öffnete ich mich ihr eines Abends, und es überkam mich ein Gefühl der unendlichen Freiheit, trotz der Repressalien, die wie ein Damoklesschwert über uns hingen. Sie hatte keine Ahnung davon, was es an dieser Grenze gab und was ich in den letzten Monaten erlebt hatte. Ich dachte daran, wie man sich gegen diese Ungerechtigkeiten auflehnen könnte, dachte an Petrus, der bei der Gefangennahme Jesu dem Diener des Hohenpriesters ein Ohr abschlug. Aber wie hatte Jesus darauf reagiert? Nie wieder eine Waffe, hatte ich mir erst kürzlich geschworen – und nun schon wieder Hass. Nein, das war es nicht! Auch wie mich der Pfarrer an der Kirche im Schutzstreifen hasserfüllt angesehen hatte, das war es nicht. Was will Jesus von uns? Wie sollen wir reagieren? Sollten wir uns unsere Karriere und unseren Traumberuf vermiesen lassen? All das ging mir durch den Kopf. Ich hatte erlebt, dass es nur mit Gottes Gesetz möglich war, die Spirale von Hass und Gewalt zu beenden. Deshalb setzten wir uns weiter heimlich in unserer Gruppe zusammen und beteten für unsere Feinde, ähnlich wie es Jesus uns in der Bergpredigt gelehrt hatte: *„Liebt eure Feinde und bittet für die, die euch verfolgen, auf dass ihr Kinder seid eures Vaters im Himmel. Denn er lässt seine Sonne aufgehen über Böse und Gute und lässt regnen über Gerechte und Ungerechte. Denn wenn ihr liebt, die euch lieben, was werdet ihr für Lohn haben? Tun nicht dasselbe auch die Zöllner? Und wenn ihr nur zu euren Brüdern freundlich seid, was tut ihr Besonderes? Tun nicht dasselbe auch die Heiden? Darum sollt ihr vollkommen sein, wie euer himmlischer Vater vollkommen ist."*
Wir beteten das Tag für Tag und immer, wenn wir uns trafen. Wir beteten für besonders parteihörige Dozenten und auch für die Angehörigen des MfS. Bis heute bin ich davon überzeugt, dass uns diese Gebete geholfen haben, das Studium unbeschadet von teuflischen Angriffen zu überstehen und sogar als einige der Besten erfolgreich abzuschließen.

Staatlich tierärztliche Gemeinschaftspraxis, Kinder und Kirche

Nach dem Studium wurden meine Frau und ich vom Bezirkstierarzt in eine StGP (Staatlich tierärztliche Gemeinschaftspraxis) in der Nähe meines Geburtsortes gelenkt. Wir bekamen drei Kinder, die wir evangelisch taufen ließen.

Wir behandelten in erster Linie landwirtschaftliche Nutztiere in den LPG sowie auch privat. Da wir in meinem Heimatdorf ein altes Haus gekauft hatten und dies in unserem Praxisbereich lag, war es unvermeidbar, dass wir fast täglich zu irgendwelchen kranken Kühen, Schweinen, Schafen, Hunden, Katzen, Bienen oder Hasen gerufen wurden. Selbst am Heiligabend wurden wir nach dem Gottesdienst um Hilfe gebeten, da uns die Leute kannten. Es gab kaum eine freie Minute, denn ich engagierte mich zusätzlich in der evangelischen Kirchgemeinde.

Der Großvater meiner Frau, der aus Dresden stammte, sagte einmal während einer Feierlichkeit auf Nachfrage, wie es ihm bei uns in Thüringen gefallen hätte: „Die haben ja in dem Ort noch nicht einmal eine Kirche." Das ärgerte mich sehr, denn ich bin ohne Kirche in diesem Ort aufgewachsen. Es stand zwar noch eine Kirchruine in einem Waldbiotop, aber das sah ich gar nicht mehr, denn die Kirche war 1938 abgebrannt und nie wieder aufgebaut worden. Außerdem war der Glaube in unserem Ort augenscheinlich fast tot, denn im alten Pfarrhaus gab es bis auf zwei Mal im Monat keine kirchlichen Aktivitäten mehr. Der Gemeindekirchenrat war völlig überaltert und durch den Sozialismus, der vonseiten des Staates verkündet wurde, dachte kaum jemand daran, sich oder seinen Nachkommen das Vorwärtskommen wegen einer „veralteten Ideologie" in Gefahr zu bringen.

Allerdings gab es hier noch einen Katholiken, Josef Kühnl, der vorbildlich lebte und auch seinen Glauben, soweit es möglich war, praktizierte. Er war aus seiner Heimat, dem Egerland, mit seiner Mutter und Schwester vertrieben worden und kümmerte sich auch bis zum Tod um seine pflegebedürftige Frau.

Wir bekamen einen evangelischen Pfarrer, der aus der Rhön kam. Ein Teil der Rhön war katholisch, und der Pfarrer meinte zu mir: „Eigentlich bin ich in meinem Herzen katholisch!" Doch da er verheiratet war, hatte er nicht den Mut zu konvertieren. Dieser Pfarrer holte mich in den Gemeindekirchenrat, deren Vorsitzender ich dann auch wurde. Von meinen Erlebnissen an der Grenze erzählte ich ihm nichts.

Wir gründeten eine Gebetsgemeinschaft (Hauskreis), zu der wir junge Menschen aus den Orten zu uns einluden. So entstand eine Gemeinschaft, die durch den Glauben und das Gebet zusammenhielt. Zwei- oder dreimal wurde ich zum Kreistierarzt bestellt und dort wurde mir indirekt deutlich gemacht, dass ich möglichst in landwirtschaftlichen Einrichtungen kirchliche oder religiöse Themen vermeiden sollte.

Die Mitglieder unserer Praxis nahmen am sozialistischen Wettbewerb teil, dafür gab es jeweils eine Prämie. Eines Tages kam mein Chef zu mir und bat mich in den FDGB (Freier Deutscher Gewerkschaftsbund) einzutreten, was ich ablehnte, da mir diese Staatsgewerkschaft wie ein SED-Ableger vorkam. Im Übrigen habe ich auch heute noch diese Auffassung vom DGB, der nach meiner Meinung zu wenig die Interessen der Arbeiter vertritt. Meine Brigade, die Staatlich tierärztliche Gemeinschaftspraxis, sollte den Titel „Sozialistisches Kollektiv" und die damit im Zusammenhang stehende Prämie je Mitarbeiter nicht erhalten, da ich nicht in der DSF (Deutsch-Sowjetische Freundschaft) und im FDGB war.

Zur nächsten Kreistierärzte-Dienstversammlung wurde ich dann einfach überrumpelt. Die Vorsitzenden der DSF und des FDGB fragten die anwesenden Mitglieder der beiden Organisationen, ob jemand etwas dagegen hätte, wenn ich diesen Organisationen beitreten würde. Niemand außer mir war dagegen – und somit wurde ich aufgenommen. Ich meldete mich und negierte meine Zustimmung. Niemanden interessierte das, und ohne dass ich zustimmte oder etwas unterschrieb, wurde ich zum Mitglied dieser Organisationen. Jeder bekam seine Prämie, und alles war in Ordnung.

In dieser Zeit, also in den achtziger Jahren, las ich als Tageszeitung die „Neue Zeit". Das war die Tageszeitung der Ost-CDU, die natürlich die gleichen Themen wie die Tageszeitungen der SED hatte. Lediglich die vielen Annoncen zum Autoverkauf machte diese Zeitung auch für viele andere Leser attraktiv. Eines Tages las ich eine Anzeige, in welcher jemand aus Berlin anbot, die Projektierung einer Gemeinschaftsantennenanlage zu übernehmen. Das war ein großer Markt in der DDR, da alle Westfernsehen schauten, aber nicht alle Programme empfangen konnten. So war es auch bei uns. Das zweite Programm der BRD und die dritten Programme konnten wir nicht empfangen.
So beschloss, ich eine Antennengemeinschaft zu gründen, unter dem Vorwand, dass wir das zweite Programm der DDR nicht richtig empfangen konnten. Das war natürlich frei erfunden, da dieses Programm gut bei uns hereinkam. Trotzdem genügte das den Behörden, um diese Antennengemeinschaft zu genehmigen. Ich war überrascht, dass sich – nach anfänglicher Skepsis – das ganze Dorf ausnahmslos daran beteiligte. Ich stellte einen Vorstand zusammen, und schon ging es los.
Auf einem Hügel im Ort, dem Windmühlenberg, stellten wir in Gemeinschaftsarbeit einen Empfangsmast auf, und nach der Vorlage des Projekts verkabelten wir das ganze Dorf. In einigen Häusern installierten wir Verstärker, um die Empfangsqualität in allen Haushalten gleich zu behalten.
Es gab einen Zusammenhalt in der ganzen Gemeinde wie nie zuvor. In dieser Beziehung hatte der Westen Deutschlands uns das erste Mal zusammengeschweißt. Der Empfang war sehr gut, und ich hatte meine Feuertaufe als eine Art „Ostunternehmer" und Vorsitzender der Antennengemeinschaft ohne Lohn bestanden.

Wieder an die Grenze?

Eines Tages bekam ich erneut Post vom Wehrkreiskommando. Man wollte ein Gespräch zu einer Einberufung mit mir führen. Ich war sehr angespannt, da ich keineswegs wieder zur NVA wollte. Ich hatte mir geschworen, nie wieder eine Waffe anzufassen und auch keine Uniform mehr anzuziehen.

Zwei Offiziere im Rang eines Oberstleutnants redeten auf mich ein. Sie meinten, ich müsse zur Verteidigung der DDR wieder bereitstehen. Ich nahm all meinen Mut zusammen, verweigerte dies und sagte ihnen, dass ich nie wieder eine Waffe in die Hand nehmen werde und dass ich einen Dienst, auch in der Reserve, aus Gewissensgründen ablehne. Ich zeigte ihnen meinen Wehrpass, worin vermerkt war, dass ich das Leistungsabzeichen der Grenztruppen erhalten hatte.

Fast wörtlich sagte ich den Offizieren: „Ich habe meinen Dienst für die DDR erbracht, während andere Menschen – auch SED-Mitglieder in meinem Umfeld – nie dienen brauchten. Während ich Schaden an Leib und Seele erlitt, saßen diese Herrschaften im weichen Sessel."

Man warf mir vor, dass ich auf Kosten der DDR hätte studieren dürfen und nun als Angestellter der Staatlichen Tierarztpraxis auch wieder vom Staat profitierte, aber den Dienst an der Waffe verweigern würde.

Ich war seelisch fertig. Da fiel mir ein, dass ich nach der Festnahme damals bei General Baumgarten geladen war und dieser mir bei der Übergabe der Leistungsmedaille der Grenztruppen anbot, falls ich im Leben nochmals im militärischen Bereich in eine missliche Situation käme, er bereit wäre, mir zu helfen. So sagte ich nun zu den zwei Offizieren des Wehrkreiskommandos, dass ich mich an General Baumgarten, der inzwischen zum Chef der GT aufgestiegen war, wenden würde, da ihnen jegliche Empathie gegenüber eines ehemaligen Grenzsoldaten fehlen würde. Danach hörte ich nie wieder etwas von der NVA und man ließ mich in Ruhe. Lediglich der Kreistierarzt lud mich erneut vor und bat darum, keine christliche Propaganda in den landwirtschaftlichen Betrieben zu verbreiten.

Während ich diese Zeilen schreibe, im Jahr 2021, überträgt die ARD einen großen Zapfenstreich zu Ehren der gefallenen Bundeswehrsoldaten in Afghanistan. Ich erinnere mich daran, wie wir zitterten, als die Rote Armee dort einmarschierte und wir als Bündnispartner des Warschauer Vertrages damit rechnen mussten, in diesen Konflikt hineingezogen zu werden. Beim Einmarsch der Bundeswehr war mir klar, dass wieder einmal der kleine Soldat aus dem Volk sein Leben geben muss, während die, welche den Einmarsch beschlossen haben, in weichen Sesseln sitzen. Am Ende werden diese Soldaten teilweise noch verurteilt, obwohl kein Richter je eine Nachtschicht an der Front, wie auch wir an der Grenze, um sein Leben hätte bangen müssen.

Kirchenbau

Da ich mich über die Aussage des Großvaters meiner Frau ärgerte, der, wie bereits erwähnt, sagte: „In dem Ort gibt es ja noch nicht mal eine Kirche.“, beschlossen meine Frau und ich, die Kirche in meinem Heimatort wiederaufzubauen. Unser evangelischer Pfarrer meinte in völliger Unkenntnis, was bauliche Dinge anging, vielleicht könne man ein „LPG-Dach“ auf der Kirchruine anbringen. Er meinte damit eine Art Dachbinder, welche zu DDR-Zeiten über Ställen und Scheunen angebracht wurden.

Völlig außer Acht ließen wir vorerst die förmlichen Dinge. Da ich zwischenzeitlich öfters vom Kreistierarzt hinsichtlich meines christlichen Engagements und der Verweigerung der Waffe angesprochen wurde, überlegte ich, wie man diese Problematik entschärfen konnte. Außerdem empfand ich es als Unrecht, dass meine Frau trotz eines sehr guten Abiturs vorerst nicht auf die Uni durfte, weil ihr ein Widerspruch zwischen elterlicher und sozialistischer Erziehung vorgeworfen wurde. Mein Schwiegervater meinte deshalb, es wäre besser, wenn ich der CDU der DDR beitreten würde. Er war bereits Mitglied. Da ich nicht wollte, dass meine Kinder später wieder benachteiligt werden würden, ging ich diesen Schritt. Die Ost-CDU war eine Partei des sogenannten demokratischen Blocks, genau wie die SED. Sie hatte auch den Sozialismus auf ihren Fahnen und in ihrem Programm stehen, allerdings war sie die einzige Partei, die von einem christlichen Weltbild ausging.

Nun war es in der DDR nicht erlaubt, so einfach eine Kirche zu bauen. Besser gesagt, das ging offiziell überhaupt nicht, da die Staatsreligion der Atheismus war. Der Vorteil in unserem Dorf war, dass fernab von Berlin die Uhren anders tickten. Da ich über die CDU in den Gemeinderat kam und zugleich Gemeindekirchenratsvorsitzender der evangelischen Kirchgemeinde war, wurde ich von einem im Ort lebenden SED-Mann hinsichtlich des noch der Kirchgemeinde gehörenden Friedhofs und der verfallenen Kirchruine angesprochen. Es sei unverantwortlich, dass dort Kinder spielen würden. Die herabfallenden Steine dieser Ruine seien eine Gefahr für deren Leben. Er meinte, die Ruine müsse sofort abgerissen werden. Ich freute mich über diese Äußerung des Kommunisten, da es für mich eine Art „Nötigung" zum Aufbau des Gotteshauses war. Bei der Gemeinde stellte ich einen Antrag zur Sicherung und Rekonstruktion der Kirche. Unser Bürgermeister war zwar in der SED, wie mein Vater auch, aber er war in Ordnung und meldete nichts in die Kreisstadt zum Rat des Kreises.

Also begannen wir, nur mit einer Skizze und ohne Baugenehmigung, die Kirchruine wieder aufzubauen. Unsere oberste Instanz war Gott. Als Erstes fragten wir immer, was ist Gottes Wille, und dann legten wir los. Im Wald schlugen wir Stangen, die wir mit der Handsäge und dem Beil bearbeiteten, um ein Gerüst zu bauen. Das ganze Dorf beteiligte sich, nachdem wir gefragt hatten, ob sie bereit wären, beim Kirchenbau zu helfen. Die Leute waren anfänglich skeptisch, aber nach und nach identifizierten sie sich mit dem Kirchenbau, und es entstand eine richtige Gemeinschaft. Seitens der evangelischen Kirche in Thüringen hatten wir einen Baupfleger, der uns beratend zur Seite stand. Geld spielte zu keiner Zeit eine Rolle, denn fast alle Helfer arbeiteten ohne oder fast ohne Lohn. So bauten wir die Kirche bis zur Wende im Rohbau für etwa 8.000 DDR-Mark auf. Das wäre in der heutigen Zeit undenkbar.

Wenn etwas nicht klappte, beteten wir darum, und dann ging es immer wieder weiter. Natürlich gab es auch Rückschläge. Man wollte uns das Gerüst nicht abnehmen bzw. jemand sagte, dass er das Gerüst zerschlagen würde, aber unser Herr Jesus Christus hielt seine schützenden Hände über uns. Vom Staat gab es keinerlei Repressalien, da offiziell niemand davon Kenntnis hatte. Wenn wir Angst hinsichtlich irgendwelcher Genehmigungen hatten, fragten wir unseren Pfarrer, der immer noch der Meinung war, dass er in seinem Herzen katholisch sei. Wenn er sagte: „Ich bin der Meinung, dass alles, was ihr tut, vom Herrn gesegnet ist", dann machten wir einfach weiter.
In der evangelischen Kirche Thüringens waren wir so etwas wie das Wunder des Nordens, denn hier, wo das politisch „rote Mansfeld" nicht weit war, wo Thomas Müntzer und Martin Luther gewirkt hatten, war das christliche Leben weitestgehend zurückgedrängt worden. Dass nun hier eine Kirche gebaut wurde – ohne dass jemand sie brauchte – war einfach nicht zu begreifen.

Gott beruft und kann auf krummen Linien gerade schreiben

Man bekam keinen Orden in der DDR, wenn man eine Kirche baute, im Gegenteil, man musste mit Reaktionen der Staatsmacht rechnen. Dies war aber in unserem Fall nicht so. Immer mehr Menschen fühlten sich mit *ihrer* Kirche verbunden.
Josef Kühnl, der Katholik in unserer Gemeinschaft, baute fleißig mit und lebte bescheiden seinen Glauben vor. Eines Tages, an einem Sonntag, bat er mich darum, da er kein Auto hatte, ihn in die Stadt zu fahren, damit er eine Hl. Messe besuchen könne. Ich hatte mich noch nie mit dem Katholizismus beschäftigt. Ich wusste nicht, was eine Heilige Messe in Wirklichkeit war. Also fuhr ich mit ihm in eine – seine – katholische Kirche und feierte mit ihm die Hl. Messe mit (manchmal besuchte er auch einen evangelischen Gottesdienst bei uns im Ort). Es war für mich sehr langweilig und zugleich stressig, da man ständig aufstehen musste. Die Predigt sprach mich nicht sonderlich an, sondern verführte mich

eher zum Schlafen. Ich fand das alles nicht attraktiv und dachte mir, für junge Leute ist das nichts. Nun knieten sich die Besucher dieser Messe auch noch hin – und das verstand ich gar nicht. Von einer Realpräsenz hatte ich noch nie etwas gehört und konnte auch nicht so empfinden, als wäre Jesus direkt in dieser Messe anwesend, denn ich spürte mental nichts. Ich war der Meinung, dass man sich dort gegenseitig etwas vormacht und aus Tradition den Realitäten verschließt.

Zwei Sachen haben mich dann doch beeindruckt. Zum Ersten sprachen die Anwesenden kurz vor der Kommunion: *„Herr ich bin nicht würdig, dass du eingehst unter mein Dach, aber sprich nur ein Wort, dann wird meine Seele gesund."* Dieses Gebet zeigte sofort Wirkung in mir, und ich dachte über meine Sünden sowie über das Erlebte an der Grenze nach. Das würde bedeuten, wenn Jesus ein Wort spricht, dann kann auch ich frei sein, selbst wenn die Welt mich verurteilen würde.

Das Zweite war der Kopf der Schlange, den die Marienstatue unter ihren Füßen zu zertreten schien, welche ich in dieser kleinen katholischen Kirche sah. Ich war kein Freund der Marienverehrung, da ich der Meinung war, dass nur Jesus, Gottes Sohn, angebetet werden dürfe. Maria war ein Mensch – Marienverehrung für mich fast Gotteslästerung, denn einen Menschen oder Heiligen anzubeten, hielt ich für falsch. Diese Schlange jedoch, die von Maria getötet wurde und sinnbildlich für die Zerstörung der Sünde stand, beeindruckte mich doch. Auf der Rückfahrt erklärte mir Josef, dass er Maria und die Heiligen nicht anbetet, sondern sie um Fürbitte bei Gott anruft.

Ich muss dazu ergänzen, dass ich bereits zuvor einmal über eine Marienerscheinung in Turzovka (Slowakei) ein Buch, das über die Grenze geschmuggelt worden war, in die Hände bekommen hatte. Was dort beschrieben stand, konnte ich nicht glauben. Obwohl es vom Staat nicht gern gesehen wurde (schon gar nicht vom tschechoslowakischen Staat), fuhr ich mit Josef, einem weiteren evangelischen Christen aus unserem Ort sowie meinem nicht allzu gläubigen Studienkameraden, der zu dieser Zeit in Scheidung lag und nervlich fertig war, nach Turzovka, um die

Aussagen des Buches zu überprüfen. Da wir mit zwei Trabants fuhren und es geschätzt 1.000 km waren, übernachteten wir an einem Bach und setzten am nächsten Tag unsere Reise fort. Als wir dort ankamen, sahen wir in der Dämmerung Menschen aus dem Wald kommen. An angebrannten Bäumen fanden wir Bilder von Jesus und Maria, so dass wir den langen Weg durch den Wald nicht verfehlen konnten. Hier hatte die tschechische Staatssicherheit die errichteten Altäre und Bildnisse am Ort der Marienerscheinung immer wieder angebrannt, um sie nicht zu einer Pilgerstätte werden zu lassen.
Wir waren beeindruckt von den vielen Menschen, die dort an einer Quelle anstanden und singend warteten, bis auch sie sich Wasser von diesem Ort mitnehmen konnten. Alles, was in diesem Buch stand, stimmte also. Es war glaubwürdig – und mein Studienkollege stand vor dem Erscheinungsort und betete. Seine Ehe wurde trotzdem geschieden. Er hatte, wie in der DDR üblich, nur standesamtlich geheiratet. Später hatte er eine neue Beziehung und heiratete erneut. Seine erste Tochter nannte er Maria.
Ich bekam mehr und mehr Sympathie für katholische Kirche, konnte mir aber nicht vorstellen, jemals zu konvertieren. Da gab es noch zu viele Hindernisse, wie der Zölibat und die Heiligen.

Protestanten oder Protestierer

Trotz meiner Erlebnisse mit der katholischen Kirche verstand ich sehr wenig und muss zugeben, dass ich mich auch wenig dafür interessiert habe. Ich ging davon aus, dass man in jeder christlichen Glaubensgemeinschaft Gott näherkommen kann. Tradition war dabei sekundär für mich. In der DDR war es ohnehin egal, ob man katholisch oder evangelisch war, weil der Staat den Atheismus als „Staatsreligion" ausgerufen hatte. Trotz allem hatte ich noch immer mit den Erinnerungen an der Grenze zu kämpfen.
An einem Heiligabend, Anfang der achtziger Jahre, waren wir bei meinen Schwiegereltern in der Nähe von Dresden zu Gast. Aus irgendeinem Grund besuchten wir die katholische Hofkirche, in der das Krippenspiel aufgeführt wurde. Es war alles sehr feier-

lich, und mich beeindruckte, dass am Ende des Gottesdienstes viele der Gläubigen in die dort aufgestellten Beichtstühle gingen. Von unserer evangelischen Kirche kannte ich das nicht. Also fragte ich unseren Pfarrer, ob es denn in der evangelischen Kirche auch so etwas gab. Er bejahte es, aber eindeutig war die Antwort nicht.
Trotz meiner nicht gerade positiven Erfahrung mit einem evangelischen Pfarrer an der Grenze beschloss ich, meine Grenzgeschichte zu beichten. Dies tat ich dann bei zwei Pfarrern, die sich nicht kannten, an verschiedenen Orten, obwohl das ein Risiko für mich war, da ich damit rechnen musste, dass der Geheimdienst auch in der evangelischen Kirche wirkte. Es gab keine andere Möglichkeit, meine Sünden vor Gott zu bringen und Seelenfrieden zu finden. Heute würde ich sagen, eine richtige Beichte war das nicht. Ich hatte den Pfarrern zwar *alles* gesagt, aber eine richtige Befreiung empfand ich nicht. Ich dachte an die Beichtstühle in der Hofkirche in Dresden und auch daran, dass diese Kirche „gegen den Strom" damals im protestantischen Sachsen auch in Abweichung der traditionellen Ostung von Kirchen gebaut wurde.
Die Heiligkeit fehlte mir in der evangelischen Kirche mehr und mehr. Unser alter Pfarrer war ein gläubiger Mann und hatte unter den Kommunisten zu leiden. Trotzdem kam er bei Wind und Wetter mit seiner Frau zum Gottesdienst, auch wenn nur wenige Besucher anwesend waren.
In unseren Dörfern merkten wir bislang wenig vom Wandel in der evangelischen Kirche bis zur Wendezeit, aber in den Städten war diese Kirche dabei, sich in politische Dinge allzu sehr einzumischen. Sicher waren dort viele Menschen, die vom Staat ungerecht behandelt wurden, aber es gab auch einige, die diese Organisation missbrauchten, um ihre materiellen Bedürfnisse zu befriedigen. Der Mensch braucht aber gerade in der Bedrängnis einen Ort, wo nur Gott regiert, wo niemand, ob total links oder total rechts, ausgeschlossen wird. Einen heiligen Ort – wo *nur* Gottes Wort die Oberhand hat. Keine Politik, die sich ohnehin alle Jahrzehnte völlig ändert. Wir bauten Gemeinde und eine

Kirche. Hier war jeder willkommen. Niemand, aber auch niemand wurde ausgeschlossen – und die Gemeinde wuchs bis zur politischen Wende.
Aus der protestantischen Kirche wurde eine protestierende Kirche. Dies wurde mir besonders bewusst, als ich nach der Wende in die Synode gewählt wurde. Es hat mich kaum etwas in meinem Leben so enttäuscht, wie die Zeit in der evangelischen Landessynode. Ich hatte gedacht, dort einen Raum zu finden, der für Heiligkeit, Neutralität, Verständnis, Glaube, Vergebung und Frieden steht. Stattdessen hatten einige Vertreter dieser Institution Rache und Vergeltung im Sinn. Zunächst war ich sehr enttäuscht darüber, dass nun die Synode nicht mehr, wie zu DDR-Zeiten, unter Ausschluss der Medien tagte. Einige wollten die Öffentlichkeit, um sich zu präsentieren – nicht, um Gott in den Vordergrund zu stellen.
Es hat nichts gebracht. Tausende, wenn nicht Millionen, sind aus der evangelischen Kirche auch durch das Engagement von ev. Pfarrern in der Politik und der Öffentlichkeit ausgetreten. Ich erinnere mich an den Suizid eines Bundestagsabgeordneten der PDS, der sich aus Angst vor der Vorverurteilung das Leben nahm. In den endlos scheinenden Debatten in der Synode ging es um Stasi-Aufarbeitung, Unrecht an der Grenze usw., ohne dass jemand dort auch nur *eine* Schicht erlebt hatte.
Vielleicht tue ich meinen evangelischen Geschwistern Unrecht, aber es waren meine Empfindungen zu dieser Zeit. Es gab allerdings dort auch sehr viele gläubige Christen, die sich nicht als Stasi-Aufarbeiter oder DDR-Unrechtsanalysten engagierten.
Ich erinnerte mich an unsere Gebetsgemeinschaften zu DDR-Zeiten, als wir für die Grenzer, SED- und auch Stasi-Leute beteten, dass sie zum Glauben kommen. Ich habe erlebt, dass zu dieser Zeit die Kinder von großen SED- und FDJ-Leuten zu unseren Gebetsgemeinschaften kamen. Dass Gebete erhört wurden, da sie aufrichtig waren. Wir wussten, dass Gott stärker ist als diese politischen Systeme in Ost und West und dass wir, wenn wir uns auf den Herrn verlassen, keine Angst haben müssen. Ich wollte auf jeden Fall *Gott dienen* und nicht protestieren.

Die Wende

Als die D-Mark auf dem Gebiet der DDR eingeführt wurde, kam es zu einer Austrittswelle aus der evangelisch-lutherischen Kirche in unserem Gebiet. Bis zu dieser Zeit hatte man auch als Nichtkirchgänger noch immer Sympathie mit der Kirche, da die Kirchensteuer von der Kirche selbst kassiert wurde und nur sehr gering war. Die Kirchensteuer war eine Art Beitrag der Kirchenmitglieder auf der Basis freiwilliger Zahlungen. Man konnte, aber musste keine Kirchsteuern bezahlen. Einen Rechtsanspruch der Kirchen dafür gab es nicht. Deshalb wurden zumeist kleine Beträge freiwillig gezahlt. Nach der Wende gab es einen Rechtsanspruch der Kirchen, von ihren Mitgliedern Steuern einzufordern. Das veranlasste viele Kirchenmitglieder zum Austritt. Von 1990 bis zum Jahr 2007 hatte sich die Zahl der evangelischen Christen in Thüringen quasi halbiert. Beim Geld hörte dann auch die Freundschaft auf. Man wollte nicht, dass der Staat auch noch die Kirchensteuer zwangsweise einziehen konnte. Man redete sich ein, dass man seinen Glauben auch ohne diese Kirche haben kann, und somit gab es Massenaustritte.
Der Bau unserer Kirche, der bis zur Wende von den Einwohnern des Ortes fast ohne Geld gemeinsam durchgeführt wurde, musste nun mit D-Mark bezahlt werden. Zum Glück war der Rohbau fast fertig, nur die Dachziegel mussten noch aufgelegt und etwas am Innenausbau gearbeitet werden.
Die sogenannte freie Welt kam auf uns zu, und wir freuten uns über die neu gewonnenen Freiheiten. Aber auch der Satan machte sich breit, und durch ungeklärte Vermögensverhältnisse, Stasi-Aufarbeitung und Arbeitsplatzverlust aufgrund der Deindustriealisierung wurde Misstrauen und Streit produziert.
Als Erstes kamen, wie eine Flutwelle, alle gescheiterten Existenzen aus Westdeutschland bei uns an. Ich erinnere mich, dass man einer 96-jährigen Frau eine Sexzeitschrift als Abo andrehte. Dies wäre in der DDR undenkbar gewesen, da Polizei und Staatssicherheit so etwas sofort unterbunden hätten. Hinzu kam das naive Vertrauen der ehemaligen DDR-Bürger, die vom West-

fernsehen dieses System zu kennen glaubten und hinter solchen Aktionen nichts Böses vermuteten – es waren ja unsere Brüder und Schwestern aus dem Westen. Pornographie oder Bordelle gab es in der DDR nicht, auch wenn in manchen Medien dies anders dargestellt wird. Ich persönlich habe auf jeden Fall nie so etwas gesehen. Dies wurde nun auch zugelassen. Die juvenilen DDR-Bürger wurden ihren Trieben überlassen, die nun ausgelebt werden durften. Mehrere Bekannte erzählten mir, dass ihr erster Weg im Westen mit der Aufsuchung der Hamburger Reeperbahn in Verbindung stand. Für Gott blieb da wenig oder keine Zeit mehr, und die Maurer meiner Kirche bekamen nun Angebote aus dem Westen, um dort für Westgeld (D-Mark) zu arbeiten.

Mein erster Weg ging an die Grenze, gemeinsam mit einem Ehemaligen, der mit mir gemeinsam dort gedient hatte. Wir hatten gedacht, dass wir diese Grenze nie wiedersehen würden, da man als früherer Grenzer keine Einreise in den Schutzstreifen mehr bekam. Ich war erschrocken über den Ausbau der Sperranlagen, der massiv vorangetrieben worden war. Hundetrassen und doppelte Zäune an Stellen, wo dies eigentlich aufgrund der Grenznähe früher nie möglich erschien.

Als wir in Großburschla ankamen, hatte man die Brücke über die Werra geöffnet. Wir gingen zum Bahnhof von Großburschla, der bereits im Westen lag, dabei wurden wir an einem provisorischen Grenzübergang kontrolliert. Es war über vierzehn Jahre her, als ich auf DDR-Gebiet vor diesen Häusern, die unerreichbar für mich waren, saß. Direkt vor uns war eine Gaststätte – das Gasthaus zum Werratal. Ein Reklameschild, auf dem zu lesen war „Binding Bier“ und „Langnese Eiscreme“, hatte ich noch in Erinnerung. Es waren nur wenige Meter bis zu diesen Häusern, aber es war damals unmöglich, dort hinzukommen. Nun konnte ich das erste Mal in diese Gaststätte gehen. Es war ein schönes, aber zugleich komisches Gefühl, diese Grenze, an der ich gelitten und gefroren hatte und an der ich hätte sterben können, unbehelligt zu passieren.

In diesen Tagen gab es eine Euphorie, wie ich sie noch nie erlebt hatte. Die Deutsche Einheit war Realität geworden, und ich

freute mich von Herzen darüber. An jedem zweiten Trabant hatte man einen Aufkleber angebracht „Tchibo – Frische Bohne". Eine günstigere Reklame konnte diese Firma nicht finden. In der Landwirtschaft holte man mit kleinen Viehtransportern eine Kuh nach der anderen aus den Ställen. Teilweise wurden die Tiere für 100 DM verkauft. Schrotthändler verkauften eigentlich unverkäufliche Autos in Massen an die Ossis.
Während unsere Bürger alte Autos und Bananen kauften, sicherten sich westliche Konzerne die Schürfrechte an den Bodenschätzen der DDR. Konkurrenten aus dem Osten, die eigentlich lebensfähig waren, wurden ausgeschaltet. Natürlich war die Wirtschaft in der DDR ziemlich heruntergewirtschaftet. Das kommunistische System war am Ende, und die Bevölkerung wollte verständlicherweise frei reisen. Alles musste nachgeholt werden, was man Jahre zuvor vermisst hatte. Der Atheismus, als Staatsreligion der DDR, wurde vom Materialismus und Konsum abgelöst. Wobei der staatlich verordnete Atheismus in der DDR nach meiner Auffassung weniger Menschen von Gott entfernt hatte wie diese neue „Religion der Konsumgesellschaft". Andere Probleme, wie Arbeitslosigkeit oder das Auseinanderreißen von Familien durch die Deindustrielalisierung, kamen auf die Ostbevölkerung zu.
Ein weiteres Wende-Erlebnis möchte ich hier kurz schildern. Ich hatte vollauf damit zu tun, mich auf die neue Situation, die hinsichtlich meiner beruflichen Perspektiven zu erwarten war, zu konzentrieren. Täglich waren Berichte in den Zeitungen zu lesen, dass Betriebe geschlossen werden, da sie nicht marktwirtschaftlich arbeiten würden. Die Arbeitslosigkeit in unserer Gegend war mit fast 30 % sehr hoch. Also gründete ich eine Firma, die von Anfang an gut lief. In den Lokalzeitungen wurden zumeist westdeutsche Berater benannt, die sich in unserer Gegend festsetzten. So kam auch ein Berater, der oft für Schlagzeilen in der Lokalpresse gesorgt hatte, in unsere Gegend. Er genoss ein hohes Ansehen bei unseren Bürgern, da er die Lokalpolitiker in wirtschaftlichen und politischen Dingen beriet. Man munkelte, dass er eine ganze Etage eines Wohnblocks in der Stadt angemietet hätte, um sein Beratungsgeschäft würdig betreiben zu können.

Zu dieser Zeit entstanden in den hiesigen Dörfern überall kleine Lebensmittelgeschäfte, Imbissbuden und kleine Flaschenbierhandlungen, da die westlichen Brauereien versuchten, hier Fuß zu fassen. Eine solche kleine Flaschenbierhandlung gab es nun auch in unserer Gemeinde. Hier traf man sich am Abend und trank das „schöne West-Bier". Mein Freund und späterer Mitarbeiter fand sich dort gleichfalls ab und an ein. Er berichtete mir dann oft über die Dorfneuheiten, die er in der Flaschenbierhandlung erfahren hatte.
Dieser Berater, ich nenne ihn hier Achim (Name geändert), beriet nun alles, was Beratungsbedarf hatte. Er war beispielsweise zu Konferenzen bei der Landrätin und auch bei unserem neuen Bürgermeister. In der Zeitung hatte ich schon einiges über Achim gelesen, aber nun bekam ich erstmals auch direkten Kontakt zu diesem hohen Herren aus dem Westen, der die Arbeitslosigkeit in der Gegend in den Griff bekommen wollte. Auch aus unserer Gemeinde wollte er einen boomenden Ort machen.
Bei meinem ersten Kontakt mit ihm in meinem Büro hatte ich sofort ein mulmiges Gefühl. Er hatte mitbekommen, dass meine Firma gut lief, und deshalb hofierte er mich von Anfang an. Einen guten Berater hatte ich mir anders vorgestellt. Aber unser Bürgermeister und viele Menschen aus unserem Ort hielten große Stücke auf ihn, so dass sie meine Bedenken nicht ernst nahmen. Da ich mit einigen Genehmigungsverfahren hinsichtlich einer Baumaßnahme meine Probleme hatte, kam es mir gelegen, dass er mich kurz nach dem ersten Besuch mit unserem Bürgermeister nun wieder allein aufsuchte. Sofort beim zweiten Gespräch bot er mir das Du an. Ich fragte ihn, ob er nicht beim Landratsamt hinsichtlich meines Genehmigungsverfahrens nachfragen könne, da dies für den Aufbau meiner Firma wichtig war. Er meinte, dass er jetzt unsere Leute stark machen würde und mir natürlich dabei helfen könnte, diese Genehmigung zu erhalten. Je öfter er zu mir kam, desto mehr merkte ich, dass Achim nach meiner Auffassung kein richtiger Berater war.
Zur politischen Wende 1989 bekam jeder DDR-Bürger 100 D-Mark Begrüßungsgeld von der Bundesrepublik in bar auf die Hand. Auch meine Frau und ich hatten uns dieses Geld abgeholt.

Ich hatte dabei aber ein schlechtes Gewissen, da ich mir einfach nicht vorstellen konnte, dass man, ohne eine Leistung dafür zu erbringen, so viel „Westgeld“ erhalten würde. Nun lief meine Firma schon sehr gut und ich hatte auch schon relativ viel Geld verdient, so dass ich dieses Geld gern zurückgezahlt hätte, aber ich wusste nicht, wem ich das Geld geben sollte.
Zurück zu Achim, dem West-Berater. Er tauchte wieder in meinem Büro auf. Als meine Frau und ein Mitarbeiter gegangen waren, bat er um ein vertrauliches Gespräch mit mir.
Achim sagte: „Kannst du mir kurz mal 30.000 D-Mark leihen? Ich hatte einige Verluste bei meinen Geschäften.“ Ich verstand die Welt nicht mehr. Der angeblich vom Westen gesandte „Retter“ und von der Lokalpresse hofierte Wirtschaftsexperte war selbst pleite. Als ich das verneinte, bat er darum, ihm wenigstens etwas Geld zu geben, da er völlig blank sei. Er würde mir sein Jagdgewehr als Pfand überlassen. Das lehnte ich entschieden ab, da ich keinen Jagdschein besaß. Außerdem hatte ich mir als ehemaliger Grenzer ohnehin geschworen, nie wieder eine Waffe in die Hand zu nehmen. Ich sah es aber als eine willkommene Möglichkeit an, unser Begrüßungsgeld, also zweihundert Mark, an den „Westen“ in bar zurückzuzahlen. So gab ich Achim diese 200 D-Mark, die ich nach diesem Gespräch ohnehin abgeschrieben hatte. Freudestrahlend verließ der Top-Westmanager mein Büro, um seinen Geschäften nachzugehen.
Am nächsten Morgen erzählte mir mein Mitarbeiter, dass Achim mit dem Bürgermeister in der Flaschenbierhandlung im Ort aufgetaucht war. Er war beeindruckt von der Leistung dieses volksnahen Beraters, der echt was drauf hätte. Aus seiner Brieftasche hätten nur Hundertmarkscheine herausgeleuchtet, mit denen er dann auch bezahlt hätte. Ich äußerte mich nicht dazu, zog aber meine Schlüsse aus der Aktion. Ich konnte nur nicht verstehen, wie sich einige Kommunalpolitiker und Journalisten so bluffen lassen konnten.
Für mich war das Thema „Achim, der West-Berater“ damit abgeschlossen, obwohl er noch einige Zeit hier sein Unwesen trieb. Nach mehreren Jahren hörte ich, dass er angeblich im Westen noch eine Haftstrafe abzusitzen hatte. Wir sahen ihn nie wieder.

Folgen der Wende

Die Freude über die deutsche Wiedervereinigung überwog bei mir trotzdem. Als Mitglied der Ost-CDU, die in der DDR nicht viel zu sagen hatte, nahm ich in Berlin im Dezember 1989 an einem Parteitag teil, bei dem Gerald Götting als Vorsitzender dieser Blockpartei von Lothar de Maizière abgelöst wurde. Ich wunderte mich nur, wie schnell diese Partei plötzlich zu einem Machtfaktor wurde. Als ich in den 1990er Jahren eine der CDU-Parteiversammlungen besuchte, war ich erstaunt darüber, wie viele SED-Genossen plötzlich ihre Gesinnung geändert hatten und in dieser Partei gelandet waren.

Der Dichter Heinrich Heine schrieb einst: „Die über Nacht sich umgestellt, die sich zu jedem Staat bekennen, das sind die Praktiker der Welt, man könnte sie auch Lumpen nennen." Nun erlebte ich dies live mit.

Als unsere Verwandten aus Dresden einst erzählten, dass sich nach 1945 viele alte Nazis sofort als Verfechter des Kommunismus hinstellten, schien es nun Parallelen zu dieser Zeit zu geben. Nun waren alle lupenreine Demokraten. Jeder, der etwas Kritisches äußerte, wurde ermahnt, er wäre doch kein richtiger Demokrat. Ich erkannte, dass jedes System seine Grenzen hat – auch das demokratische System der sozialen Marktwirtschaft. Eines hatte ich aber an der Grenze gelernt – Gott bleibt immer der Gleiche. Er passt sich nicht an, sondern seine Liebe ist größer als alle Vernunft.

Nun kam es auch so, dass meine geliebte Staatliche tierärztliche Gemeinschaftspraxis schließen musste, da man im Westen keine „Staatspraxen" in dieser Form kannte. Rette sich, wer kann, war das Gebot der Stunde. Die Ställe der LPG waren innerhalb von ein, zwei Jahren von Spekulanten und kleinen Geschäftemachern leergeräumt, so dass unsere Arbeitsgrundlage ohnehin wegfiel. Eine Tierarztpraxis für landwirtschaftliche Nutztiere wurde in dieser Form nicht mehr gebraucht, da die Nutztiere fehlten. Im Gegensatz zu heute hatten Kleintiere wie Hund und Katze auf einem Dorf quasi keinen Wert. Ein Welpe kostete damals 5 DM, eine kleine Katze bekam man in der Regel geschenkt.

Was sollte nun werden? Meine Frau hatte Abitur mit sehr gut gemacht und danach wie ich Veterinäringenieur studiert. Hier muss man ausführlicher werden, um falschen Darstellungen in der Geschichte nicht auf den Leim zu gehen. Die DDR wollte nach und nach die klassenlose Gesellschaft errichten. Darum sollten die alten Strukturen, auch die, die den Stand der Tierärzte betrafen, nach und nach beseitigt werden. Außerdem hatte man mit Einführung der industriemäßigen Produktion in der Landwirtschaft enorm mit Tierverlusten zu kämpfen. Es entstanden Ställe, deren Dimensionen früher nicht vorstellbar waren. Folglich kam es zu sehr, sehr hohen Tierverlusten.
Die Tierarztkosten konnten nicht mehr kompensiert werden, so dass man einen Ausweg darin sah, den Veterinäringenieur als eine Art „Tierarzt light" zu etablieren. Hierzu wurden die Fakultäten Veterinärmedizin an den zwei Universitäten Berlin und Leipzig geschlossen und in die Sektion Tierproduktion und Veterinärmedizin überführt. „Einem Briefwechsel des damaligen Landwirtschaftsministers der DDR, Georg Ewald, an das Zentralkomitee der SED vom Januar 1970 war u. a. der Vorschlag zu entnehmen, *„an der Sektion Tierproduktion und Veterinärmedizin an der Humboldtuniversität die Immatrikulationen ab 1971 ... zu senken und im Jahre 1974 völlig einzustellen"*. Gleichfalls gab es auch zu jener Zeit Veränderungen hinsichtlich der tierärztlichen Tätigkeiten. Private Niederlassungen von Tierärzten wurden nicht mehr zugelassen." (Quelle: Wikipedia)
Es wurden nur noch sehr wenige Tierärzte ausgebildet, und der Veterinäringenieur sollte diese Lücke füllen. Die Tierärzte waren zu dieser Zeit in erster Linie für Verwaltungstätigkeiten vorgesehen. Der Veterinäringenieur führte quasi sämtliche tierärztlichen Tätigkeiten – vom Kaiserschnitt bis zur Blutprobe – selbständig aus.
Die meisten noch älteren Tierärzte in meiner Praxis waren SED-Mitglieder. Mit der Wende verließen sie nach meinem Wissen allesamt diese Partei. Die „Alt-Tierärzte" hatten nun sofort mit der Wiedervereinigung ihre Standesvertretung in der Alt-BRD, während die Veterinäringenieure dort niemand kannte.

Außerdem setzten sich diese Tierärzte dafür ein, dass der Veterinäringenieur keine Approbation – also keine Zulassung zur Ausübung des tierärztlichen Berufes – bekam, da diese selbst die Restpraxen mit den ohnehin reduzierten Tierbeständen übernehmen wollten.
Alle anderen Berufe mit einem Ingenieurabschluss, zum Beispiel Bauingenieur, Elektroingenieur usw., konnten sich selbständig machen und weiter in der Marktwirtschaft arbeiten. Obwohl das Grundstudium Mathe, Physik usw. zu 100 % gleich war, wurde dem Veterinäringenieur übel mitgespielt. Er konnte sich nicht im marktwirtschaftlichen Sinn selbständig machen.
Während den Absolventen der Ingenieurschule für Veterinärmedizin Rostock die Gleichwertigkeit im Fach Veterinärmedizin mit dem akademischen Grad Dipl.-Ing. (FH) in der Fachrichtung Veterinärmedizin vom Land Mecklenburg-Vorpommern anerkannt wurde, wurde den Absolventen der Ingenieurschule für Veterinärmedizin Beichlingen bei Weimar lediglich 1994 der Abschluss von Vorläuferinstitutionen der Fachhochschulen der alten BRD anerkannt. Erst 1997 wurde durch ein Zusatzsemester mit Abschlussprüfung an der Hochschule Anhalt, Bernburg in Sachsen-Anhalt der akademische Grad eines Dipl.-Ing. (FH) anerkannt. Dies berechtigte jedoch noch immer nicht zur Approbation. Im Gegenteil, man hatte den Eindruck, dass sich alte Seilschaften auch in den Kammern fanden und mit zweifelhaften Gutachten eine Approbation verhinderten. Da der Veterinäringenieur juristisch ein absoluter Laie und es auch immer eine Sache der Ehre war, dass man nicht vor Gericht ging, hatten wir verloren.
So kam es, dass manche Absolventen der Einrichtungen in Rostock und Beichlingen bessere Abiturnoten hatten als Absolventen der Universitäten in Berlin und Leipzig, und diese dann trotzdem nicht mehr in ihrem angestammten Beruf arbeiten durften.
Da wir drei kleine Kinder hatten und hinsichtlich des Alters kein Direktstudium mehr absolvieren konnten, war unser Schicksal diesbezüglich entschieden. Erst nachdem unsere Kinder er-

wachsen waren, machten wir an der Uni noch unseren Master in Medizinethik für den Bereich der Humanmedizin. Zur Eröffnung einer Tierarztpraxis wäre es ohnehin zu spät gewesen, da dieser Markt bereits aufgeteilt war.
Außerdem veränderte sich unsere Lebensplanung völlig. Versicherungen, Krankenkasse, Steuern und Abgaben – alles änderte sich von heute auf morgen. Die Meinungsbildung wurde von nun an nicht mehr von der SED vorgegeben, sondern von den Medien gezielt gesteuert. Die Meinungsfreiheit wurde zwar propagiert, aber was gut und böse war, bestimmten die Medien, und der sogenannte Mainstream wurde gezielt gelenkt. Diejenigen, denen die Medien gehörten, hatten nun alle Macht. Alles änderte sich, nur Gott blieb, was er war. Gott sei Dank!
Bei der Verdrängung aus dem Beruf ärgerte ich mich weniger um meinetwillen, sondern besonders ging es mir um meine Frau, die ein sehr gutes Abi gemacht hatte. Da sie sich geweigert hatte, an der Jugendweihe teilzunehmen, wurde ihr die Uni zu DDR-Zeiten verwehrt. Dann waren quasi von ihren Schulnoten her schlechtere Schüler als Tierärzte ihre Vorgesetzten, nur weil sie politisch auf der richtigen Ebene lagen. Das konnte doch nicht sein – ich ärgere mich bis zum heutigen Tag darüber.
Man setzte noch einen drauf, indem dann diese alten Kader die Berufsgruppe der Veterinäringenieure als eine Art Auswuchs des Kommunismus darstellten.
Ich erinnere mich an eine Situation, als ich in der Wendezeit über die Ost-CDU an einer Sitzung an der Ingenieurschule für Veterinärmedizin (ISV) teilnahm. Über Nacht hatte sich unser Professor und Direktor um die Etablierung der Tierärztekammer am Standort der ISV bemüht. Er saß im Präsidium mit einem Professor aus der Alt-BRD, und es wurde kein Wort über die Zukunft der Veterinäringenieure gesprochen. Jeder hatte nur sich im Kopf – und die Rettung seiner persönlichen Situation. Die Berufsgruppe der Veterinäringenieure, die sehr klein war, konnte getrost unter den Tisch fallen, da von ihr keinerlei Gefahr ausging. Man musste nur dafür sorgen, dass diese Leute keine Approbation und somit kein Dispensierrecht bekamen.

Anfang der neunziger Jahre, genauer gesagt 1990, als wir noch in der Staatlich tierärztlichen Gemeinschaftspraxis als Veterinäringenieure arbeiteten, erkannte ich, dass die neuen Machthaber – die Wessis mit ihren mächtigen Tierärzteverbänden – nicht daran interessiert waren, uns Veterinäringenieuren eine Approbation zu erteilen. Im Februar 1990 sprach ich am Rande einer CDU-Landesversammlung mit dem frischgebackenen Landesvorsitzenden der CDU und späteren Ministerpräsidenten von Sachsen-Anhalt, Gert Gies, der auch gleichzeitig Tierarzt war, über dieses Thema. Dem Gespräch konnte ich entnehmen, dass er dafür war, dass wir Veterinäringenieure auch die Möglichkeit bekämen, uns selbständig zu machen. Meine Hoffnung schwand jedoch schnell, als er kurz nach seiner Wahl wegen angeblicher Stasi-Verstrickungen eines Abgeordneten, den er angeblich zum Verzicht auf sein Landtagsmandat gedrängt haben soll, zurücktrat.

Die neue Zeit

Als ehemaliger Grenzer war man wie die Stasi stigmatisiert, auch wenn man sich gegen viele Machenschaften in der DDR gewandt hatte. Das Urteil der Öffentlichkeit stand fest. Man konnte noch so viel Gutes getan haben – moralisch waren die ehemaligen Grenzsoldaten verurteilt. Ich erkannte, egal welches politische System regiert, verlassen konnte man sich nur auf Gott. Also suchte ich Gott weiter in der evangelischen Kirche und anfangs auch noch in der CDU, da ich glaubte, dass die Christlich Demokratische Union irgendwie die Interessen von Jesus Christus vertritt. Zu DDR-Zeiten hatte ich den Eindruck, dass dies, bis auf die Anbiederung an die SED, so war. Aber je länger ich dabei war, desto mehr merkte ich, dass aufgrund des neuen Machtfaktors viele Neumitglieder vom Charakter her zu DDR-Zeiten in der SED gewesen wären.

Unser alter Pfarrer hatte mich nach der Wende gebeten, für die Landessynode zu kandidieren, was ich auch tat. Unsere evangelische Kirchgemeinde war im Wachsen begriffen, und die Anzahl der Gottesdienstbesucher stieg trotz gegenläufiger Tendenz im Land. Dort mehrten sich die Austritte wegen der Kirchensteuer, die nun vom Staat eingezogen wurde. Unsere zu DDR-Zeiten errichtete Kirche wurde kurz nach der Wende 1992 eingeweiht. Sie war 1938 abgebrannt. mein Vater erzählte mir, dass mein Großvater Selmar den Taufstein aus der brennenden Kirche herausgeholt hatte.

Gerüstbau; etwa 1987/1988 Kirche Borxleben

Links der evangelische Pfarrer Keller mit seiner Frau, rechts der Autor; im Hintergrund die als Erstes instandgesetzte Leichenhalle, etwa 1987; Kirche von uns selbst mit Kiefernstangen aus dem Kyffhäuserwald eingerüstet und mit Stricken verbunden

Kirche fast fertig nach 1990

In den siebziger und achtziger Jahren gab es vier bis zehn Gottesdienstbesucher, nach dem Kirchenbau waren es zwanzig bis hundert Teilnehmer bei den Gottesdiensten.

Gottesdienst Heiligabend etwa 1996

Das kirchliche Leben entwickelte sich anfangs recht gut, da unser alter Pfarrer den Glauben bereits zu DDR-Zeiten vorgelebt hatte. Der Sitz des Pfarrers befand sich im Nachbarort. Er erzählte mir, dass er nachts oft allein in seine Kirche am Ort ging. Der Ort selbst war mehr vom Atheismus geprägt und es dominierten dort die Herren der LPG. In die Kirche ging kaum jemand, und er litt sehr darunter, zumal er auch noch angefeindet wurde. Manchmal wurden die Scheiben der alten Kirche eingeworfen, und alles schien hoffnungslos zu sein. In den ersten Jahren seiner Amtszeit in dieser Gemeinde war noch ein katholischer Pfarrer vor Ort. Mit ihm verstand er sich sehr gut, und oft besuchte er am frühen Morgen die Hl. Messe bei diesem Priester. Durch ihn wurde unser Pfarrer geprägt, zumal er seine erste Pfarrstelle in der Thüringer Rhön hatte, die teilweise katholisch war.
Der Priester litt noch mehr als unser evangelischer Pfarrer, da die Anfeindungen ihm gegenüber noch wesentlich stärker waren. Wenn wir früh zur Schule fuhren, sah ich den Priester mit einem Gebetsbuch in der Hand betend durch den Ort laufen. In der Schule wurde er von einigen Lehrern offen lächerlich gemacht – wie der Glaube dort überhaupt lächerlich gemacht wurde, so dass sich im jugendlichen Alter, bedingt auch durch den Gruppenzwang, kaum jemand mit dem Glauben arrangier-

te. Man fürchtete sich mit fünfzehn oder sechzehn Jahren davor, ausgelacht zu werden, wenn man einer solch veralteten, aussterbenden Ideologie anhing. Karl Marx hatte gesagt, Religion sei Opium für das Volk, das im Kapitalismus von der herrschenden Klasse in deren Paradigma gelenkt werden müsse. Die wenigen Jugendlichen, die noch konfirmiert wurden, verließen spätestens nach der Konfirmation die Kirche. All dies bedrückte unseren evangelischen Pfarrer sehr.

Da ich mir als Grenzer vorgenommen hatte, etwas für Gott zu tun, wenn ich unversehrt aus dieser Situation herauskomme, hatten meine Frau und ich nach dem Studium Ende der siebziger Jahre eine Gebetsgemeinschaft in unserem Ort gegründet, an der einige Jugendliche teilnahmen. Diese Gebetsgemeinschaft, die wir in unserem Haus durchführten, leitete unser alter Pfarrer. Die Gemeinschaft war offen für alle christlichen Konfessionen, so dass auch hin und wieder Katholiken daran teilnahmen. Vom Staat wurde das nicht gern gesehen, und wir machten auch nicht öffentlich Reklame dafür. Dennoch war diese Gebetsgemeinschaft die Grundlage für den Glaubensaufschwung in der Umgebung. Es war eine Kraftquelle für uns alle und ganz besonders für unseren Pfarrer.

Wir beteten besonders für unsere Verfolger, nannten dabei konkrete Namen, und es geschahen Wunder, die bis in die heutige Zeit nachwirken. So heiratete die Tochter eines FDJ- und SED-Oberen einen Jungen unserer Gebetsgemeinschaft und wurde gläubig. Ich könnte noch viel mehr aufzählen, es war einfach unglaublich. Die Gemeinschaft wuchs und wurde zur tragenden Säule im Ort.

Nach der politischen Wende wurde unser Pfarrer krank und ging in den Ruhestand. Er bezog mit seiner Frau ein Haus in unserem Nachbarort und beobachtete das Geschehen in seiner alten Gemeinde von dort aus. Die Pfarrstelle war nun einige Jahre vakant, bis Ende der neunziger Jahre ein junger Pfarrer ins Pfarrhaus einzog.

Man brauchte nun keine Angst mehr zu haben, wenn man in die Kirche ging. Nun kamen andere Versuchungen auf die Menschen

zu. In der Landessynode kam das Thema Homosexualität zur Sprache. Zunächst beachtete ich dieses Thema nicht, da ich der Meinung war, dass es eine minimale Randerscheinung in der evangelischen Kirche sei. Als ehemaliger DDR-Grenzer hatten wir mit diesem Thema überhaupt keine Berührungspunkte, da das MfS nur ausgesuchte Leute an die Grenze ließ. Auf den Dörfern in meiner Umgebung gab es diese Lebensform auch nicht, so dass wir der Meinung waren, nie mit so etwas in Berührung zu kommen.
Alles veränderte sich radikal. Versicherungen mussten geändert werden, die Sparbücher wurden teilweise entwertet, da der Umtauschkurs ab einer gewissen Summe (5.000 Mark der DDR) nicht mehr 1:1, sondern 1:2 betrug. Hinzu kam, dass mit der Wende auch „Teppichhändler" und „Pleitegeier" das Gebiet der ehemaligen DDR überschwemmten. Die Veränderungen bzw. die Liberalisierung und damit auch die Aufweichung des Glaubens in der evangelischen Kirche waren dabei nur eine Randerscheinung, die ich kaum wahrnahm.
Viele junge Menschen verließen die umliegenden Dörfer und versuchten aufgrund der Arbeitslosigkeit ihr Glück im Westen oder im Ausland. Das wollte ich mit vierunddreißig Jahren auf keinen Fall, da ich sah, wie einige Familien darunter litten. Teilweise kam es zu Trennungen oder Scheidungen in den Familien, und dieser Gefahr wollte ich meine Kinder nicht aussetzen.
Wie aber sollte es weitergehen, ohne anerkannten Beruf und ohne Perspektive? Sobald ein fähiger Ostdeutscher eine Position in Politik oder Wirtschaft innehatte, wurde er mit dem Schwert der Stasi-Vergangenheit quasi enthauptet. Es reichte nur der leiseste Verdacht, den man leicht mit einem Gerücht oder einer Unterschrift aus den Stasi-Akten der jeweiligen Person hervorholte, um ihn aus dem Weg zu räumen. Unrühmlich tat sich unter andern der ehemalige evangelische Pfarrer Gauk hervor.
Ich hatte ein anderes Gottesbild als diese Leute. Durch die Grenzerfahrungen und unsere DDR-Gebetsgemeinschaft war ich in gewisser Weise auf meinen dreieinigen Gott gestoßen, der nicht Hass und Verurteilung, sondern Vergebung und Versöhnung ausstrahlte. Er hatte mir immer geholfen, und ich vertraute ihm auch in dieser schweren Zeit.

Spekulanten und Geschäftemacher aus dem Westen versuchten mit faulen Tricks, in unserer Heimat Immobilien zu erwerben. Unser Haus, das wir 1978 als Ruine gekauft und in mühevoller Kleinarbeit bei akutem Materialmangel zu DDR-Zeiten aufgebaut hatten, wollte nun ein Wessi im Rahmen der Rückübertragung zurückhaben. Es kostete uns Zeit und Mühe, diesen unbegründeten Anspruch auszuhebeln und abzuweisen, da er nie Besitzer oder Eigentümer des Areals war. Es reichte jedoch allein dieser Anspruch, um unsere gesamte Lebensplanung durcheinanderzubringen. Alles nur mit sogenannten rechtsstaatlichen Mitteln zu klären, schien mir fast unmöglich.
In der Thüringer Landessynode zweifelte ich bei den oft bis Mitternacht gehenden Debatten am Sinn einer synodalen Ordnung in der evangelischen Kirche. Ich zweifelte zum ersten Mal überhaupt daran, dass die evangelisch-lutherische Kirche die Kirche Jesu Christi war. Durch ein Gespräch mit Pepi, dem Katholiken unserer Kirchenbaugemeinschaft zu DDR-Zeiten, wurden meine Zweifel noch verstärkt.
Nun hatten wir einen neuen evangelischen Pfarrer, der nicht verheiratet war und allein im Pfarrhaus im Nachbarort lebte. Zunächst schien alles beim Alten zu bleiben, denn der Pfarrer war von der Glaubenslehre her fast auf meiner Ebene. Bis mich eines Tages unser alter Pfarrer anrief und darauf aufmerksam machte, dass sein Nachfolger öfters Männerbesuch hätte und dass es Gerüchte gäbe, er sei homosexuell veranlagt. Das konnte ich nicht glauben und darum nahm ich diesen Hinweis nicht allzu ernst. Die kirchliche Arbeit war ohnehin von der neuen Zeit bestimmt und auch die Bürokratie hielt in unserer Kirchgemeinde Einzug. Statt die Menschen im Osten Deutschlands näher zu Jesus Christus zu führen, versuchten gesellschaftliche Randgruppen Oberwasser zu gewinnen und unter einem Deckmantel ihre Interessen salonfähig zu machen.
Während ich das schreibe, ist es bereits fast wieder so wie zu DDR-Zeiten. Man traut sich aus Angst vor gewissen Lobbygruppen nicht mehr, seine Meinung zu sagen.

Der neue evangelische Pfarrer

Da ich mich als Gemeindekirchenratsvorsitzender, der mehrfach von unserem alten Pfarrer voller Sorgen bezüglich der Gerüchte hinsichtlich der Homosexualität des neuen Pfarrers angerufen wurde, verantwortlich für diese Gemeinde fühlte, fragte ich den neuen Pfarrer, ob er homosexuell veranlagt sei. Nach einigem Zögern bekannte er sich dazu.
Wie sollte man das der konservativ geprägten Landbevölkerung sagen? Wir wollten aus dem Gemeindeverbund, dem der Pfarrer vorstand, austreten, um eine Gemeindespaltung zu verhindern, was uns nicht gelang. Wie vorhergesehen, sanken die Besucherzahlen der Gottesdienste rapide. Die Gemeinde war gespalten. Ich trat aus dem Gemeindekirchenrat aus, ebenso mein Stellvertreter. Unser Posaunenchor, den ich gegründet hatte, löste sich auf und begleitete die Gottesdienste nicht mehr.
Zunächst geriet auch meine ganze Lebensplanung erneut aus den Fugen. Die Gemeinde ging quasi, bis auf einige wenige, den Bach runter. Es musste doch eine Organisation geben, die es so annimmt, wie es in der Bibel geschrieben steht. Verwirrung war angesagt – auf der ganzen Ebene – und ohne Gott konnte ich nicht leben.

Die Suche nach Gott

Es war eine Zeit, da ich mich von Gott verlassen oder zumindest von Gott gestraft fühlte. Ich war sehr traurig. Mir kam nicht sofort die katholische Kirche in den Sinn, da (für mich damals) diese Organisation mit ihrer Heiligen- und Marienverehrung eher abstoßend wirkte. Die Riten waren mir zu streng und altmodisch. Außerdem lernten uns zu DDR-Zeiten die Kommunisten etwas über Hexenverbrennungen und Teufelsaustreibungen durch diese Konfession, was in mir eine tiefe Abneigung hinterlassen hatte. Doch je mehr ich suchte, desto näher kam mir diese römisch-katholische Kirche. Sie war die älteste Kirche, die Jesus Christus selbst gegründet hatte.

Wie bereits erwähnt, hatten wir in unserem Ort einen Katholiken, wir nannten ihn Pepi, der seine Mutter aufopferungsvoll pflegte. Er war sehr intelligent, aber noch mehr bescheiden in seiner Art. Anfang der sechziger Jahre wurde er vom „Ulbricht-Regime" in der DDR verhaftet und musste ins Gefängnis, weil er heimlich Radio Vatikan gehört hatte. Altruistisch ließ er andere Dorfbewohner mit Fernsehen schauen. Zu dieser Zeit war es verboten, Westsender zu sehen, da mit dem Bau der Berliner Mauer eine Propagandaschlacht über beide deutsche Staaten tobte. Heimlich oder zumindest vorsichtig lehrte er den Flüchtlingskindern im Ort den katholischen Glauben, obwohl er als Staatsfeind bereits im Gefängnis gesessen hatte. Im ganzen Ort war er trotz dieser Gefängnisstrafe geachtet. Die Menschen wussten, dass Pepi von seinem ganzen Wesen her eine ehrliche Haut war. Mit etwa fünfzig Jahren heiratete er, und gemeinsam mit seiner Frau half er uns mit all seiner Kraft, aber insbesondere seinem Wesen, beim Bau der evangelischen Kirche. Seine Frau war gleichfalls katholisch. Als seine Frau von einer schweren Krankheit befallen wurde, pflegte er sie aufopferungsvoll bis zu ihrem Tod. Er war mir ein Vorbild.
Als ich ihn auf den neuen homosexuellen Pfarrer in unserer Gemeinde ansprach, war er der Meinung, dass dieser doch aufgrund seiner Neigung auch zölibatär leben könne, denn in der katholischen Kirche würden die Pfarrer aus Glaubensgründen gleichfalls zölibatär leben. Es dauerte Jahre, bis ich das nach Pepis Tod begriffen hatte. Ich hielt den Zölibat damals für unmenschlich und schloss mich der allgemeinen Volksmeinung an: „Die können sich das doch nicht aus den Rippen schwitzen." Zwar hatte ich durch Pepis Vorbild inzwischen Sympathie für diese Kirche erlangt, aber da waren noch Welten zwischen uns.
Einige Jahre nach meiner Grenzer-Zeit las ich fast täglich in der Bibel und der Herrnhuter Losung. Den Unterschied zwischen Abendmahl und Eucharistie konnte ich nicht erkennen. Auch die Sonntagspflicht oder die Beichte waren mir fast Fremdwörter. Aber ich suchte Gott überall und dachte, mit der westlichen Lebensart und dem Konsum in all seinen Facetten würde ich ihn

sicherlich finden. Leider war das Gegenteil der Fall. Ich sah den moralischen Untergang des Landes. Die Sprache, die Kultur, die Sexualität, die Erziehung der Kinder, alles, was nach meiner Auffassung auch im atheistischen Staat der DDR mit einer gewissen Scham in einer fast christlichen Art gelehrt wurde, wurde unter dem Deckmantel der Freiheit und Demokratie zu Grabe getragen.

Als ich später Medizinethik studierte, wurde mir dieses Ausmaß mit den Debatten über Sterbehilfe und Suizidprävention bewusster denn je. Die schöne neue Welt von Aldous Huxley, der einen futuristischen Roman schrieb, in dem Religion, Kunst und Wissenschaft verschwunden waren und Armut, Krieg, Altern und Krankheit als ausgerottet galten, Konsum und Geschlechtsverkehr mit häufig wechselnden Partnern zur Pflicht und Embryos künstlich erzeugt, konditioniert und prädestiniert wurden, schien nicht mehr fern. Obwohl dieser Roman in den 1930er Jahren geschrieben wurde, schien die Entwicklung in diese Richtung zu gehen.

Für mich als Landei und ehemaligen Grenzer einfach unakzeptabel. Betrachtet man die Entwicklung der alten BRD, in der – anders als in der DDR – Pornografie, Bordelle, Freimaurerei usw. meines Wissens nach bereits von Anfang an erlaubt waren, und betrachtet man die Entwicklung im gemeinsamen Deutschland nach der Wiedervereinigung, so scheinen die Ziele des Romans von Huxley nicht mehr so weit entfernt.

Zu DDR-Zeiten überlegte ich öfters in unseren Gebetsgemeinschaften, warum Gott die DDR als atheistischen Staat überleben ließ. Als die DDR unterging, dachte ich – und der Überzeugung bin ich auch noch heute –, ein Staat, der Gott und die christliche Religion ablehnt, ist zum Untergang verurteilt. Dass die DDR so lange überlebt hat, bei all den Ungerechtigkeiten, die sie ihren Bürgern auferlegte, verdankt sie den christlichen Werten, wie Moral, Rechtschaffenheit, Ehrlichkeit usw., die bewusst oder unbewusst zur gesetzlichen Grundlage wurden. Ihr Untergang war einzig und allein der Abwendung und Leugnung von Gott zuzurechnen. Da die alte BRD in der Präambel des Grundgesetzes

auf Gott vertraute („Im Bewusstsein seiner Verantwortung vor Gott ...“), ging sie bisher trotz der Ausschweifungen nicht unter. Die Entwicklung jedoch geht in die Richtung des im Roman von Huxley genannten Zieles. Zumindest sieht einiges danach aus, auch wenn ich hier keine Schwarzmalerei betreiben möchte.
Ich suchte also Gott, und je mehr ich suchte, fand ich ihn in der römisch-katholischen Kirche.

Die Medien

Ende 1999 wurden auf unseren Satelliten-Fernsehempfängern, die auf dem Land die übliche Empfangssituation darstellten, hunderte neue Sender aufgespielt. Es war kaum zu glauben, was es da Tag und Nacht für unmoralische Angebote gab und gibt. Die These, die ich in einem Vortrag „Der Freimaurer“ von Dr. Hesemann auf K-TV hörte, man solle doch der Bevölkerung die Erfüllung ihrer biederen Triebe geben, schien aufzugehen. Die anderen Sender, auch Nachrichtensender, brachten alle das Gleiche, und bei den politischen Parteien wurde ich an die „Nationale Front“, ein Zusammenschluss aller in der DDR zugelassenen Parteien und Massenorganisationen, erinnert, da sie gleichfalls, bis auf Kleinigkeiten, in ein Horn bliesen.
Ich erinnere mich an einen Sender, der sich mit Horoskopen und ähnlichem Quatsch beschäftigte. Der Ansager oder Showmaster riet fast jedem Anrufer, der Eheprobleme hatte, sich scheiden zu lassen oder fremdzugehen. Da war der Teufel nicht weit entfernt. Aber unter diesen geschätzt tausend Sendern fand ich einen, der mein ganzes Leben beeinflusste. Es war der Sender K-TV. Der dort referierende Priester, Pfarrer Hans Buschor, überzeugte mich mit seinem ganzen Wesen und seiner Art. Ich war davon überzeugt, dass dieser Mann mir von Gott gesandt wurde. Bei diesem TV-Sender hatte man die Möglichkeit, direkt anzurufen und dem Pfarrer Fragen zu stellen, was ich auch tat. Meine Vorbehalte gegenüber der katholischen Kirche verlor ich nach und nach, da dieser heiligmäßig lebende Priester mir meine Zweifel nahm.

Anfänglich fühlte ich mich noch in meinem lutherischen Verständnis von Kirche und Glauben sicher, aber das änderte sich innerhalb der nächsten Jahre. Die öffentlichen Medien schossen sich im Rahmen des medialen Mainstreams auf Themen wie Ehe für alle und Homo-Ehe, denen sich zwischenzeitlich auch die CDU teilweise angeschlossen hatte, ein. Ein realistisches Bild, in welche Richtung sich die Gesellschaft entwickeln sollte, konnte man in diesen Medien kaum noch wahrnehmen. Verwirrung an allen Ecken und Enden war zu verspüren. Eine Ideologie, die auf christlichen Werten aufgebaut war, fand ich auf jeden Fall in diesen Medien nicht.

Am ehesten deckten sich meine Vorstellungen von Kirche und Gesellschaft mit denen, die dieser Priester im K-TV von sich gab. In einer seiner Sendungen wies Pfarrer Hans Buschor auf das Sakrament der Beichte in der katholischen Kirche hin. Ich hatte bereits 1976 bei zwei evangelischen Pfarrern unabhängig voneinander meine Geschichte erzählt. Trotzdem war ich nicht frei von Ängsten. Zumal man meine spätere Frau und mich wegen unserer Gebetsgemeinschaft, die immer größer wurde, beim Studium exmatrikulieren wollte, obwohl wir bereits damals unter den besten Studenten waren.

Um auf die Medien zurückzukommen, kann ich diesem für mich von Gott gesandten Priester Hans Buschor nicht genug danken. Er war Unternehmer, wie ich auch, und hatte – nur im Vertrauen auf unseren Herrn Jesus Christus – ohne Geld aus der Kirchensteuer oder Ähnlichem diesen Sender, der so viel Segen über mich und andere Menschen gebracht hatte, aufgebaut. Ich glaube, er musste im Monat 100.000 Euro allein für die Miete des Satelliten bezahlen. Er redete im K-TV über das Sakrament der Beichte, über die katholische Soziallehre und traute sich, ohne Scheu hinsichtlich der Sexualmoral auszusprechen, was im Katechismus als schwere Sünde bezeichnet wird. Das bestätigte mich in meinem Paradigma. Auch hörte ich Vorträge von Gabriele Kuby auf diesem Sender und bewunderte ihren Mut, da ich in der evangelisch-lutherischen Kirche nur hinter vorgehaltener Hand Kritik diesbezüglich hörte.

Neuanfang in den neunziger Jahren

Bevor es aber zu dieser für mich nicht zufälligen Begegnung mit Pfarrer Buschors K-TV kam, hatten meine Frau und ich einen steinigen Weg vor uns. Wir mussten das neue politische System mit all seinen Facetten begreifen lernen. Wir mussten lernen, dass nicht alles, was vom Westen kam, von Brüdern und Schwestern aus Liebe zu uns überschwappte, sondern dass auch sehr viel Lug und Trug dabei war. Sehr viele Ossis wurden damals von Betrügern überrumpelt, und das sitzt bis heute in einigen Köpfen der ehemaligen DDR-Bürger fest. Es war keine Kunst, einem naiven DDR-Bürger, der es gewohnt war, dass der Staat seine Sicherheit garantiert, ein Abonnement einer Pornozeitung mit vielen Jahren Laufzeit aufzuschwatzen. Dies gab es in der DDR ohnehin nicht, und ein solcher Vertrag wäre automatisch unwirksam gewesen, da er gegen die „sozialistische Moral" verstoßen hätte. Zusätzlich standen nach meinem Wissen Kinder und alte Menschen unter besonderem Schutz des Staates. Nun bin und war ich kein Kommunist, aber dieser Schutz hätte im neuen vereinigten Deutschland übernommen werden müssen.

Wir hatten drei kleine Kinder zu ernähren und möglichst sollten alle drei eine vernünftige Ausbildung erhalten. Wie sollte das gehen ohne Berufsanerkennung von uns beiden? Am 31.12.1990 wurde die Staatlich tierärztliche Gemeinschaftspraxis, in der meine Frau und ich arbeiteten, geschlossen. Die LPG-Ställe wurden von teilweise unseriösen Geschäftemachern, wie bereits beschrieben, leergekauft. Damit entfiel die Arbeitsgrundlage für unsere Großtierpraxis und für Tausende, wenn nicht Millionen DDR-Bürger in der Landwirtschaft. Die noch dort arbeitenden Tierärzte besannen sich auf das Dispensierrecht und versuchten sich Anteile der verbliebenen Praxis zu sichern. Wir Veterinäringenieure fielen dabei durch das Raster, da wir im Westen keine Standesvertretung hatten.

1994 bekamen wir, im Gegensatz zu den in Rostock ausgebildeten Veterinäringenieuren, eine Bescheinigung, die unsere Ausbildung als eine Hochschulausbildung im Bereich von Vorläufereinrichtungen von Fachhochschulen der alten BRD gleichsetzte.

Nur eine Veterinärmedizinische Fachhochschule in der alten BRD gab es nicht. Also bekamen wir im Jahr 1997, wo bereits alle Praxen aufgeteilt waren, die Möglichkeit, durch ein Zusatzsemester an der Hochschule Anhalt in Bernburg den akademischen Grad eines Dipl.-Ing. (FH) zu erwerben. Dies taten wir dann auch erfolgreich. Leider wurde uns auch dann noch keine tierärztliche Approbation erteilt, da dies im Einigungsvertrag so nicht aufgeführt wäre.
Der Bau unserer evangelischen Kirche war bis auf den Innenausbau fast fertiggestellt, aber nun drehte sich alles ums Geld. Ich wusste manchmal nicht mehr weiter, da die Maurer, die uns bis zur Wende unentgeltlich halfen, nun vom Westen mit Geld gelockt wurden und ich mit einigen Mitstreitern allein da stand. Mir ging der Satz durch den Kopf: „Wenn Gott eine Kirche baut, dann baut der Teufel sofort eine Kapelle daneben." Mit Gottes Hilfe und auch mit Hilfe treuer Christen, auch aus der evangelischen Landeskirche, konnten wir den Bau 1992 fertigstellen.
Meine Frau machte Anfang der neunziger Jahre meine restlichen Aufgaben in der Tierarztpraxis mit, und ich versuchte, etwas Neues aufzubauen. Ich fuhr in Apotheken und Drogerien und verkaufte auf eigene Faust Tierarzneimittel und Tierpflegemittel. Am 1.7.1990, als ich noch offiziell in der StGP angestellt war, wurde die D-Mark auf dem Gebiet der DDR eingeführt.
Die Arbeitsbelastung für mich war enorm. Ich verkaufte meine Tierarzneimittel, und das lief anfänglich so gut, dass ich mich kurzzeitig mit einem ehemaligen Studienkollegen diesbezüglich zusammentat, um den Absatzmarkt Richtung Sachsen zu vergrößern. Doch mit der Einführung der D-Mark standen die West-LKW und -Vertreter Schlange vor den Groß- und Einzelhändlern, so dass mein Absatz zurückging, zumal ich dies alles nebenbei machte. An manchen Tagen impfte ich früh am Morgen tausend Schweine und behandelte zehn Mastitiden bei Sauen und Kühen und danach begann ich mit meiner Verkaufstour in den Nachbarkreisen, da mich in unserer Gegend die Menschen kannten.
Meine Kunden, insbesondere in den Drogerien und Einzelhandelsgeschäften, sagten mir, dass der Absatz meiner Arznei- und

Tierpflegemittel nicht mehr laufe, da die Wessis alles mitbrächten. Unsere Leute würden ohnehin lieber das schön verpackte Zeug aus dem Westen kaufen. Ich fragte, ob es etwas gäbe, was die Wessis nicht hätten. Sie antworteten mir, dass sie alles hätten. Weil aber in der DDR noch jeder einen Kohleofen hatte, wären sie bei der Belieferung mit Kohleanzünder völlig überfordert und könnten nicht liefern.
Also dachte ich mir, in der Marktwirtschaft muss man das machen, was der Markt will, und nicht, was ich will. So fuhr ich mit meinem Trabant Kombi nach Westberlin und kaufte für 5.000 DM Kohleanzünder, den ich an einem Tag für 8.000 DM verkaufte. Dieses Geld nahm ich und kaufte wieder Kohleanzünder ein, den ich innerhalb von einem Tag für 11.000 DM an den Mann brachte. Ich merkte jedoch, dass mich der westdeutsche Großhändler ganz schön ausnutzte und suchte nach einem neuen Lieferanten. Da ich einige Worte englisch konnte, fuhr ich – noch immer kontrolliert von meinen Grenzer-Kollegen – nach Walkenried in Westdeutschland. Das war nur etwa 45 km von uns entfernt und hatte gleich hinter der Grenze eine Telefonzelle. Mit meinem Telefon war es fast unmöglich, nach dem Westen zu telefonieren, da meist alle Leitungen besetzt waren. Dort bestellte ich bei einer Firma in England für 85.000 DM Kohleanzünder, den ich dank der Hilfe meiner Frau und eines Freundes innerhalb von drei Tagen für etwa 120.000 DM verkaufte.
Doch auch dort merkte ich, dass man mir zu viel Geld beim Einkauf abnahm. Deshalb suchte ich nach einem Hersteller, der meine eigene Marke produzierte. Damit war ich Tag und Nacht unterwegs. Ich wurde sogar beim Einkaufstreff Tengelmann gelistet und belieferte mit meiner eigenen Kohleanzünder-Marke Großhändler. Das Geschäft mit den Tierarznei- und Pflegemitteln lief immer schlechter. So trennte ich mich von meinem ehemaligen Studienkollegen.
Nun aber begann das Kohleanzünder-Geschäft zu boomen. Hinzu kam, dass in unserer Gegend ein Markt gebaut werden sollte. Nebenher machte ich noch den LKW-Führerschein in einem Schnellkurs, denn wir hatten uns wegen des Kohleanzünder-Ge-

schäfts einen alten W50 LKW gekauft, und da ich auch noch bei der CDU und in der Synode aktiv war, war die Arbeitsbelastung unbeschreiblich.
Unser Kirchenbau war 1990 noch nicht fertiggestellt. Ein West-Bauunternehmer suchte mich auf und meinte, ich wäre doch Gemeindekirchenratsvorsitzender und er brauche Kies. Ein kleineres Flurstück unserer Kirchgemeinde befand sich bei der Kiesgrube des ehemaligen Kreisbaus.
Ich rief unseren alten gläubigen Pfarrer an und fragte, wie ich mich verhalten sollte. Er meinte, der Herr würde es schon machen, ich solle ihn doch den Kies abholen lassen, wenn es Kirchland ist, und das erwirtschaftete Geld für die Fertigstellung der Kirche benutzen. Ein Freund von mir zählte die Fuhren, und somit konnten wir den Kies berechnen. Das Geld zahlte ich dann in die Kirchenkasse ein.
Zwei Tage später bekam ich persönlich eine Anzeige wegen „unerlaubten Kiesabbaus", mit einer Strafandrohung von 100.000 DM. Daraufhin rief ich bei der evangelischen Landeskirche an. Dort sagte man mir, dass ich da selbst rauskommen müsse, da es inzwischen keinen kirchlichen Bauhof mehr gäbe und es jetzt Firmen geben würde. Aber sie wären bereit, mir das Land zu verkaufen oder zu verpachten.
Ich hatte einen Bekannten, der Geologe war und den ich vom CDU-Bezirksvorstand kannte. Ihn fragte ich, was es mit der Anzeige von der Bergbehörde auf sich hätte. Naiv, wie ich war, fragte ich, ob es wirklich eine „Behörde oder ein Amt für einen Berg" gäbe. Er meinte, ich müsse schnell handeln, da die Wessis am 3.10.1990, am Tag der Wiedervereinigung, die sogenannten Schürfrechte für bergfreien Kies hier erwerben, während die Ossis Bananen und Schrottautos kaufen würden.
Gott ließ sich nichts schenken. Alles, was ich in den Kirchenbau investiert hatte, bekam ich hundertfach zurück. Während unserer Studienzeit hatte ich dies bereits erfahren. In den siebziger Jahren, nach meiner Zeit bei den Grenztruppen der DDR, als ich mich für den christlichen Glauben mehr zu interessieren begann, hatte ich bereits ein solches Erlebnis.

Gemeinsam mit meiner Frau, die ich beim Studium in einer christlichen Studentengruppe kennengelernt hatte, besuchten wir gemeinsam einen evangelischen Gottesdienst in meinem Heimatdorf. Da die Kirche 1938 bis auf die Grundmauern abgebrannt war, sammelte der Pfarrer Geld für eine Glocke. Wir hatten nur sehr wenig Geld, meine Frau bekam kein Stipendium. Also überlegten wir, welche Summe wir spenden könnten. Meine Frau überzeugte mich, 100 Mark der DDR zu spenden. Das war für mich ein unglaublich hoher Betrag, da ich nur etwa 100 Mark Stipendium im Monat hatte.
Kurz darauf sollten wir zum Ernteeinsatz nach Werder bei Potsdam zum sogenannten „Studentensommer". Das war für alle Studenten in der DDR Pflicht. Hierbei handelte es sich um einen nur gering bezahlten Arbeitseinsatz in der Produktion bzw. in der Landwirtschaft. Heute betrachtet halte ich das für gut, da die Hochschulabsolventen heutzutage keinerlei Empathie zur arbeitenden Bevölkerung entwickeln können, weil sie selbst, bis auf Ausnahmen, nie in der Produktion gearbeitet haben. Da wir erst kürzlich geheiratet hatten, wollten wir dort die Zeit gemeinsam verbringen. Leider hatte man kein Zimmer für uns als Ehepaar, so dass wir getrennt in einem Lager übernachten sollten. Also suchten wir eine Unterkunft für uns in der näheren Umgebung. Die Vermieter waren sehr nett, und wir waren froh über das gemeinsame Zimmer.
Als ich meiner Großmutter erzählte, dass wir nach Werder zum Studentensommer fahren würden, bat sie uns, einen sehr alten Verwandten in Caputh bei Werder zu besuchen. Der weitläufig Verwandte stammte eigentlich aus Berlin, war im Krieg ausgebombt und dann in Caputh einquartiert worden. Seine Frau war schon verstorben.
Als wir dort ankamen, hing ein Hammer an einem Bindfaden befestigt an der Wohnungstür. Auf einem Zettel stand geschrieben: „Bitte laut klopfen!" Nach unserem Klopfen öffnete ein sehr alter Mann, ich schätzte ihn über neunzig Jahre. Er hatte einen großen Leistenbruch und war schwerhörig. Ich erzählte ihm von meiner Oma und von unserem Ort, wo er einige Zeit bei meinen

Großeltern aufgrund der Bombardierung Berlins gelebt hatte. Er freute sich wie ein Kind über den Besuch und bat uns, ihn noch einmal zum Friedhof zum Grab seiner Frau zu fahren, da er kein Fahrzeug hatte und sehr schlecht zu Fuß war. Wir henkelten ihn ein und sahen, wie er am Grab seiner Frau weinte. Wir erzählten ihm, dass wir im Lager bei Glindow zum Äpfel pflücken eingeteilt waren. Dort waren nach meiner Auffassung mehrere Tausend Studenten aus der DDR und Ungarn. Eine Adresse von dort hatten wir ihm nicht hinterlassen. Da wir Veterinärmedizin studierten, schenkte er uns zum Abschied einen präparierten Pferdehuf als Aschenbecher.

Die Zeit im Studentensommer verging, und wir hofften auf unseren Lohn, da wir unser Zimmer bezahlen mussten, denn die Vermieter wollten selbst in Urlaub fahren. Nun hatten wir aber das Geld nicht und unser Lohn für den Studentensommer wurde noch nicht ausgezahlt. Ich war verzweifelt, da ich mir wie jemand vorkam, der seine Rechnungen nicht bezahlt. Wir gingen durch unser Lager, wo die meisten Studenten untergebracht waren.

Ich machte meiner Frau Vorhaltungen, da wir die 100 Mark unserem Pfarrer für den Glockenstuhl gegeben hatten: „Was habe ich nun von deinem Gott? Wir haben die 100 Mark gespendet und nun können wir unser Zimmer nicht bezahlen."

Ich hatte das noch nicht ausgesprochen, da stieg der alte Verwandte aus einem dort ankommenden Bus, schaute uns durch seine dicke Hornbrille an und rief laut in seinem Berliner Dialekt, einhundert Mark in seiner Hand schwenkend: „Ik hab hier noch hundert Mark von meiner verstorbenen Frau für euch. – Habt ihr mal 'ne Brause bei der Hitze für mich?"

Ich schämte mich in Grund und Boden vor Gott. Er hatte uns alles zurückgezahlt, was wir gespendet hatten. Von diesem Tag an nahm ich mir vor, Gott generell zu vertrauen und niemals wieder so zu denken. Es ist eine Ehre, wenn man für unseren Herrn etwas tun darf, hatte ich damit verinnerlicht.

So war es auch einfacher für mich, etwas Neues aufzubauen, denn ich wusste, wenn ich auf Gott vertraue – ernsthaft vertraue – dann kann mir nichts passieren. So war es dann auch.

Da ich 100.000 D-Mark Strafe wegen unerlaubten Kiesabbaus zahlen sollte, beteten wir darum, dass Jesus diese Sache für uns regelt. Ich fuhr zu der Behörde, die mir diese Strafandrohung zugesandt hatte. Innerhalb der Behörde herrschte eine große Verunsicherung, da aufgrund der politischen Wende mit einer Entlassungswelle zu rechnen war.
Unser Territorium gehörte früher zu Thüringen, zwischenzeitlich gab es eine Gebietsreform. Bei einer Wahl wurde die Bevölkerung befragt, ob sie wieder zurück zum Bundesland Thüringen wollte. Die Zustimmung war gewaltig, so dass nun eine andere Verwaltung zuständig war, nämlich die von Thüringen. Somit war das Schreiben der Behörde hinfällig.
Ich hatte nun das Problem, dass ich mich auch noch im Bereich des Bergbaus – hier dem Kiesabbau – selbständig machen musste, da das nun neue zuständige Amt mir zur Legalisierung des Kiesabbaus nur eine Genehmigung erteilen konnte, wenn ich diesbezüglich eine Gewerbegenehmigung vorweisen konnte. Also beantragten wir, obwohl meine Frau und ich noch in der Staatlichen Tierarztpraxis ohne Wissen des Kreistierarztes tätig waren, eine Gewerbegenehmigung, die zum Kiesabbau berechtigte. So rutschten wir quasi in eine Branche, von der ich keine Ahnung hatte. Da ich mit dem Kohleanzünder genügend Geld verdient hatte, konnten wir die notwendigsten Dinge, das Land und die Schürfrechtsanträge, bezahlen und die wichtigsten Maschinen anschaffen. An Wochenenden fuhren wir zu Messen der Steine- und Erden-Industrie, um uns überhaupt ein Grundwissen anzueignen.
Eigentlich hofften wir jedoch auf die Vernunft der Politik und rechneten damit, dass, wie in fast allen anderen Branchen, auch die Veterinäringenieure eine Art tierärztliche Approbation erhalten würden. Während der Übergangsphase, als der Einigungsvertrag erstellt werden sollte, wurde ich seitens der CDU nach Berlin berufen, um im Rahmen der Vertragsgestaltung hinsichtlich der Veterinäringenieure Passagen dort mit einzuarbeiten. Als ich dort ankam, traf ich meinen ehemaligen CDU-Bezirksvorsitzenden, der zwischenzeitlich zum Staatssekretär berufen

worden war. In der Kommission, die sich mit dem Thema der Veterinäringenieure befassen sollte, waren beim ersten Treff fast ausschließlich alte SED-Mitglieder anwesend. Wir hatten keine Möglichkeit, keine Zeit und auch keinerlei rechtliche Praxis, dort etwas einzubringen. Außerdem waren unsere alten DDR-Tierärzte bis auf Ausnahmen nicht daran interessiert, uns eine Approbation als Tierarzt zuzugestehen. Obwohl viele Veterinäringenieure bessere Abiturzeugnisse und mehr praktische Erfahrung als diese Tierärzte aufwiesen, führte kein Weg darein. Jeder Bauingenieur, Elektroingenieur, Maschinenbauingenieur usw., die die gleiche naturwissenschaftliche Grundausbildung in den Fächern Mathe, Physik etc. wie die Veterinäringenieure hatten, bekam die Möglichkeit, sich als Fachhochschulingenieur selbständig zu machen. Nur die Veterinär- und Pharmazieingenieure nicht, da man eine Approbation als Tierarzt oder Apotheker brauchte. Die Pharmazieingenieure der ehemaligen DDR durften nun vier Wochen lang einen Apotheker eigenständig vertreten, aber sie durften selbst keine Apotheke eröffnen. In der Praxis bedeutete dies, dass der Pharmazieingenieur vier Wochen lang hätte die Menschheit vergiften können und danach nicht mehr. Mein Rechtsverständnis hört hier auf. Wir Veterinäringenieure durften lt. Einigungsvertrag als Pharmareferenten tätig werden, aber der Marktzugang für tierärztliche Dienste blieb uns verwehrt.
Die Krönung, dreißig Jahre nach der Wende, war, dass man uns auch die Rentenansprüche nach AAÜG (Anspruch- und Anwartschaftsüberführungsgesetz) nicht anerkannte. Im Gesetz von 1951 stand sinngemäß, dass man die Rentenansprüche als Tierarzt oder als verantwortlich tätiger „tierärztlicher Gehilfe" erwirbt. In erster Instanz wurde uns auch dies verwehrt. Das würde bedeuten, der Veterinäringenieur war kein Tierarzt und auch kein Gehilfe – er war nichts – vermutlich gab es ihn nicht?! Da wir nach der Wende 1997 an der Hochschule Anhalt nach einem Semester und einer bestandenen Prüfung das Recht auf den akademischen Grad Dipl.-Ing.(FH) erhalten hatten und die Absolventen der Rostocker Ingenieurschule für Veterinärmedizin

diesen akademischen Grad sofort anerkannt bekamen – trotz gleicher Ausbildung wie wir – war der Rechtsstaat mit seiner Anerkennungspraxis für einen ehemaligen DDR-Bürger schwer zu begreifen. Außerdem hatten mehrere Professoren den Veterinäringenieuren bescheinigt, dass die Ausbildung in bestimmten Bereichen höher als bei anderen Ingenieurschulen zu bewerten sei.

Da ich aber in der Zwischenzeit Geld verdienen musste, konnte ich nicht warten, bis es zu einer höchst richterlichen Entscheidung hinsichtlich des Berufsbildes kam. Also sah ich es als meinen Weg von Gott an, bei meiner Familie und somit in meinem Ort zu bleiben, obwohl ich verlockende Angebote aus der Politik hatte. Für einen Beamtenposten wäre ich hinsichtlich meiner Vergangenheit bei den Grenztruppen ohnehin nicht tauglich gewesen, außerdem hätte ich das vor Langeweile vermutlich auch nicht ausgehalten.

Ich verkaufte also meinen Kohleanzünder und baute das Kiesgeschäft auf. Meine Frau stand mir dabei immer zur Seite und ohne sie hätte ich das niemals geschafft. Auch Freunde und Bekannte halfen mir sehr beim Aufbau. Nach Listung der Handelskette Tengelmann wurde ich auch bei anderen Ketten gelistet. Ich erlebte dabei als unbescholtener und naiver Ossi die Praxis des Kapitalismus, der keine Gnade kannte. Beim Verkauf meines Kohleanzünders lernte ich im Rahmen der Listungen Vertreter anderer Firmen aus dem Westen kennen, die mich darauf aufmerksam machten, dass bestimmte Einkäufer materiell wohlwollend gestimmt werden wollten, was ich nicht begriff, da sie doch alles hatten, damit aber ihren Job aufs Spiel setzten. Ich war enttäuscht, dass nach vierzig Jahren Trennung des deutschen Volkes keine Solidarität entstanden war, um uns Ostdeutschen den Einstieg in die Marktwirtschaft zu erleichtern. Auch fand ich dort niemanden, der mir zu verstehen gab, dass er Christ sei, obwohl in Westdeutschland niemand Nachteile zu befürchten hatte, wenn er einer christlichen Kirche nahestand. Nur Geld zählte! Sicher gab es auch christliche Unternehmer, aber mir ist damals keiner begegnet.

Es kam die Zeit, dass unsere Unternehmen wuchsen und wir Umsätze in Millionenhöhe machten. Da mein Freund, der Geologe, mir riet, wegen der Gründung des Kiesgeschäfts das Bundesberggesetz zu studieren, kannte ich mich nach kurzer Zeit in diesem Punkt relativ gut aus. Ich beantragte Schürfrechte, wie man in der DDR aufgrund der Wartezeiten Bestellungen für ein Auto aufgab. Ein anderer Geologe fertigte mir die formgerechten Karten, und ich beantragte ein Schürfrecht nach dem anderen, so dass ich bald ein zweites Kieswerk eröffnete.
Hierzu ist zu bemerken, dass durch die Wiedervereinigung auf dem Gebiet der ehemaligen DDR Sand und Kies zum größten Teil unter Bergrecht gestellt wurden. Das hatte den Vorteil, dass man hinsichtlich ungeklärter Eigentumsverhältnisse in den neuen Ländern weniger Probleme hatte, da man die Schürfrechte auf Antrag ungeachtet der verschiedenen Grundeigentümer für ein bestimmtes Gebiet erhielt. Sollte ein Eigentümer in diesem Gebiet nicht auffindbar sein bzw. wollte er nicht verkaufen oder verpachten, so konnte man ihn enteignen bzw. ihm für eine bestimmte Zeit die Nutzung entziehen. In der alten BRD war dies nicht so, da dort Kies und Sand bis auf Ausnahmen nicht „bergfrei“, sondern „grundeigen“ war.
Den negativen Aspekt bekam ich nach einigen Jahren zu spüren. Ich hatte mich mit allen Grundeigentümern geeinigt und musste niemanden enteignen. Da wir größere Objekte belieferten, machten wir auch viel Umsatz. Die Mengen wurden in einer Statistik erfasst und an die Behörden gemeldet. Ich glaube, Mitte bis Ende der neunziger Jahre bekamen wir eine Mitteilung, dass die einzelnen Bundesländer ein Gesetz über die Förder- und Feldesabgabe gemäß Bundesberggesetz beschlossen hätten und wir daraufhin etwa 0,55 DM je Tonne geförderten Kieses fünf Jahre rückwirkend bezahlen sollten. Wir standen fast vor der Pleite, denn damit hatten wir nicht gerechnet. Hinzu kam, dass dies nicht für die Steine-Erden-Betriebe galt, die Bergwerkseigentum über die Treuhandgesellschaft gekauft hatten. Ein Widerspruch hatte keine aufschiebende Wirkung. Wir mussten also zahlen. Da wir so ziemlich der einzige rein ostdeutsche Betrieb waren,

der keine West-Gesellschafter hatte, sollten wir später nochmals auf diese Summe Gewerbesteuern bezahlen. Unsere Konkurrenten, die in der Regel größere Konzerne oder Betriebe aus dem Westen waren oder zumindest ihren Hauptsitz im Westen hatten, brauchten dies nicht, da in Westdeutschland der Kies nicht „bergfrei" war. Weil es diesbezüglich keine Musterprozesse gab, mussten wir uns rechtlich dagegen wehren und letztlich – nach Jahren – bekamen wir Recht.
Wir mussten auch lernen, dass man von Firmen kein Geld für geleistete Arbeit bekam. In der DDR war man generell gewöhnt, seine Rechnungen zu bezahlen. Ich kann nur bestätigen, dass wir sofort nach der Wende von allen ehemaligen DDR-Betrieben unser Geld erhalten haben. Aus dem Westen kamen oft „Pleitegeier" in Form von Firmen zu uns, so lernten wir die Spreu vom Weizen zu trennen. Zu meiner Schulzeit in der DDR mussten wir das Buch „Wie der Stahl gehärtet wurde" lesen. Wir fühlten uns zu dieser Zeit, wie darin beschrieben.
Bis zum heutigen Tag haben wir nie einen richtigen Kredit aufgenommen, sondern nur das, was wir erarbeitet hatten, investiert. Dadurch konnten wir so gut wie nie in den Urlaub fahren, aber wir waren trotz allem nicht unglücklich – außer in der Zeit, als wir uns auch noch von unserer evangelischen Kirche im Stich gelassen fühlten.

Entfernung von Gott

Weil es aus meiner Sicht fast niemanden mehr gab, der die Positionen unseres Herrn Jesus Christus glaubwürdig vertrat, war ich sehr traurig, und mein Weg entwickelte sich zu einem materialistischen Weg, der mit Gott und seinem Sohn nur noch wenig zu tun hatte. Moral und Ethik waren in der Gesellschaft dem Konsum zum Opfer gefallen. Ich betete zwar noch, aber ich fand keine richtige Verbindung mehr zu unserem Herrgott. Der dem Unternehmen geschuldete Stress ließ kaum noch Raum für das Wichtige im Leben. Da ich Anfang der neunziger Jahre aufgrund des Baubooms als Mehrheitsgesellschafter noch eine Baufirma

gründete und wegen der Insolvenz eines Schuldners von mir ein Betonwerk übernahm, war Gott nur noch eine Randerscheinung für den Notfall. Die geschäftlichen Erfolge und der Stolz, der daraus resultierte, ließen mich im Herzen erkalten. In der wenigen Zeit, die mir blieb, wurde ich oft abgelenkt, und das Negative breitete sich in mir aus.
Zwischenzeitlich hatte ich meinen Vorsitz vom Gemeindekirchenrat abgegeben. Auch aus der Landessynode schied ich aus, da dort für mich kein Platz war, um meine Beziehung zu Gott wieder in die richtige Bahn zu bringen.
Das gesamte Leben schien aus den Fugen zu geraten. Angriffe auf die Familien, die die Kommunisten als kleinste Zelle der Gesellschaft bezeichneten und die es zu schützen galt, war nun in Sicht. Außer Homosexuellen gab es nun auch noch andere Lebensformen wie Transen, Lesben usw. Nichts war mehr so, wie es war. Ich suchte nach Gott, da ich dachte, dass dies alles nicht der Wille Gottes sein konnte.
Hinzu kam, dass ich sehr enttäuscht über die Entwicklung meiner evangelisch-lutherischen Kirche war, sollte sie doch für Vergebung und Empathie den Menschen gegenüber stehen. Es war zwar so, dass viele Menschen dort auch so empfanden und handelten, aber nach außen kam dies nicht an. Die politischen Debatten wollte ich dort nicht, da jedes politische System von der Geschichte weggefegt wurde. Gott aber blieb, und diese Grundüberzeugung fehlte mir in der offiziellen evangelisch-lutherischen Kirche. Ich sah nur wenige Persönlichkeiten, die sich nicht in der Politik verwirklichen wollten.
Ich hatte mir für mich als Grenzer Vergebung von Herzen gewünscht, stattdessen gab es fast nichts als Vorwürfe, obwohl man in dieser Zeit überhaupt nicht über uns hätte urteilen können oder dürfen. Diese Leute hatten nicht eine einzige Schicht dort miterlebt, weder die Grenzer, die MfS-Leute noch die sogenannten Mauerschützen, oder diese Situationen selbst erlebt. Alle, besonders die Kirchenleute in meiner evangelischen Kirche, sahen nur immer die sogenannten Opfer, die im Gefängnis oder vom MfS gegängelt worden waren. Sie betrachteten die

Umstände nur aus ihrer Sicht, da sie als Kirchenleute in der DDR wenige Plattformen für ihre Auftritte hatten. Es war für einen evangelischen Pfarrer in der ehemaligen DDR sehr deprimierend, jeden Sonntag vor zwei bis vier Gottesdienstbesuchern zu reden. Deshalb ließ man den aufgestauten Frust nun heraus und wollte sich in der Politik verwirklichen.
Es bleibt trotz allem ein Fakt, dass in der DDR Unrecht geschah, aber nicht alle Flüchtlinge waren gute Menschen. Verbrecher oder Arbeitsverweigerer, die keinen Ausweg sahen, den Strafverfolgungsbehörden zu entkommen, versuchten den Weg der illegalen Grenzüberschreitung. In kirchlichen Einrichtungen tummelten sich vor der Wende viele Menschen, die Ausreiseanträge gestellt hatten oder die ihre Lebensformen nicht offen leben konnten. Ein innerer Bezug zu unserem Herrn Jesus Christus war dabei oft nicht oder nur sehr gering vorhanden. All diese Erfahrungen entfernten mich aus Enttäuschung mehr und mehr von der evangelisch-lutherischen Kirche. Natürlich lag es auch an mir selbst, da ich mich von den Verführungen der neuen Welt hinreißen ließ. Deshalb will ich meine evangelischen Brüder auch nicht gänzlich verurteilen.
In einem Buch von Edgar Most, einem ehemaligen DDR-Banker, der es bis in die Chefetagen großer Ost- und Westbanken schaffte, las ich kürzlich, dass ihm sein Vater bzw. Großvater auf den Weg gaben, dass man nie urteilen sollte, wenn man eine Sache nicht selbst miterlebt hatte. Von dieser Maxime ließ man sich nach der Wende gerade in der evangelische Kirche nicht leiten.
In jener Zeit machte ich einen großen Fehler. Ich setzte die Kirche an die Stelle von Gott, und das war falsch. Die dortigen Vertreter waren auch nur Menschen mit Fehlern, aber es fiel mir schwer zu vergeben. Gott war trotzdem immer noch da, und er ließ mich nicht fallen.

Der Fels, auf dem die (richtige) Kirche steht

Da sich mein Leben in der westlichen, atheistischen, oft fast teuflischen Konsumwelt immer weiter von Jesus entfernte, suchte ich Gott. Als ich eines Tages im Fernseher alle möglichen Programme durchschaltete, blieb ich beim Sender „K-TV“ stehen. Zunächst musste ich über diesen älteren katholischen Priester lächeln, da er Glaubenswahrheiten ohne jegliche Angst aussprach. Sei Name war Hans Buschor. Je mehr ich diesen Sender sah, umso näher kam ich Gott. Er sprach über den wahren römisch-katholischen Glauben und scheute sich auch nicht davor, vom Fegefeuer zu reden. Man konnte dort live anrufen und mit dem Pfarrer reden. Das imponierte mir sehr, da er trotz Beleidigungen und bösen Angriffen von wenigen Anrufern immer die Fassung bewahrte. Auch Kinder konnte er begeistern, ohne nur ein Wort der katholischen Lehre zu verfälschen. Er nahm jeden Menschen, der anrief, so an, wie er war.

Einmal rief ich in der Sendung, die er „Tagesthema“ nannte, an und fragte nach seiner Meinung hinsichtlich der Auslegung einer Bibelstelle. Darauf sagte er mir, dass die katholische Religion keine „Buchreligion“ sei. Ich stutzte, da ich damit Probleme hatte, aber täglich begriff ich mehr, dass dies die einzige richtige Position war. Er verwies auf das universale Lehramt der römisch-katholischen Kirche. Das machte mich sehr neugierig, und ich befasste mich nun mehr mit dieser Kirche, da mir bereits Pepi (Josef) mit seiner bescheidenen Lebensweise diesen Glauben vorgelebt hatte. Pfarrer Hans Buschor, dieser mutige Verkünder des Evangeliums, war für mich mit seiner Art ein von Gott gesandter Mensch, der mir den richtigen Weg zeigte. Da ich gegen die katholische Kirche gerade auch als Protestant voreingenommen war, musste ich mich erst dort zurechtfinden.

Ich erinnerte mich daran, dass zu DDR-Zeiten die katholischen Priester in der Regel zu ihren Schäfchen gehalten hatten, obwohl dies vom Staat argwöhnisch beäugt wurde. Die Priester waren nicht verheiratet, waren deshalb auch weniger erpressbar, während der evangelische Pfarrer auf seine Familie achten musste. Nicht nur die Stasi, sondern auch die meisten Geheimdienste

dieser Welt bedienten sich dieser Praktiken, um Menschen gefügig zu machen. Anfänglich hielt ich den Zölibat für die Priester für unmenschlich. Je mehr ich darüber nachdachte, desto mehr erkannte ich seine Berechtigung, denn der Priester konnte sich voll seinen Schäfchen widmen und brauchte keine Angst zu haben, dass zum Beispiel ein Kind von ihm nicht studieren durfte. Wenn nun die katholische Religion keine reine „Buchreligion" war, auf was stützte sie sich dann?
Als evangelisch-lutherischer Protestant gab es für mich nur das Wort. „Sola scriptura" (allein durch die Schrift) galt für mich als Alleinstellungsmerkmal der evangelischen Kirche. Luther hatte dies als Kernsatz seiner Reformation verstanden, und da dies seit fünfhundert Jahren so in unserer Gegend gelehrt wurde, war die Aussage des katholischen Priesters für mich eine Art Kulturschock.
Diesem Paradigma „allein die Schrift" war auch ich verfallen. Die Tradition der Kirche – der katholischen Kirche –, die viel älter als die evangelische war, wo die Glaubenswahrheiten zunächst alle mündlich überliefert wurden, hatte ich ganz aus meinem Blickfeld verloren. Ich musste gestehen, dass diese Wahrheit der katholischen Kirche echt war. Ein Priester sagte im K-TV, dass Jesus nicht gesagt hätte, dass jemand ein Buch schreiben solle und dass die Evangelien erst später entstanden seien. Auch hätten die Apostel nicht entschieden, welche Evangelien in das Neue Testament aufgenommen werden würden. Jetzt merkte ich, dass dies alles stimmte, ohne es zu beschönigen. Die göttliche Wahrheit wäre nicht allein in der Schrift, sondern in der Verbindung von Schrift und Tradition zu finden, meinten die katholischen Priester.
Natürlich schockten mich diese Wahrheiten, da ich darüber nie nachgedacht hatte. Also war Petrus nun der erste Papst, denn Jesus selbst hatte diese Kirche gegründet, indem er zu Petrus sprach: *„Ich aber sage dir: Du bist Petrus (der Fels), und auf diesen Felsen werde ich meine Kirche bauen, und die Pforten der Unterwelt werden sie nicht überwältigen. Ich werde dir die Schlüssel des Himmelreichs geben; was du auf Erden binden*

wirst, das wird im Himmel gebunden sein, und was du auf Erden lösen wirst, das wird im Himmel gelöst sein." (Mt 16,13-20)
Aufgrund der Tradition der katholischen Kirche und des Wortes entstand also die Heilige Schrift. Sie ist nicht vom Himmel gefallen, aber sie ist Gottes Wort, das von der Kirche, der katholischen Kirche, weitergegeben wurde.
Bei allen Fehlern und Sünden, die durch Menschen im Namen der katholischen Kirche über die Jahrhunderte begangen wurden, hatte diese Kirche überlebt. Alle irdischen Reiche, Sekten oder politischen Strukturen – egal, wie sie sich nannten – sind seither verschwunden. Aber diese Kirche – die katholische Kirche – nicht! *Ein Fels, den keine irdische Macht überwinden kann!*
Warum also sollte ich mein Inneres vor der Kirche Christi, der Kirche Gottes und des Heiligen Geistes, verschließen? An der DDR-Grenze, in schwierigen Situationen, hatte ich nach einer solchen Macht, einer heiligen Macht, gesucht. Ich spürte, dass es so etwas Heiliges wie die römisch-katholische Kirche gab, da einige meiner Grenzer-Kameraden, die katholisch waren, so etwas vermutlich unbewusst ausstrahlten.
Ich wollte mehr über diese Kirche erfahren. Da ich es gewohnt war, zu Gemeindekirchenratssitzungen oder in der Landessynode der evangelischen Kirche lange und ermüdende Debatten zu ertragen, bei denen am Ende ohnehin nichts herauskam, wollte ich nun ohne große Diskussionen an katholischen Gottesdiensten teilnehmen, um mir selbst ein Bild zu machen.
Zunächst war ich nicht mit der Liturgie vertraut und befragte einen Priester, der für unseren Ort zuständig war. Zum Glück war es ein sehr guter Priester, der den wahren römisch-katholischen Glauben lehrte und lebte. In der evangelischen Kirche, so war ich es gewohnt, wurde jeder, der kam, sofort aufgenommen. So war es in der katholischen Kirche nicht. Der Priester meinte, ich solle mich doch erst mit der Materie beschäftigen und dann überlegen, ob ich konvertieren möchte. Dies tat ich dann auch. Ich ging jeden Sonntag zur Messe, und je mehr ich dort miterlebte, umso mehr wollte ich von diesem Glauben wissen. Der Wunsch zu konvertieren kam in mir auf.

Zufall? – Nein

Gottes Wege sind unbegreiflich. Der Priester, den ich kennengelernt hatte und der für unsere Gemeinde zuständig war, war in den siebziger Jahren für die Orte an der Grenze zuständig, in denen ich gedient hatte. Es stellte sich heraus, dass ich ihn beim Eingang in den Schutzstreifen als junger Postenführer kontrolliert hatte. Die Orte Großburschla und Treffurt waren evangelisch geprägt, und die katholische Kirche hatte gerade in Großburschla keine eigene Kirche. Die Negativerlebnisse, die ich dort an der Kirche hatte, hatten ihren Ursprung in der evangelischen Kirche. Der Priester hatte sich immer korrekt gegenüber uns Grenzern verhalten. Er hatte sich auch nicht politisch engagiert, meinte ich mich zu erinnern, und er hatte auch einen liebenden Blick für uns Soldaten. Dieser Priester führte mich nun zum katholischen Glauben. Seine Haushälterin war sehr bescheiden und intelligent. Sie versorgte uns mit Büchern, in denen das Wichtigste über den katholischen Glauben zu finden war.

Meine Frau begleitete mich zu den sonntäglichen Messen, und ohne mein Zutun wollte auch sie zum katholischen Glauben übertreten.

Unser ältester Sohn hatte an der Universität in Dresden Elektrotechnik und Hochfrequenztechnik studiert. Physik und Elektrotechnik waren schon immer seine Lieblingsfächer. Auf dem Gymnasium und in Dresden beim Studium hatte auch er Kontakt zum katholischen Glauben gefunden. Er begleitete uns nun zu den sonntäglichen Messen, und bald kam auch in ihm der Wunsch auf, katholisch zu werden.

Unser zweiter Sohn hatte in Budapest und Gießen Veterinärmedizin studiert. Eines Tages rief er mich an und teilte mir mit, dass er katholisch werden möchte und ob ich sein Firmpate werden könne, da er dann katholisch heiraten wollte. Wir hatten in den Jahren zuvor einige Meinungsverschiedenheiten, die sich dann – Gott sein Dank – in Luft aufgelöst hatten. Unser dritter Sohn hatte Jura studiert und promoviert. Auch er fragte mich eines Tages hinsichtlich meiner Position und konvertierte zum römisch-katholischen Glauben ohne mein Zutun. All dies sind

Fakten, und dass dies alles Zufall sein sollte, konnte und kann ich nicht glauben.
Im Jahr 2008 traten meine Frau und ich und nach und nach unsere ganze Familie der römisch-katholischen Kirche bei. Ich war froh, dass mich Gott in die römisch-katholische Kirche geführt hatte. Endlich war ich wieder glücklich. Ich lernte die Sakramente kennen und schätzen. Ein hohes Gut war für mich die Einhaltung der Sonntagspflicht. So konnte man sich erden und den Alltag wieder neu angehen. Die Verwirrung, die außerhalb der Kirchenmauern stattfand, wurde hier wieder geradegerückt. Klar und eindeutig legten Priester, die ihre Berufung in der Regel schon zu DDR-Zeiten erlebt hatten, das Wort Gottes aus. Der Katechismus der katholischen Kirche und die Heilige Schrift waren von nun an unsere Lektüre. Als Unternehmer stand ich natürlich im Fokus der Öffentlichkeit. Viele Menschen, mit denen ich unsere evangelische Kirche gebaut hatte, verstanden meinen Schritt anfänglich nicht. Zwischenzeitlich hat sich das aber geändert, und es wird akzeptiert.
In unserem Dorf hatte ein Landwirt aus dem West-Eichsfeld Acker gekauft. Wir hatten uns sofort nach der Wende 1989/90 kennengelernt, und ich erinnere mich noch daran, als er bei Pepi, dem Katholiken in unserem Ort, vor der Tür stand. Eines Tages, etwa zwanzig Jahre nach der Wende, besuchte er mich in meinem Büro und sah ein Marienbild auf meinem Schreibtisch stehen. Er selbst war auch katholisch und diskutierte mit mir über Marienerscheinungen. Ich selbst war davon nicht überzeugt, aber er ließ nicht locker und bat mich, mit einer Reisegruppe und ihm nach Medjugorje zu fahren. Voreingenommen fuhr ich mit, um mich von diesem Irrtum zu überzeugen.
Das Gegenteil kam dabei heraus. Dort berührte wirklich der Himmel die Erde. Bei einer Erscheinung einer Seherin war ich selbst dabei und sah ihre Augen und die vielen Tausend Menschen, die gespannt dort verharrten. Das konnte kein Bluff sein – mir ging es durch Mark und Bein. Es war, als wäre Maria dort wirklich bei uns. Als ich den Kreuzberg hinauflief, hatte ich das erste Mal in meinem Leben keine Angst mehr vor dem Tod. An der Grenze

war diese Gefahr immer gegenwärtig und hatte mich auch nie so richtig losgelassen, aber dort war alles anders.
Für den unbeteiligten Leser klingt dies wie eine Räuberpistole, aber ich habe es wirklich so empfunden. Alles Zufall – alles Quatsch? – Nein! Meine Beichte dort trieb mir die Tränen in die Augen, und ich fühlte mich endlich frei von allem, was mich bedrückte.

Der Unternehmer

Kurz nach der Wende, etwa 1991, kam ein großer westdeutscher Dachziegelproduzent zu mir. Er wollte in unserer Nachbarschaft ein Betondachsteinwerk aufbauen. Da ich anfänglich keine Ahnung von Sand, Kies und Beton hatte, war es für mich zugleich eine Art Weiterbildung, die im Zusammenhang mit dieser Firma auf mich zukam. Der Geschäftsführer dieser Firma suchte mich mit seinem Firmenstab auf und wollte unsere Kiesgrube kaufen. Er bot mir einen sehr hohen Preis und meinte, ich solle von dem Geld doch mal Urlaub machen. Daran hatte ich kein Interesse. An dem Geld lag mir auch nicht, da ich bereits sehr hohe Umsätze mit meinem Kohleanzünder gemacht hatte und bodenständig war. Das konnte er nicht verstehen und fing immer wieder davon an.
Da ich aus der Veterinärmedizin kam, kannte ich die Firma nicht, und das ärgerte den Geschäftsführer sehr. Er wies seine Mitarbeiter an, mir die Werke dieser großen Firma in Deutschland zu zeigen. Dabei kam mir zugute, dass man uns die Kieswerke, die für die qualitätsgerechte Sandproduktion zuständig waren, zeigte.
Der Geschäftsführer dieses Produktionszweiges des Dachziegelkonzerns war ein katholischer Bayer, zu dem ich sofort einen guten Draht hatte. Er erläuterte uns, wie im Einzelnen ein Kieswerk aufgebaut ist und welche Möglichkeiten bestehen ein sauberes Produkt herzustellen, das den Anforderungen dieses Dachziegelproduzenten genügen würde. Er zeigte uns auch, wie man im Kreislaufsystem eine Nasswäsche für Kies aufbaut.

Als ehemaliger DDR-Bürger war ich das Improvisieren gewöhnt und überlegte mir, eine solche Anlage mit meinen Mitarbeitern selbst nachzubauen. Ich hatte mir Angebote eingeholt, doch der Preis dieser Maschinen war utopisch, fast eine Million DM. Ich hatte mir vorgenommen, uns nicht zu verschulden. Außerdem war die D-Mark für uns eine sehr starke Währung. Als Student hatte ich in der Nähe von Berlin am Flughafen einst einem farbigen Amerikaner, der an einem Münzfernsprecher telefonieren wollte, eine Mark der DDR gegeben. Dafür gab er mir 70 Pfennige. Dieses Geld steckte ich in eine Streichholzschachtel und hütete es wie einen Schatz, da ich kein Westgeld hatte. Nun sollte ich mich so hoch verschulden? Das kam für mich nicht infrage. Also bauten wir mit unseren eigenen Händen dieses Kieswerk auf. Wir arbeiteten von Montag bis Sonnabend oft bis 24 Uhr in der Nacht, bauten selbst Förderstraßen und Siebanlagen auf, verkabelten alles miteinander und legten Absetzteiche an, die ich mir in Bayern in den Kieswerken des Dachziegelkonzerns vorher angesehen hatte. Von einem Institut ließ ich eine Analyse des Rohmaterials anfertigen, um die Größe der Siebbeläge bzw. die Maschenweite festlegen zu können.
Mein Hauptgeschäft zu dieser Zeit war aber noch der Kohleanzünder. Zu dieser Zeit hätte ich alles gemacht, um meine Familie zu ernähren und meinen Kindern eine Zukunft zu geben. Nach der Auflösung der Staatlichen Tierarztpraxen war es manchmal schwer, mich an die neue Situation zu gewöhnen. In der DDR hatte ich als Veterinäringenieur den Status eines Tierarztes. Ich kam in die Ställe der landwirtschaftlichen Betriebe zum Beispiel bei einer Geburtshilfe und man fragte mich: „Herr Doktor, sollen wir Ihnen Wasser und Seife bringen?“, und jetzt stand ich vor den Geschäften und pries meine Kohleanzünder an.
Nun hatte ich noch zusätzlich eine Kiesgrube mit einem Kieswerk, und der erste fremde LKW-Fahrer, der einfuhr, sagte zu mir: „Was bist denn du für ein Neuer?“ An den rauen Ton der Baubranche musste ich mich erst gewöhnen, aber es war mir nur wichtig meine Familie durchzubringen und nicht zu resignieren.

Zu dieser Zeit gab es einige Suizide von Intellektuellen aus meinem früheren Umfeld, die mit der neuen Situation nicht umgehen konnten. Ich wollte es jedoch schaffen, selbständig zu werden.
Meine Frau koordinierte zu jener Zeit das Kohleanzünder- und Tierarzneimittel-/Pflegemittelgeschäft, und ich fuhr den Kohleanzünder aus. Nebenher bauten wir die evangelische Kirche in unserem Dorf weiter auf. Für die letzten Arbeiten hatten wir eine Firma engagiert, so dass die körperliche Arbeit von uns minimiert wurde. Uns oblag in erster Linie die Koordination der Restarbeiten und die Abrechnung. Den Kirchenbau finanzierten wir zu einem großen Teil aus unseren Einnahmen aus der Kiesgrube.
Der Dachziegelkonzern bot mir einen Zwanzig-Jahres-Vertrag für die Kieslieferung an. Es hörte sich alles sehr gut an, aber die Produktion dieses Sandes war nicht so einfach, da eine bestimmte Sieblinie benötigt wurde. Trotzdem erhielt ich den Vertrag und wir lieferten Tag und Nacht aus. Ich erinnere mich daran, dass wir in einer Nacht bei Schneesturm ein Förderband, das mit großen Eiszapfen behangen war, aufrichteten. Es war lebensgefährlich und trotzdem war es schön, etwas aufzubauen. Da wir diesen Vertrag mit dem Dachziegelwerk hatten, mussten wir unseren Lieferverpflichtungen nachkommen. Deshalb konnte es keinen Stillstand der Maschinen geben, da ansonsten die Produktion des Dachziegelwerks gestanden hätte.
Mit dem Kohleanzündergeschäft hatte ich es ja geschafft, eine Listung bei der Tengelmann-Kette zu erreichen. Auch hier mussten wir unseren Lieferverpflichtungen nachkommen. Wir fuhren Tag und Nacht mit unserem gebrauchten LKW W50 und schliefen im Fahrerhaus. Wer schon einmal in einem W50 gesessen hat, weiß, dass man dort nicht schlafen konnte (wir hatten keine Schlafkabine), also legten wir einige Bretter von der Fahrer- zur Beifahrerseite und schliefen auf den Brettern, um am nächsten Morgen wieder unsere Fracht an den Mann zu bringen. Ich hatte zwischenzeitlich meinen Freund und einen weiteren Mitarbeiter eingestellt.

Eines Tages kam ein Pflastermeister zu mir und bat mich, mit ihm eine Baufirma zu gründen. Er war ein hervorragender Fachmann im Straßenbau, wovon ich keine Ahnung hatte, aber kein Geschäftsmann und rechtlich völlig unbeholfen. Also gründete ich mit ihm eine GmbH, bei der ich 60 % und er 40 % hatte. Ich kaufte mit dieser GmbH ein altes BHG-Gebäude (Bäuerliche Handelsgenossenschaft), das in den vierziger Jahren ein Futtermittelwerk war.
Kurz danach las ich an einem Wochenende in der Tageszeitung eine Annonce, dass die Nachfolger eines VEG (Volkseigenes Gut) eine Kiesgrube in Sachsen-Anhalt ausgeschrieben hatten. Da ich mich rechtlich mit dem Bergrecht beschäftigt hatte, erkannte ich darin einen Fehler, weil das Betreiben einer Kiesgrube mit einem Vorrat von mehr als einer Million Tonnen einer Bewilligung bedurfte. Diese Bewilligung hatten die Verkäufer außer Acht gelassen. Diese Unkenntnis nutzte ich, um beim zuständigen Bergamt einen Antrag auf Bewilligung zum Abbau eines bergfreien Bodenschatzes zu stellen. Nachdem ich die Bewilligung erhalten hatte, ging ich zum Beauftragten des Landesguts und bat ihn darum, mir die Kiesgrube zu verkaufen. Die Bewilligungsfläche belief sich auf etwa vierundachtzig Hektar. Nach langem Hin und Her und zähen Verhandlungen mit den Ministerien konnte ich mit dem Abbau beginnen. Nun hatte ich zwei Kieswerke und eine Baufirma am Hals. Der Landkauf kam hinzu, und der Kohleanzünderverkauf lief von Herbst bis Mai gleichfalls.
In der DDR beschäftigte sich niemand mit dem Grundbuch, da Land nicht oder fast nicht verkauft werden konnte. Hierfür gab es Nutzungsrechte auf 99 Jahre, so dass nur die Gebäude an sich verkauft wurden. Also musste ich die Erben und Erbeserben ermitteln, um an die jeweiligen Grundstücke zu kommen. Es war alles sehr schwierig. Der Autobahnbau kam hinzu, und wir erhielten einen Abschnitt der Autobahn A 38 und später der A 71 mit der Kiesbelieferung. Auch hier mussten wir Nachtschichten in unserem Betrieb einführen, um den vertraglich zugesicherten Leistungen nachzukommen. Mit der Baufirma erhielten wir gleichfalls zu dieser Zeit einen Großauftrag in Millionenhöhe.

Meine Frau stand mir dabei immer zur Seite. Das Familienleben hat natürlich unter der Belastung gelitten. Unsere drei Söhne studierten zu dieser Zeit noch oder machten gerade Abitur.
Wir mussten nun auch die Tücken der Marktwirtschaft kennenlernen. Dass jemand seine Rechnung nicht bezahlt, das kannte ich aus DDR-Zeiten nicht. Die Menschen wurden so erzogen, dass man generell alles bezahlt, was man kauft. Nun war das nicht mehr der Fall. Zuerst hatten wir im Kohleanzünder-Bereich einige Ausfälle bei kleinen Händlern. Als der Konsum in Sachsen-Anhalt in Konkurs ging, haben wir es gerade so geschafft, heil herauszukommen.
Den ersten großen Ausfall im Kiesgeschäft mit etwa 70.000 DM mussten wir Mitte der neunziger Jahre verkraften. Eine Firma hatte uns nicht bezahlt. Dieser hatten wir Kies auf die Baustelle geliefert. Für den Transport beauftragten wir gesondert eine Spedition, deren Rechnungen wir zusätzlich noch zu bezahlen hatten. Deshalb schmerzte der Verlust umso mehr. Außerdem hatten wir bereits die Umsatzsteuer an das Finanzamt abgeführt. Ich begab mich wegen der ausbleibenden Zahlung in die Geschäftsräume dieser Firma. Auf dem Hof versammelten sich die Arbeitnehmer wegen der noch ausstehenden Löhne. Ich mogelte mich unter einem Vorwand an ihnen vorbei und erreichte das eigentlich schon verschlossene Bürogebäude durch einen Hintereingang. Auf dem Flur hörte ich die zwei Geschäftsführer über die finanzielle Situation reden. Sie wollten Geld beiseiteschaffen, um eine neue Firma zu gründen. In diesem Moment betrat ich ihr Büro. Sie waren sehr erschrocken über mein Erscheinen. Ich verdeutlichte ihnen, dass ich alles mitgehört hatte und verlangte mein Geld. Sie meinten aber, sie hätten nichts und müssten Konkurs anmelden. Sie könnten mir lediglich einen Bagger als Pfand anbieten. Da mir keine Wahl blieb, willigte ich ein, und sie brachten mir diesen Bagger vorbei.
Drei Tage später meldeten sie Konkurs an. Der Konkursverwalter verlangte von mir die Herausgabe des Baggers, was ich verweigerte, da ich es vor Gott als Unrecht empfand, dass ich für unsere Arbeit kein Geld erhalten hatte. Daraufhin verklagte mich der

Konkursverwalter über zwei Instanzen. Ich verlor meine Prozesse, weil ich angeblich mit dieser Firma Geschäfte gemacht hätte, obwohl mir klar gewesen wäre, dass sie zahlungsunfähig waren. Da sich das Ganze über mehrere Jahre hingezogen hatte, stellte mir der Konkursverwalter noch für diese Zeit Miete für den Bagger in Rechnung, so dass aus den verlustigen 70.000 DM nun 120.000 DM wurden. Dieses Recht konnte und kann ich bis zum heutigen Tag nicht verstehen. Doch Gott hatte mir eine Lektion erteilt. Bisher ging alles klar mit meiner Geschäftswelt, aber nun zweifelte ich doch am Recht in diesem Staat. Zum Glück hatten wir noch so viel Geld, dass wir alle Löhne immer pünktlich bezahlen konnten.
Eine weitere Baufirma, die aus einer Meliorationsgenossenschaft hervorgegangen war, konnte ihre Rechnungen ebenso nicht bezahlen. Da ich aufgrund schleppender Zahlungseingänge darauf bestanden hatte, dass an jedem Abend die gelieferte Menge Kies bezahlt wurde, kam täglich ein Scheck von dieser Firma, so dass ich dachte, die Zahlungsschwierigkeiten hätten sich gegeben. Der Geschäftsführer dieser Firma bat darum, einige Tage später bezahlen zu dürfen, da er immer seinen Verpflichtungen nachgekommen sei. Ich willigte ein und mein Vertrauen wurde erneut enttäuscht. Wir büßten etwa 50.000 DM ein.
Ich ärgerte mich über die Art und Weise, wie es zu diesem Verlust kam, und versuchte, meine Verluste zu minimieren. Die Firma hatte ein neues Betonwerk bzw. eine Betonmischanlage einen Tag vor der Währungsunion fertiggestellt und mit DDR-Mark bezahlt. Einen Tag später kam die D-Mark als Zahlungsmittel in die DDR, und diese Herren gründeten mit dem Vermögen der Meliorationsgenossenschaft, die von allen LPG des Kreises gegründet und finanziert wurde, eine GmbH, bei der sie sich die Mehrheit verschafften und die Meliorationsgenossenschaft gleichfalls als Minderheitsgesellschafter beteiligt war. Sie hatten aber vergessen, dass sie das Betonwerk auf Privatgrund errichtet hatten. Also ermittelte ich die Landeigentümer und kaufte kurzerhand diese Ländereien. Damit gehörte das Betonwerk nun mir, und ich wechselte die Schlösser. Als diese Herren mit

ihrer neu gegründeten Firma auftauchten, war das Betonwerk verschlossen. Nun hatte ich zwei Kieswerke, eine Baufirma und ein Betonwerk, von dessen Betrieb ich keine Ahnung hatte. Mein Gottvertrauen aber war vorhanden, und ich wusste, dass mich Gott nicht im Stich lässt. Die Mischanlage im Betonwerk mit allen Genehmigungen hatte ich später vom Liquidator der Meliorationsgenossenschaft günstig erworben.
Kurz danach rief mich ein Herr eines Zementwerkes an, um mir das Betonwerk abzukaufen. Ich lehnte ab, weil ich meinen Kies damit veredeln wollte. Er kam mehrfach auf mich zu und bot sogar am Ende den sechsfachen Kaufpreis. Da ich immer noch nicht verkaufsbereit war, bot er an, mir das Geld auch ohne Verkauf zu geben, wenn ich nur unterschrieb, dass dort niemals mehr Beton gemischt würde. Auch das lehnte ich ab. Nun wurde er böse und sagte, wenn ich nicht gefügig wäre, würde ich keinen Zement mehr zu kaufen bekommen. Ich lachte und sagte ihm, dass ich notfalls auch immer bar zahlen würde und er mich damit nicht einschüchtern könne. Da hatte ich mich geirrt. Kein Zementlieferant belieferte mich mehr. Überall, wo ich anrief, wurde ich abgewiesen. Also kaufte ich meinen Zement in Polen. Mit dem Beitritt zur EU rief man mich vom polnischen Zementwerk an. In gebrochenem Deutsch entschuldigte man sich, man könne mir keinen Zement mehr liefern, da eine deutsche Firma jetzt Eigentümer wäre und die hätten ihnen verboten, mich zu beliefern. Zum Glück fand ich dann doch einen Lieferanten, der mit diesen Strukturen vertraut war und mich in dieser Branche aufklärte.
Meine erste Kiesgrube bestand aus zwei Teilen. Ein Teil wurde von uns bewirtschaftet und der andere Teil vom ehemaligen Kreisbaubetrieb. Ich glaube, sie hatten zur Wende etwa sechshundert Mitarbeiter. Dieser Betrieb ging Mitte der neunziger Jahre in Konkurs. Nach einigem Hin und Her schaffte ich es, diese Kiesgrube mit allen Rechten zu kaufen. Nun hatte ich drei Kiesgruben mit zwei Kieswerken, eine Baufirma und ein Betonwerk. Durch den täglichen Stress hatte ich wenig Zeit für die Familie. Ich bin meinen Eltern, die in unserem Dorf lebten, noch heute

dankbar, dass sie sich auch oft nach der Schule um unsere Kinder kümmerten. Das alles beherrschende Thema zu Hause war die Firma. Es blieb nichts anderes übrig, da die Post sogar am Wochenende bei uns ankam. Zumal meine Frau mit den Firmen vertraut und dort angestellt war und wir die anstehenden Aufgaben des nächsten Tages zu planen hatten. Meist kamen Probleme wie Schäden an den Maschinen und Geräten oder zu organisierende Transporte des Materials erst kurz vor Feierabend von den Mitarbeitern zur Sprache.
Da wir im Bergbau arbeiteten, kam es natürlich auch zu Unfällen. Ich erinnere mich daran, dass einer unserer Mitarbeiter mit einem großen Zettelmeyer-Radlader fast in einen Absetzteich gefallen wäre. Als ich von der Havarie per Funk informiert wurde, fuhr ich sofort ins Kieswerk. Da stand der Radlader in seitlicher Kippstellung fast bis zum Fahrerhaus im Wasser. Der Mitarbeiter saß zitternd darin. Wir geleiteten ihn vorsichtig heraus. Dann bat ich alle Mitarbeiter, sich in unseren Aufenthaltsbus (ein alter Ikarus-Bus) zu setzen, zu beten und sich bei Gott für die Bewahrung zu bedanken. Obwohl nicht alle bekennend gläubig waren, setzten sich die Männer zusammen und beteten. Teilweise zitterten sie noch, als ich ein langes Stahlseil an den verloren geglaubten Radlader band und unter eigener Gefahr mit Hilfe einer Planierraupe als Zugfahrzeug vom Ufer aus den schräg stehenden Lader herausfuhr.
Einmal wurde einer unserer Bergmänner von einer herunterkommenden Kies-Wand verschüttet, so dass er im Fahrerhaus fast zerquetscht wurde. Gott sei Dank konnte er über Funk einen anderen unserer Mitarbeiter herbeirufen, der ihn mit Hilfe eines anderen Radladers freischaufelte.
Um die Truppe zusammenzuhalten, lernte ich einigen unserer Arbeiter ein Blasinstrument zu spielen. Wir übten in unserer evangelischen Kirche, und zu Weihnachten spielten wir am Heiligabend in der Kirche und von den Kirchtürmen.
Wir hatten auf dem Gelände der Kiesgrube des ehemaligen Kreisbaubetriebs einen Recyclingbetrieb eröffnet und mussten uns in die Materie erst einarbeiten. Die Bedienung des Brechers

musste erlernt werden, und die Tücken kannten wir nicht. Als uns eines Tages unser Sohn Stefan in seinem Urlaub half, stürzte er von der etwa sieben Meter hohen Anlage ab. Es war niemand bei ihm, so dass er keine Hilfe hatte. Mit letzter Kraft konnte er mit dem Handy meine Frau erreichen. Wir fuhren ihn ins Krankenhaus, wo er notoperiert wurde. An einem Teil des Darmes war das Darmgekröse abgerissen. Während der Operation beteten meine Frau und ich in der katholischen Kirche für seine Genesung. Jesus erhörte unser Gebet, und unser Sohn wurde – Gott sei Dank – wieder gesund.
Da wir aus dem ländlichen Raum kamen und auch schon zu DDR-Zeiten neben der Tätigkeit in der Tierarztpraxis landwirtschaftlich gearbeitet hatten, reizte es mich, die Landwirtschaft meines Vaters, die er vor der Zwangskollektivierung in der LPG als Einzelbauer bewirtschaftet hatte, wieder zu beginnen. Gott führte mich auch hier. Ich forderte das Land zurück und eröffnete einen Landwirtschaftsbetrieb, den ich nach und nach vergrößern konnte.
Wir hatten nun drei Kiesgruben mit zwei Kieswerken, einen Recyclingbetrieb, eine Baufirma, ein Betonwerk und einen Landwirtschaftsbetrieb. Alles, was wir aufbauten, verdanken wir Gottes Gnade. Der Weg vom Grenzer zum Katholiken war nun nicht mehr so weit.

Angekommen in der BRD?

Trotz aller wirtschaftlichen Erfolge hingen wir noch an unserem alten Beruf des Veterinäringenieurs. Wir wussten nicht, was aus dem Berufsbild gemacht wurde, und vertrauten auf den Staat, da wir davon ausgingen, dass in der BRD Recht und Gerechtigkeit vorherrschen. Im Einigungsvertrag waren die Veterinäringenieure kaum erwähnt worden. Man sicherte uns lediglich zu, dass man als Pharmareferent arbeiten darf. Das kam für uns nicht infrage, da wir aus der Großtierpraxis kamen und nicht als eine Art Vertreter für Arzneimittel arbeiten wollten. Also warteten wir ab. Die Absolventen der Ingenieurschule für Veterinärmedizin Rostock bekamen sofort ein Dipl.-Ing. (FH) auf dem Gebiet der Veterinärmedizin anerkannt. Obwohl die Ausbildung die gleiche wie in Beichlingen bei Weimar war, wurde uns vom Bundesland Thüringen 1994, quasi vier Jahre nach der Wende, ein Gleichwertigkeitszertifikat ausgestellt, welches die Ausbildung zum Veterinäringenieur mit der Ausbildung von „Vorläufern der Fachhochschulen in der alten BRD" gleichsetzte. In der alten BRD jedoch gab es keine Ausbildung im Bereich der Veterinärmedizin an Vorläufereinrichtungen der Fachhochschulen. Es gab nur die Ausbildung zum Tierarzt und die Ausbildung zu einer Art Tierarzthelfer als Berufsausbildung. Eine Hoch- bzw. Fachhochschulausbildung gab es nicht. Also hingen wir in der Luft. Ein ähnliches Schicksal erlitten die Pharmazieingenieure. Sie konnten zu DDR-Zeiten eine Apotheke bzw. eine Filiale leiten. Das ging nun nicht mehr.

Wir Veterinäringenieure konnten zu DDR-Zeiten vom Kaiserschnitt bis zur Blutprobe alles machen. Das war nun nicht mehr möglich, da starke Verbände der Westtierärzte im Verbund mit den Osttierärzten ihre Märkte absicherten. Die Veterinäringenieure kannte im Westen niemand, und aus diesen Gründen gab es auch keine Standesvertretung. Die altruistisch agierenden Veterinäringenieure waren rechtlich völlig überfordert und hatten auch nicht die Mittel, um einen ungewiss ausgehenden Rechtsstreit mit den Tierärzten zu führen. Außerdem wären als Gutachter bei Gericht ohnehin Tierärzte benannt worden und somit war eine Niederlage vorprogrammiert.

Dennoch bekamen wir 1997 die Möglichkeit, durch ein Zusatzsemester an der Hochschule Anhalt in Bernburg, den akademischen Grad Dipl.-Ing. (FH) zu erlangen. Meine Frau und ich nahmen die Gelegenheit wahr und legten die Prüfung erfolgreich ab. Jedoch war die Freude getrübt, da dieses Diplom nicht zur Erlangung einer tierärztlichen Approbation genügte. Nun waren wir keine Tierärzte, aber auch keine Gehilfen, da wir einen akademischen Grad hatten. Mit drei Kindern nochmal an einer Uni im Direktstudium zu studieren, war für uns unmöglich. Außerdem hatten wir nun die Kieswerke und die anderen Firmen zu leiten. Also suchten wir nach einer Möglichkeit, an einer Fernuniversität einen Uni-Abschluss zu erreichen. Die Fernuni Hagen bot später eine Studienmöglichkeit an Wochenenden mit Präsenzseminaren im Fach Medizinethik im Bereich der Humanmedizin. Voraussetzung war ein abgeschlossenes Hochschulstudium in der Medizin etc. Für dieses Fach hatten wir uns dann eingeschrieben, und die Uni akzeptierte unseren Abschluss. Die letzten Jahre übernahm die medizinische Fakultät der Universität Mainz das Studium und dort wurden dann auch die Prüfungen abgelegt.

Nachdem wir beide dieses Studium neben unserer anderen Arbeit erfolgreich absolviert hatten, stieg zwar unser Selbstbewusstsein, aber eine tierärztliche Approbation hatten wir trotzdem nicht, und das schmerzte uns sehr. Wir konnten nun zwar an Instituten, Krankenhäusern usw. in Ethikkommissionen arbeiten und durften Handlungen von Ärzten oder zum Beispiel die Organvergabe ethisch bewerten, aber ein Tier durften wir weiterhin nicht mehr behandeln.

Wir sahen es als von Gott gegeben an und machten unseren Job hier in Thüringen weiter. So hatten wenigstens einige Menschen durch unser Engagement ihre Arbeit vor Ort. Viel später, als wir unsere Rente beantragten, kam alles nochmals hoch. Es gab ein Gesetz, das Tierärzten und verantwortlich tätigen Gehilfen eine Intelligenzrente zusichern sollte. Wir beantragten diese zusätzliche Rente nun auch. Die Rentenversicherung lehnte das ab, auch Klagen hierzu wurden vorerst abgewiesen. Wer sollte dieses Recht verstehen?

Petitionen erbrachten gleichfalls keinen Erfolg für die Veterinäringenieure. In einer Petition wurde uns mitgeteilt, dass uns ein Teil des Studiums im Rahmen der tierärztlichen Ausbildung anerkannt würde, wenn dies eine fachkundige Person, die von einer Fakultät der Veterinärmedizin einer Universität benannt wird, bestätigt. Daraufhin meldeten wir uns bei der Uni in München und baten um eine Bewertung des Studiums zum Veterinäringenieur. Dort verwies man uns an einen Professor aus Halle/S., der uns bekannt war. Dieser Professor schrieb uns, dass

wir als Bachelor of Veterinary versuchen sollten, ins hiesige Berufsbild eingeordnet zu werden. Wir sollten jedoch vorher von einer Versammlung des Traditionsvereins der Veterinäringenieure in der Tierärzte-Zeitschrift davon berichten. Der damalige Chef der Tierärztekammer lehnte dies jedoch ohne Begründung ab. Nun war wieder alles umsonst, angekommen in der BRD waren wir in unserem Berufsfeld nicht, quasi gab es uns gar nicht, da bestimmte Lobbyisten ihre Märkte abschirmen wollten. Gott hatte uns aber eine Zukunft gegeben, indem ich mich auf mein unternehmerisches Geschick besann und daher keine Zeit zum Nachtrauern hatte.
Um etwas Ablenkung in unseren Alltag zu bekommen, fuhr ich öfters zum Fußball. Wie sollte ich aber einen Verein lieben, in dessen Staat ich gar nicht aufgewachsen war? Seit meiner Studentenzeit war ich kein Freund der DDR mehr, da ich durch die Erlebnisse an der Grenze meine innere Einstellung geändert hatte. Trotzdem ging es mir wie der Sängerin Veronika Fischer, deren Songs ich schon zu DDR-Zeiten liebte. Als sie nach der Wende in unserer Umgebung ein Konzert gab, trug sie ein neues Lied vor. Der Text und die Melodie hatten mich tief beeindruckt, ich konnte mich damit identifizieren. Ich füge hier bewusst den Text ein, der mich sehr bewegte:

Es war ein Land, mein Land
Einmal mir so verwandt
Dass ich weinte
Als ich es verlor
Ich es Verlor

War ein Land, mein Land
Und war es doch nicht mehr
Als es die Menschen band
An sich mit Macht und Hinterlist

Ich habs geliebt, gehasst, geliebt, gehasst
Doch nie war es mir gleich

Es war mein Land. Kein Land
So schnell wie es verschwand
Vom einen Tag zum andern
Dass kein Mensch es wiederfand

Ich habs geliebt, gehasst, geliebt, gehasst
Doch nie war es mir gleich

Es war ein Land, gebaut auf Sand
Und einen Traum
Und als das Land verschwand
Blieb nur der Traum
Auf dem es stand.

Die westdeutschen Macher gestanden den DDR-Vereinen lediglich zwei Bundesligamannschaften zu. Um nicht Vereine aus dem Westen zu benachteiligen, hatte man die Bundesliga um zwei Mannschaften erweitert. Obwohl die DDR-Fußballauswahl die BRD 1974 geschlagen hatte, schämte man sich nicht hinsichtlich der Verteilung der Mannschaften in der höchsten deutschen Spielklasse. Lediglich Hansa Rostock und Dynamo Dresden durften aufsteigen. Meine Mannschaft, der 1. FC Lok Leipzig, stieg später kurzzeitig als VfB Leipzig auf und, wie die zwei anderen oben genannten Ostmannschaften, auch wieder ab, so dass der gesamte mittel- und ostdeutsche Raum zeitweise keine Mannschaft in der 1. Bundesliga hatte.
Das machte nicht nur mich, sondern auch viele andere Fußballfans der ehemaligen DDR traurig. Wir konnten nicht für Bayern München, Dortmund oder jede andere Westmannschaft sein, da unser Herz für die Mannschaften aus unserer Heimat schlug. Umso mehr freuten wir uns, als endlich Eduard Geyer mit Energie Cottbus aufgestiegen war. Auch ihn hatte man mit dieser unsäglichen Stasi-Debatte in Bedrängnis gebracht. Es war leicht, jemandem damit etwas zu unterstellen, der einem gefährlich werden konnte. Sobald das Thema Stasi aufkam, war der Mensch schon verurteilt. Das konnte ich einfach nicht verstehen und

fand es auch diesen Menschen gegenüber unfair. Kurz und gut, wir freuten uns, dass Energie in die erste Bundesliga aufgestiegen war und fuhren fast zu jedem Heimspiel.
Ein Manager des Vereins lud uns in die VIP-Räume des Vereins ein, wo wir dem österreichischen Botschafter, einem Ministerpräsidenten und auch der Bundeskanzlerin am Rande begegnen durften. Die Freude war groß, als Energie Cottbus Bayern München mit 1:0 besiegte. Es war wie eine kleine Wiedergutmachung für einige Demütigungen, die wir von westlicher Seite im Fußball, aber auch auf wirtschaftlichem Gebiet erlitten hatten.
Am Abend im Hotel kamen wir mit einer Kellnerin ins Gespräch und freundeten uns mit ihr etwas an. Wir sprachen über Gott und die Welt, und am Ende fanden wir das Thema unseres Glaubens. Die Kellnerin und ihr Mann, der im Hotel als Chefkoch arbeitete, waren katholisch. Je mehr wir uns unterhielten, desto mehr fanden wir von beiden Seiten her, dass der römisch-katholische Glaube unserer Auffassung am nächsten war. Das war wieder ein Meilenstein, der uns näher zu Jesus Christus und zur katholischen Kirche brachte.
Als wir in der Nähe unseres Kieswerkes einen größeren Auftrag als Zulieferer eines Karosseriewerkes bekamen, lernten wir Andreas und Birgit kennen. Er wurde von dem westdeutschen Inhaber als eine Art Chef dort eingesetzt. Wir fanden uns sympathisch und trafen wir uns mehrfach zu Gesprächen in einem Hotel in Bad Frankenhausen. Beide waren religiös nicht gebunden. Birgits Vater war wohl ein Offizier bei den Grenztruppen der DDR. Wir unterhielten uns manchmal die halbe Nacht und luden sie zu unseren Weihnachtsfeiern jährlich ein. Dort hielt ich immer eine Art Andacht, zumindest bekannte ich mich zu meinem Glauben, der in Richtung Katholizismus ging. Mit einer Bläsergruppe, die ich gegründet hatte, spielten wir vor allem kirchliche Weihnachtslieder zur Einstimmung. Es war immer sehr festlich.
Wir erzählten Andreas und Birgit auch von unserem katholischen Fernsehsender und von den Tagesthemen des Pfarrers Buschor. Eines Abends schaltete ich diesen Sender mit seinen Tagesthemen wieder ein. Ein Anrufer meldete sich, dessen Stimme mir

bekannt vorkam. Es war Andreas – er erzählte dem Pfarrer, dass er bei einer Spritztour zufällig in San Giovanni Rotondo gelandet und dem katholischen Glauben nähergekommen sei. Der Ort war die Wirkungsstätte des Heiligen Pater Pio, der Pfarrer Buschor bei seinen Wallfahrten dahin inspirierte, den Sender K-TV zu gründen. Für die Italiener ist Pater Pio einer der Lieblingsheiligen, da er die Seelenschau hatte und sehr viel Wert auf den Besuch der Hl. Messe und die Beichte legte. Später sagte Andreas mir, dass sie ihren Sohn katholisch haben taufen lassen. All dies waren Zeichen, die uns dem katholischen Glauben näherbrachten.

Medjugorje

Ein Landwirt aus dem West-Eichsfeld suchte, wie bereits erwähnt, einst meine Firma auf. Er hatte mehrere Hundert oder sogar Tausend Hektar guten Ackerlands in unserer Diamantenen Aue gepachtet. Unsere Menschen hatten durch den Sozialismus kaum noch Bezug zu ihren Äckern. Da diese in den sechziger Jahren durch die Zwangskollektivierung in die LPG eingebracht werden mussten, war dies für alle Bürger hier „Neuland". Dieser Landwirt nutzte diese Situation clever aus und war einer der ersten größeren Bauern aus dem Westen, die sich hier ansiedelten.
Das erste Mal sah ich ihn, als er bei Pepi vor der Tür stand. Er erkundigte sich über die Eigentumsverhältnisse vor Ort. Sollte dies ein Zufall gewesen sein, dass er gerade bei dem einzigen bekennenden Katholiken im Dorf vor der Tür stand? Ich glaube das nicht, denn nun stand er in meinem Büro. Dort sah er ein Bild des Papstes liegen, das mir der hiesige Gastwirt geschenkt hatte. Sofort war er begeistert davon, dass ich auf dem Weg zur katholischen Kirche war. Er bezeugte mir, dass er katholisch wäre und redete lange über dieses Thema. Er erzählte mir von einer Marienerscheinung in Medjugorje, im früheren Jugoslawien. Das war mir dann doch etwas zu viel, da ich nicht an die Erscheinung der Gottesmutter heutzutage glauben konnte.

Er kam immer und immer wieder zu mir, um mich zu überzeugen, dass es dort so etwas gibt und dass ich doch einmal mit ihm dorthin fahren sollte. Vorerst jedoch kam das für mich nicht infrage. Ich hielt das alles für Quatsch und konnte es nicht ernsthaft glauben. Außerdem hätte ich zu jener Zeit ohnehin nicht weggekonnt, da wir im Betrieb einen Auftrag als Zulieferer zum Autobahnbau erhalten hatten.
So vergingen noch einige Jahre, bis ich dem Ansinnen des Landwirts nachkam und mit ihm, seiner und meiner Frau nach Medjugorje fuhr. Es war sehr beeindruckend, und dort traf wirklich der Himmel die Erde. Es waren sehr viele Menschen unterwegs. Wir waren dabei, als die Seherin Miriana eine Erscheinung hatte. Ich hätte nie geglaubt, dass es so etwas zu Herzen gehendes gibt. Ich sah Menschen, die barfuß den steinigen Weg hochliefen und ohne Unterlass in vielen Sprachen den Rosenkranz beteten. Für mich als ehemaligen DDR-Grenzer und Protestanten einfach überwältigend. Ich hatte nun auch ein Bedürfnis danach, die Hl. Messe mitzufeiern. Meine Frau verspürte das Gleiche. Als wir Medjugorie verlassen haben, küssten wir die Erde, so beeindruckt waren wir. Insbesondere die vielen Beichtstühle, in denen in allen möglichen Sprachen gebeichtet werden konnte, sowie die langen Warteschlangen der Gläubigen davor waren beeindruckend. Für uns war der Beweis erbracht, dass die Menschen das Bedürfnis hatten zu beichten, um ihr Leben vor Gott in Ordnung zu bringen. Man sah viele erleichterte Gesichter, denen vermutlich eine Last vom Herzen gefallen war. Irgendwie wollte ich Gott, Jesus und Maria etwas zurückgeben – aber wie?

Konversion

Wir besuchten nun regelmäßig die Hl. Messe in unserer Umgebung. In der Diaspora war das nicht so einfach, da die nächste katholische Kirche etwa 12 km entfernt war. Der dort anwesende katholische Priester war ein sehr gläubiger Mann, der den wahren römisch-katholischen Glauben lehrte und lebte. Er kam ursprünglich aus dem Ost-Eichsfeld. Nach kurzer Zeit bekam er

mit, dass meine Frau und ich sonntags regelmäßig an den Heiligen Messen teilnahmen.
Vom K-TV wussten wir, dass man als nicht katholisch getaufter Christ nicht an der Heiligen Kommunion teilnehmen darf. Bei der evangelischen Kirche war das kein Problem. Die Wandlung gab es dort nicht. Jeder, der kam, konnte am Abendmahl teilnehmen. Hier war es nun anders. Zunächst mussten wir begreifen, dass es geistigerweise die Realpräsenz gibt. Das heißt, dass Jesus Christus gemäß seiner Verheißung im allerheiligsten Altarsakrament gegenwärtig ist. Auch Rosenkranz und Kreuzweg waren für mich Begriffe, die ich erst verinnerlichen musste. Der Umgang mit den vielen Heiligen war gleichfalls ein Novum und etwas gewöhnungsbedürftig. Trotzdem wurden wir vom thüringer Bischof Warnke 2008 gefirmt. Mit uns, ohne Druck oder Ähnlichem, ließen sich unsere drei erwachsenen Kinder gleichfalls firmen. Das war für mich das Zeichen dafür, dass Gott uns in seine heilige römisch-katholische Kirche berufen hatte.
Mir lief es eiskalt über den Rücken, und ich spürte eine Berufung, mich in dieser Kirche, der Kirche Jesu Christi, einzubringen, als das Lied gesungen wurde: *„Fest soll mein Taufbund immer stehn, ich will die Kirche hören! Sie soll mich allzeit gläubig sehn und folgsam ihren Lehren! Dank sei dem Herrn, der mich aus Gnad in seine Kirch berufen hat, nie will ich von ihr weichen!"*
Nun hatte ich wieder eine Heimat – und Gottes Wege führten mich in seine Kirche! Bischof Wanke hatte in einer seiner Predigten, die ich einst bei einer Kircheneinweihung in Roßleben/Thüringen hörte, gesagt, dass man einfach bestimmte Dinge aushalten sollte. So war es in der DDR, und die hohe Arbeitslosigkeit nach der Wende sollte nun auch wieder ausgehalten werden. Er sollte so recht behalten, denn nur einige Jahre später suchten auch hier in Thüringen die Firmen massenhaft Mitarbeiter.
Es ergab sich, dass unsere Kinder nach ihrem Studium der Elektrotechnik, der Veterinärmedizin und der Rechtswissenschaften zurück in unser Dorf kamen. Ihre Kinder wurden katholisch getauft, und wir fuhren gemeinsam sonntags zur Hl. Messe. Das

stellte sich aber hin und wieder als Problem dar, da die nächste katholische Kirche ja etwa 12 km entfernt war und dort nicht regelmäßig die Hl. Messe angeboten wurde.
Nun waren wir durch unsere Familie schon eine kleine katholische Gemeinde in unserem Dorf, und deshalb überlegte ich, ein Zeichen zu setzen. Als Dank errichteten wir ein Feldkreuz auf der Grenze zu Sachsen-Anhalt auf unserem Grundstück. Unser katholischer Pfarrer weihte dieses Feldkreuz am Fest Kreuzerhöhung am 14. September 2007 ein. Dieses Kreuz entwickelte sich im Lauf der Zeit zu einer Pilgerstätte. Wir hatten dort eine Bank errichtet und einen laminierten Zettel angebracht, mit der Inschrift: *„Laß an dem Kreuz mich stehen, in Demut, Herr, bei Dir. Dir willig nachzugehen, das einzig ziemet mir."*
Dieser Spruch befand sich an einem Feldkreuz an der ehemaligen innerdeutschen Grenze in der Nähe von Geisa. Menschen aus der Umgebung nahmen das von uns errichtete Kreuz als das ihre an und schmückten es mit Blumen und Gestecken. Dort, mitten im Feld, an einem Waldrand, gab und gibt dieses Kreuz vielen Menschen Trost und Frieden in dieser „seelischen Eiszeit".
Nun merkte ich, dass ich ein Unternehmer für Gott sein sollte. Ich hatte aber Angst davor, weil ich auch sündenbehaftet war und durch mein Engagement eher Menschen von Gott wegbringen würde. Außerdem machte mir mein Stolz zu schaffen. Ich hatte damit zu kämpfen, dass ich das, was ich durch Gottes Gnade geschafft hatte, durch meinen Stolz und Egoismus immer wieder zerstören würde. Zusätzlich ging mir der Vers aus dem Lukasevangelium 4,24 durch den Kopf: „Kein Prophet wird in seiner Heimat anerkannt." Das mag daran liegen, dass man denjenigen schon lange mit seinen vermeintlichen Schwächen kennt und schnell Vorurteile hegt.

Katholik und Unternehmer

Vor einiger Zeit hörte ich auf Radio Horeb, ein Sender, den ich vor einigen Jahren entdeckt habe, vom dortigen Programmdirektor und Priester, den ich durch seine Sendungen sehr schätze, dass er bei Einstellungen von Personal sogar manchmal gerade die Bewerber (-innen) ablehnt, die ein Kreuz umhängen haben. Er erkannte, dass dies oft ein Mittel zum Zweck war, um die ausgeschriebene Stelle zu bekommen. Ich hatte die gleichen Erfahrungen gemacht. Manche Leute versuchten bei mir Geld zu borgen. Sie bezogen sich dann oft darauf, dass ich Christ wäre und somit zur Barmherzigkeit verpflichtet sei. Die Verfahrensweise, die der Priester von Radio Horeb in einer seiner kurzen Sendungen beschrieben hatte, gab mir Kraft und Mut, weiterzumachen und Menschen für den römisch-katholischen Glauben zu begeistern. Eigentlich war meine Mission aussichtslos, und es gab auch öfters, bis zum heutigen Tag, Rückschläge. Aber dieses Kreuz war nach dem Aufbau der evangelischen Kirche zu DDR-Zeiten ein unmissverständliches Zeichen dafür, dass Menschen in einer fast verlassenen Region doch nicht von Gott verlassen worden waren.

Wir mussten nun auch die Spreu vom Weizen unterscheiden und suchten Mitstreiter. Gerade die, die sonst nicht so im Mittelpunkt standen, standen uns zur Seite. An dem besagten Feldkreuz luden wir Menschen aus der Umgebung zum Fest „Christi Himmelfahrt" jährlich ein. Anfänglich kamen einige Leute zögerlich und suchten uns unter einem Vorwand dort auf. Man muss dazusagen, dass man in der DDR eher belächelt wurde, wenn man sich zu Gott bekannte. Der Staatstenor war etwa: „Wer eine Holzfigur anbetet, der ist rückschrittlich und hängt einer sterbenden Religion an." Diese Parolen waren und sind teilweise bis heute in den Köpfen der ehemaligen DDR-Bürger vorhanden. Bei den Westbürgern war und ist es teilweise ähnlich, man glaubte an materielle Dinge, blieb aber in der Kirche, da es in der Vergangenheit so üblich war. Die evangelische Kirche entwickelte sich – bis auf einige Gemeinden – rasant in eine Richtung, die ich nicht mehr vertreten konnte. Die traditionelle Familie aus Mann,

Frau und Kind stand nicht mehr im Mittelpunkt. Dieses Kreuz jedoch stand fest und wackelte nicht. Es stand für den Glauben an Jesus Christus, unabhängig von der gegenwärtigen Politik.
Eines Tages hörte ich davon, dass etwa 30 km entfernt von uns in Bachra ein Landwirt einen Kreuzweg im Wald errichtet hatte. Da meine Frau und ich etwa 1977 als Studenten in Bachra wohnten, nachdem unsere Unterkunft im Schloss Beichlingen abgebrannt war, waren wir umso neugieriger auf diesen Kreuzweg. Also fuhren wir dort hin und sahen, mit wie viel Liebe zum Detail er errichtet worden war. Wir waren also nicht allein, es gab Menschen, die ähnliche Erfahrungen wie wir mit Gott gemacht haben mussten.
Ich suchte sofort Kontakt mit der jungen Familie und war von ihrer Geschichte fasziniert. Ein junger Mann aus Bayern, damals zur Wende wohl erst um die achtzehn oder zwanzig Jahre alt, kam in den Osten nach Thüringen, um seinen Traum von einem eigenen Bauernhof zu erfüllen. Er hatte ein junges evangelisches Mädchen aus Thüringen gefunden, die wie wir zum katholischen Glauben konvertiert war. Ich glaube, sie haben heute sieben Kinder und sind glücklich miteinander verheiratet. Als wir die Familie besuchten, zeigten sie uns zuerst ihre Kapelle. Diese hatten sie auf ihrem Bauernhof als Erstes errichtet, und es war unübersehbar, dass hier der Geist Gottes am Werk war.
Wir beteten einen Rosenkranz miteinander und luden die Familie zu uns ans Kreuz zu Himmelfahrt ein. Sie erzählten uns, dass sie, genau wie wir, in Medjugorje gewesen waren. Vorher hatten sie sich bei der Treuhand oder deren Nachfolgeorganisation um mehrere Hektar Wald beworben. In Medjugorje beteten sie darum, dass sie den Zuschlag für diesen Wald erhalten würden. Als sie aus der Hl. Messe in Medjugorje, am Erscheinungsort der Mutter Gottes, kamen, klingelte ihr Handy. Es war die Treuhand. Ihnen wurde mitgeteilt, dass sie den Zuschlag erhalten hätten. So also bauten sie als Dank dafür diesen Kreuzweg, der mehr und mehr von Menschen aus nah und fern besucht wird. Vor allem in der Osterzeit wird er von vielen Pilgern, auch von evangelischen Christen besucht.

Fasziniert von diesen Eindrücken beschloss ich, ebenfalls eine Kapelle zu errichten. Auch unser alter evangelischer Pfarrer hatte mir gesagt, dass ich auf dem Berg, oberhalb der ersten Kiesgrube, als Dank für die Bewahrung eine Kapelle bauen solle. Dieser Pfarrer war von seiner Grundhaltung her katholisch. Ich wartete nur auf einen Zeitpunkt, an dem ich von Gott ein Zeichen bekommen würde, aber es kam kein solches Zeichen. Deshalb verzögerte sich mein Vorhaben.

In unserer Gemeinde nahm hin und wieder ein älterer katholischer Priester an den Gottesdiensten teil. Er stammte aus der Gemeinde und war, als ich ihn zum ersten Mal sah, noch in Russland aktiv. Er hatte in Tscheljabinsk eine katholische Kirche gebaut. Es war ein wunderbarer Priester, dem man alles, was er sagte, einfach glauben musste. Sein ganzes Wesen war vom Geist Gottes inspiriert, und wenn er predigte, konnte man eine Stecknadel zu Boden fallen hören. Dieser Priester und der Pfarrer, der unser Kreuz weihte, machten mir Mut, unsere Gemeinde voranzubringen.

Jahr für Jahr kamen mehr Menschen am Himmelfahrtstag zu unserer Andacht. Wir bemerkten den Gesprächsbedarf und stellten auch viele Ressentiments fest, die gegenüber der katholischen Kirche bestanden. Da ich die meisten Menschen durch meine Arbeit als Veterinär kannte, konnten wir mehr und mehr diese Vorurteile abbauen. Außerdem begleiteten uns immer wieder treue Mitglieder der katholischen Gemeinde aus Bad Frankenhausen, und so fühlten wir uns nicht allein auf weiter Flur. Die Menschen sehnten sich nach etwas Gleichbleibendem und suchten Halt in ihren Alltagsproblemen.

In der Woche waren wir mit unserer Arbeit voll ausgelastet. Der Autobahnbau an der A 38 und der A 71 hatte uns sehr viel Zeit und Kraft gekostet. Ich spürte, dass der wirtschaftliche Erfolg auf Dauer nicht glücklich macht. Manche Tage arbeiteten wir vierundzwanzig Stunden hintereinander. Wir führten an der A 38 beispielsweise Tag- und Nachtschichten ein, so dass wir manchen Tag 8.000 Tonnen Kies abfahren konnten. Wir versuchten, in unserem neuen katholischen Glauben Halt zu finden und fan-

den ihn auch. Unsere Familie fand inneren Frieden, seit wir alle an einem Strang zogen und sonntags die Messe besuchten. Im Jahr musste ich öfters vor Gericht, da es in einem Werk ständig Anzeigen gegen unsere Firma gab. Einmal waren die LKW, die den Kies abfuhren, zu laut, ein anderes Mal sollten wir gegen Umweltauflagen verstoßen haben usw. All das legten wir Gott hin, und trotz vieler „Verwundungen" ging es weiter.
Im Industrieverband war ich einer der wenigen Ossis, wenn nicht überhaupt der einzige. Die meisten Firmen, oft mit Ost-Namen versehen, gingen aus Westkonzernen hervor, die hier GmbHs oder Aktiengesellschaften gründeten. Hinzu kam, dass die Mitarbeiter der Behörden teilweise von diesen Konzernen angeworben wurden. Bei Vergaben von Bergbauberechtigungen, zum Beispiel im Nachbarbundesland Sachsen-Anhalt, hatte ich mehrere Anträge gestellt. Der zuständige Bearbeiter, ein sehr freundlicher junger Mann, heftete meine Anträge fein säuberlich ab. Eines Tages hatte meine Westkonkurrenz die Erlaubnis bzw. Bewilligung erhalten. Wenige Monate später hat dieser Mitarbeiter der Behörde bei meiner Konkurrenz angefangen. Da brauchte ich mich nicht zu wundern, dass es so kam. Ohne Gott als obersten Dienstherrn wäre das alles nicht auszuhalten gewesen. Den Glauben an den Rechtsstaat hatte ich bereits verloren, da die Gerichte oft Jahre brauchten, um irgendein Urteil zu sprechen. Ich lernte also in der sogenannten freien Wirtschaft schnell Entscheidungen zu treffen und Fehler auch genauso schnell zu korrigieren. Das war mein Vorteil, wenn ich empfand, etwas für Gott tun zu dürfen. Also beschloss ich, eine Kapelle zu bauen.
Ohne mir groß Gedanken zu machen über das Wie und Warum, begann ich, einen Platz zu suchen, um eine kleine Kapelle zu errichten. Unweit von dem Kreuz auf der Thüringer Seite fand ich auf einer Anhöhe die richtige Stelle. Meine Frau war noch sehr skeptisch. Sie meinte, wir sollten keine Konkurrenz zur evangelischen Kirche sein. Das wollte ich auch vermeiden, aber wenn Gott es so wollte, dann sollte es so sein, und ich würde diese Kapelle bauen.

Mein dritter Sohn hatte inzwischen sein Jurastudium abgeschlossen und promoviert. Er fühlte sich an unser Dorf als seine Heimat gebunden, und so baute er mit seiner Familie ein Haus in unserem Ort, obwohl er in Jena arbeitete.
Unser großer Sohn machte sich als Entwicklungsingenieur für Hochfrequenztechnik selbständig und übernahm einen Betriebsteil der Baufirma, die wir dann in eine Entwicklungsfirma für Hochfrequenztechnik umwandelten. Die Menschen im Ort wählten ihn mehrheitlich in den Gemeinderat und der Ort wurde trotz der geringen Einwohnerzahl (knapp dreihundert) nicht eingemeindet, da genügend Gewerbesteuern eingingen. Diese wurden allerdings dann wieder vom Land eingezogen, so dass nur das Nötigste für die Gemeinde blieb. Ohne Gottvertrauen wäre das alles nicht möglich gewesen.
Während ich dieses Buch im Jahr 2021 schreibe, erlebte ich gestern, am Heiligabend, eine nicht so schöne Geschichte in der katholischen Kirche, die mich zwar nicht von meinem Glauben abbringt, doch ich empfand es als abstoßend. Meine Frau und ich wollten zur Hl. Messe gehen. Dies war zwar nicht unsere Stammkirche, aber aus Zeitgründen bevorzugten wir diese Kirche. Auch unser ältester Sohn war mit dabei. Am Nachmittag hatten wir einen Corona-Test gemacht. Ich muss anmerken, dass ich mir vorgenommen hatte, nichts über das Virus und die ganze Situation zu schreiben. Dieser Vorfall jedoch bewog mich dazu, doch hier kurz etwas einzufügen. Wie beschrieben, hatten wir einen Test gemacht, der negativ war. Obwohl ich ein anderes Paradigma bezüglich der Corona-Situation im kirchlichen Bereich habe, ging ich davon aus, dass ich der „3G-Regel", die angeblich Vorschrift war, Genüge getan hatte. Am Eingang zur Kirche stand ein junger Mann, der die Gottesdienstbesucher hinsichtlich der Einhaltung der Hygieneregeln kontrollierte. Ich sagte ihm, dass wir uns getestet hatten und der Test negativ war. Anschließend zeigte ich ihm diese Tests. Für Heiligabend war die Kirche relativ leer. Er meinte, das könnte auch Betrug sein, ich müsste mich hier in der Kirche testen, damit es für ihn nachvollziehbar wäre. Dieser junge Mann kannte uns seit Jahren persönlich. Trotzdem

misstraute er uns und meinte, er würde uns ausnahmsweise reinlassen. Er hätte Angst davor, dass eine Kontrolle käme. Der Gottesdienst war für mich gelaufen. Am liebsten wäre ich sofort wieder gegangen. Ich sagte ihm: „Ich gehe doch nicht in die Kirche und lüge bereits mit dem Eintritt in das Gotteshaus. Außerdem knie ich nur vor Gott und nicht vor Menschen."
Ich verstehe es gut, gerade auch als Veterinärmediziner und als Medizinethiker, wenn man gewisse Maßnahmen von der Politik her anordnet (ob sie richtig oder falsch sind, sei dahingestellt), aber ich verstehe es nicht, wenn man beim Betreten einer Kirche mit Misstrauen empfangen wird. So etwas darf es nicht geben! Jeder Mensch hat das Recht (nach meiner Auffassung), eine Kirche zu betreten. Die Kirche ist ein Gotteshaus. Jeder, aber auch jeder muss hier Zuflucht finden, egal, ob es ein Kommunist, Demokrat oder Nazi ist – einfach jeder, denn nur Gott hat das Recht ein endgültiges Urteil über einen Menschen zu fällen.
Mir fiel in diesem Zusammenhang Markus 1,40-42ff. ein. Hier heilte Jesus einen Aussätzigen, wörtlich heißt es: „Und es kam ein Aussätziger, der bat ihn, kniete vor ihm und sprach zu ihm: Willst du, so kannst du mich reinigen. Und es jammerte Jesum, und er streckte die Hand aus, rührte ihn an und sprach: Ich will's tun; sei gereinigt! Und als er so sprach, ging der Aussatz alsbald von ihm, und er ward rein." Jesus hatte also keine Angst vor einer Ansteckung, und er ließ jeden Menschen, der nur wollte, zu sich kommen, und wenn er noch so unrein war. Gott liebt geimpfte und nicht geimpfte Menschen gleichermaßen. Er liebt alle Menschen ohne jeden Vorbehalt.
Da die Kirche dort ziemlich leer war, verstand ich das Handeln des jungen Mannes nicht. Während der Messe konnte ich mich nicht auf die Predigt konzentrieren. Hier wurden im Haus Gottes Menschen stigmatisiert und ausgeschlossen – das konnte nicht von Gott sein. Ich sah auf das Kreuz, das in der Kirche stand und fragte: Herr Jesus, hättest du mich hier auch vor deiner Tür abgewiesen, wie Maria und Josef bei der Herbergssuche abgewiesen wurden? Wir wollten dem geborenen Heiland am Heiligabend begegnen und wurden oder sollten abgewiesen werden.

Vor dieser Heiligen Messe hatte ich mit meinen Bläsern (ich hatte wieder eine kleine Bläsergruppe gegründet) an der Kapelle, die ich gebaut habe, auf die ich später noch ausführlicher eingehen werde, geblasen. Es kamen Menschen, die nicht offiziell zur Kirche gehörten, und ich fand es gut, dass sie unter das Wort Gottes kamen. Danach spielten wir noch vom Kirchturm der evangelischen Kirche, die wir zu DDR-Zeiten erbaut hatten. Zum evangelischen Gottesdienst in unserem Ort ging ich bewusst nicht, da auch dort die Menschen durch übertriebene Hygienevorschriften vom eigentlichen Sinn des Gottesdienstes abgehalten wurden. Ich verstehe die Maßnahmen, aber entweder gibt es einen Gott und damit auch ein Gottvertrauen, oder nicht. Jemanden vom Heiland oder dessen Geburt fernzuhalten, ist nach meiner Glaubensauffassung nicht akzeptabel. Zumal, wenn sich in einer riesigen Kirche etwa dreißig Leute auf hundert Sitzplätzen verteilen.
Meine Frau war zu DDR-Zeiten als verantwortliche Veterinärin bei einer Seuchensanierung federführend eingesetzt. Hierbei wurde ein bei Schweinen vorkommendes Coronavirus bekämpft. Die Seuche hieß Transmissible Gastroenteritis, kurz TGE. Das war eine durch Coronaviren hervorgerufene Darmerkrankung, ausgelöst durch das Transmissible-Gastroenteritis-Virus, ein Subtyp der Spezies Alphacoronavirus 1. Wir hatten diese Seuche, die teilweise mit 100 % Ferkelverlusten einherging, innerhalb von etwa sechs Monaten saniert. Ich möchte damit nur ausdrücken, dass wir keine absoluten Laien auf diesem Gebiet waren. Soweit dieser Ausflug in die Gegenwart. Vergleiche mit dem Leben in der DDR möchte ich hier nicht vornehmen, denn ich möchte die DDR weder verherrlichen noch verteufeln. Das Gesundheitswesen schien mir auf jeden Fall besser organisiert gewesen zu sein. Die Kirche oder auch die „Kirchen" waren in Demut und Armut zumindest nicht so geschrumpft, wie es heute der Fall ist.
Aber zurück zu meiner Kapelle. Ich hatte also das Gefühl, eine Kapelle bauen zu müssen, und tat es einfach. Zunächst baute ich eine Form für eine Bodenplatte in meinem Betonwerk, die ich mit Moniereisen bestückte. Danach gossen wir (ein Mitarbeiter

und ich) diese Bodenplatte, zusätzlich versah ich sie mit Stahlösen seitlich, um eventuell den Standort später noch ändern zu können. Dabei blieb es zunächst für etwa ein Jahr, da ich mit betrieblichen Aufgaben völlig ausgelastet war. Nach der endgültigen Fertigstellung der Betonplatte überführte ich diese mit unserem LKW zu der bereits vorher ausgesuchten Stelle.
Zwischenzeitlich hatte sich auch meine Frau von der Notwendigkeit überzeugen lassen, diese römisch-katholische Kapelle zu bauen. Wie die Trümmerfrauen (und -Männer) nach dem Zweiten Weltkrieg befreiten wir alte Ziegelsteine vom Restmörtel und begannen, damit die Kapelle aufzubauen.

Kapelle Ostseite etwa 2018 unter den Bildern ist zu lesen, „Maria bitte für uns" und „Besitzet als besäßet ihr nicht"

Später versahen wir die kleine Kapelle mit einem Ringanker und begannen einen Dachstuhl aufzubauen. All diese Arbeiten führten wir selbst durch. Einige Menschen aus unserem Dorf halfen uns beim Holz sägen und beim Aufbau von Dachblechen usw. Nun brauchten wir noch einen kleinen Glockenturm. Im Internet suchte ich nach Möglichkeiten und Vorlagen. Ich wurde fündig und baute einen kleinen Glockenturm aus Balken. Des Weiteren benötigten wir nur noch eine Glocke. Unser ehemaliger Pfarrer aus dem Eichsfeld bot mir an, eine alte Glocke von seiner Heimatkirche zu erwerben. Der Glockenstuhl wurde errichtet und die Glocke dort integriert. Zwei Maurer aus dem Ort, mein Bruder und ein Schulkamerad, halfen mir beim Innen- und Außenputz. Nun fanden wir einen Kunstmaler aus einem Nachbarort, sein Name ist Wolfgang M., der mit einer Kollegin die Bilder innen und außen wunderschön nach unseren Vorstellungen malte. Die Kapelle war fertig, und wir brachten ein Schild mit den Worten „Offen für Jeden“ dort an. Unsere erste Himmelfahrtsfeier hatten wir 2019 in der Kapelle, die von Pfarrer Ottmar W. aus Breitenworbis geweiht und eröffnet wurde.

Kapelle Himmelfahrt 2019 mit Pfarrer Palesch stehend und Pfarrer Wieg links sitzend

Eigentlich war unser Ort ein labiles protestantisches Dorf, in dem nach außen der Glaube lange Jahre keine große Rolle spielte. Das änderte sich jetzt schlagartig, denn der Andrang zur Einweihung war für unser Dörfchen enorm. Es zeigte sich, dass Gott in einem scheinbar vergessenen Dorf plötzlich wieder präsent war. Mehr noch, es kamen und kommen fast täglich Menschen und suchen diese Kapelle zum Gebet oder zur inneren Einkehr auf. Subjektiv habe ich das Empfinden, dass dieses kleine Kirchlein schon sehr vielen Menschen den Psychologen erspart hat.

Nun war ich Katholik und durfte erneut eine „Kleine Kirche" bauen. Pfarrer Palesch, den ich sehr schätzte, spendete uns ein Kreuz, das nach seiner Aussage einen Bezug zu seinem Freund Kardinal Meisner hatte. Er sagte: „Dieses Kreuz redet." Als wir es eingebaut hatten, kam in mir genau dieses Gefühl auf.

In der kleinen Kapelle befindet sich ein Altar aus versteinertem Holz

Vor einiger Zeit hörte ich auf Radio Horeb einen Vortrag. Das genaue Thema ist mir nicht mehr in Erinnerung, doch der Vortragende berichtete von einer Begebenheit mit Kardinal Meisner. Der Kardinal war auf einer Visite in Fatima. In der Nähe der Kapelle, wo die Muttergottesstatue aufgestellt ist, durfte sich der Kardinal platzieren. Plötzlich sah er eine Mutter mit ihrem schwerkranken Kind auf dem Rücken auf den Knien betend mehrfach um die Kapelle kriechen.
Der Kardinal betete zu Jesus und sagte sinngemäß: „Jesus, lass doch jetzt ein Wunder geschehen." Er wartete und hoffte auf ein Wunder, aber es passierte nichts. Traurig ging er zu dieser Frau und sagte ihr, dass er um ein Wunder gebetet hatte, es aber nicht passiert sei.

Diese Frau sagte freundlich zu dem Kardinal: „Ich habe nicht darum gebetet, dass das Kind gesund wird, sondern ich habe darum gebetet, dass wir die auferlegte Last oder Prüfung mit der ganzen Familie bewältigen." Daraufhin weinte der Kardinal bitterlich, da ihr Glaube und ihre Leidensbereitschaft so groß war. Dieses Zeugnis beeindruckte mich sehr. Ich dachte an meine Zeit als Grenzer der DDR-Grenztruppen zurück, als ich auch betete, dass ich diese Zeit heil überstehe. Gegen diese Frau jedoch war meine Prüfung an der Grenze nichts.
Wenn wir jetzt zu unserer Kapelle, die Tag und Nacht geöffnet ist, gehen, treffen wir immer wieder Menschen, die mit Sorgen und Nöten dort ankommen. So verband ich mein Unternehmertum im Alltag immer mit meinem Glauben, auch wenn das zuweilen sehr schwer war.

Grenzer-Treffen nach der Wende

Gerhardt, Gottfried, Werner und ich, alles ehemalige Grenzer, trafen uns mit unseren Frauen in den 2020er Jahren zum Grenzer-Treffen an unserer alten Wirkungsstätte. Es war beeindruckend, Gottfried nach sechsundvierzig Jahren wiederzusehen. Werner und Gerhardt hatte ich vorher bereits öfters getroffen. Auch ihre Frauen waren in Ordnung, wir hatten sofort einen Draht zueinander. Jeder von uns hatte seine Geschichte zu erzählen, die ihm im Gedächtnis geblieben war, nach und nach fiel uns etwas genauer ein: Die Tanzabende im Ort und die bereits abgerissene Schenke, wo wir so manchen Abend verbracht hatten. Die Fahnenfluchten einiger Kameraden und der Drill in der Ausbildung waren wieder präsent.
Gerhardt, der mit mir in der Ausbildung war und mit dem der Kontakt nie abgerissen ist, erzählte von seiner Zeit in Treffurt und im katholisch geprägten Eichsfeld. Es hatte ihn sehr beeindruckt, als er als junger Soldat an die Grenze versetzt wurde und dort die vielen Kruzifixe und Feldkreuze in den Eichsfeld-Orten Kella, Pfaffschwende, Lengefeld unterm Stein, Hildebrandshausen, Weidenbach usw. gesehen hatte. Vor einigen Jahren erzählte er

mir von einem Buch, das wohl in seinem Abschnitt in Kella spielte. Der Titel war „Die Kapelle an der Grenze“. Uns interessierte das Ganze sehr, da er meinte, dass zu seiner Zeit dort eine Kapelle direkt an der Grenze stand, die natürlich durch die Grenzsicherungsmaßnahmen geschlossen und vernagelt war. Also fuhren wir dort hin, und Gerhardt erzählte uns beeindruckend, wie er dort bei Wind und Wetter und besonders in der Nacht an dieser Kapelle stand. Als wir die Kapelle aufsuchten, wurde mir warm ums Herz. An dieser Kapelle befand sich ein Kreuzweg, der über westdeutsches Territorium führte. Ich sah das Buch vor mir und versetzte mich in Gedanken zurück in die Zeit, als es noch Sperrgebiet und Schutzstreifen gab.

Kapelle in Kella 2020, direkt vor der Kapelle befand sich der K6

An dieser Kapelle suchten nach der Sperrung und durch die Grenzsicherungsmaßnahmen die Grenzsoldaten Schutz bei Wind und Regen. Das hatte die Soldaten oder zumindest einige von ihnen so beeindruckt, dass sie auf den katholischen Glauben aufmerksam wurden. Gott geht Wege, die für uns unbegreiflich waren und sind. So wurden nun gerade Menschen, die von der staatstragenden Ideologie her den Atheismus verteidigen sollten, selbst im Herzen von Jesus ergriffen, so wie es einst Saulus erlebte, als er zum Paulus wurde.

Gerhardt erzählte uns auch, dass er im Eichsfeld an bestimmten kirchlichen Feiertagen dort jede Menge Fahnen sah, mit denen die Bevölkerung der Dörfer ihre Häuser und die Umgebung

schmückten. Als junger Soldat, der aus dem protestantischen Sachsen kam, kannte er so etwas nicht. Er überlegte, was das für Fahnen waren, denn wir, die wir in der DDR aufgewachsen sind, kannten nur die Arbeiterfahnen und die DDR-Flagge. Das war alles Neuland für uns, aber der felsenfeste Glaube, wie es im Eichsfeldlied beschrieben steht, drückte sich hier nun auch äußerlich sichtbar zu Fronleichnam oder Kirchweihfesten aus. Außerdem bemerkte Gerhardt auch, dass an Freitagen die Fleischerläden keinen Umsatz machten, da in der Regel der Freitag religiös bedingt „fleischfrei“ war. Es gab also zu den Mahlzeiten kein Fleisch, und die Menschen hielten sich daran.
Als Papst Benedikt Etzelsbach im Eichsfeld einst besuchte, lud ich auch Gerhardt ein, und wir waren von diesem Besuch wirklich beeindruckt. Besonders, als zum Schluss das Eichsfeldlied von geschätzt einhunderttausend Menschen gesungen wurde. Dies kam uns bei dem Besuch der Kapelle wieder in Erinnerung.

Eichsfeldlied

Bist du gewandert durch die Welt,
Auf jedem Weg und Pfade,
Schlugst auf in Nord und Süd dein Zelt,
An Alp und Meergestade:
Hast du mein Eichsfeld nicht geseh'n
Mit seinen burggekrönten Höh'n
Und kreuzfidelen Sassen,
Dein Rühmen magst du lassen!

Dort, wo die junge Leine fließt,
Die Unstrut wallt zu Tale,
Der Hülfensberg die Werra grüßt,
der Ohmberg seine Hahle,
die Wipper flutet durch die Au,
Landauf, landab, welch feine Schau,
Auf Tal und Hügelketten
Und schmucke Siedelstätten!

Beut auch die Scholle ihren Sold
Oft karg der Müh', dem Schweiße:
Nur frischer durch die Adern rollt
Das Blut bei frohem Fleiße!
Und ist die Welt nicht breit und lang?
Hinaus mit Reff und Arbeitsdrang!
Es zollt auch fremde Erde
Das Gut dem heim'schen Herde!

Dem Herd, an dem in frommer Zucht
Die treue Gattin waltet
Und Kindern, gleich des Ölbaums Frucht,
Die Händchen betend faltet;
Dem Haus, wo noch der Herrgott gilt,
Und nicht nur, was den Magen stillt,
Wo felsenfester Glaube
Die Blicke hebt vom Staube.

Eichsfelder mit Frohwanderblut
Und liederreicher Kehle,
Heim, heim steht all dein Herz und Mut,
Dein Sinn und deine Seele,
Heim, wo das Kreuz vom Hügel ragt
Und dir von Gottes Liebe sagt!
Schlägt deine letzte Stunde,
Es sei auf Eichsfelds Grunde!

Diese Gegend und diese Menschen hatten es uns angetan. Der felsenfeste Glaube der Eichsfelder wurde auch von den Grenztruppen der DDR nicht übersehen, und so mancher Soldat beschäftigte sich nach seiner Armeezeit mit dem Glauben oder betete darum, unversehrt dort herauszukommen. In diesem Landstrich interessierte man sich weniger für die Politik, sondern man orientierte sich mehr am römisch-katholischen Glauben.
In Kella besichtigten wir auch den Kreuzweg, der einige Stationen über den ehemaligen K6 und die ehemalige Sperre über

hessisches Gelände führte. Man konnte die Anspannung spüren, die über diesem Gebiet lag. Als wir weiter in Richtung Norden fuhren, machten wir am Hülfensberg Rast und besuchten dort die Wallfahrtskirche, wo gerade eine Hl. Messe stattfand. Unsere Frauen zündeten in der Kirche eine Kerze an und am Abend diskutierten wir über den katholischen Glauben. Eine der mitgereisten Frauen bekannte sich auch zum römisch-katholischen Glauben, und so schloss sich der Kreis wieder. Gerhardt erzählte von Asbach-Sickenberg, wo der Friedhof direkt an der Grenze lag. Er erklärte uns, dass bei Beerdigungen oft aus dem Westen eine BlasKapelle bis zur Grenzsäule kam und dort spielte. Im Rahmen der Bataillons-Sicherung hatten die Kameraden der Treffurter Kompanie bis zu diesen Orten zu sichern.

Friedhof Sickenberg 2021; Baumreihe im Hintergrund war die Grenze. Bei Beerdigungen in den siebziger Jahren spielte hier vom Westen her eine Blaskapelle hinter dem Zaun.

Am Abend fanden wir uns in einem Hotel bei Eisenach wieder und ließen den Tag ausklingen. Im weiteren Verlauf fuhren wir zu den Orten, in denen wir eingesetzt waren.
Ein ehemaliger Kamerad, der aus dem Eichsfeld stammte, hatte die Grenze auch sechsundvierzig Jahre danach noch nicht verkraftet. Er befand sich in einem Heim für psychisch kranke Men-

schen. Ich besuchte ihn jedes Jahr zu Silvester mit meiner Frau. Er hatte die DDR noch nicht ganz hinter sich gelassen. Man konnte mit ihm völlig normal reden, sobald es aber über die ehemalige Grenze ging, machte er dicht. Er lebte in einer Scheinwelt und erzählte mir, dass er nun endlich, im Jahr 2018, seinen neuen Wartburg bekäme. Das war natürlich Quatsch. Ich will nur verdeutlichen, dass er die Wende immer noch nicht verarbeitet hatte. Nach mehrmaligem Bitten, kam er mit uns zur Heiligen Messe. Am Gesang und der Kenntnis der Liturgie erkannten wir, dass er noch immer katholisch war und seinen Glauben nicht verloren hatte.

Wir besuchten die alte Kaserne der Grenztruppen in Großburschla. Es hatte sich einiges verändert. Man sah von außen, dass unser Spieß dort nicht mehr am Werk war, denn er hatte eine andere Auffassung von Ordnung als der oder die jetzigen Bewohner des Kompaniegebäudes. Wir fuhren weiter zum Marienhofgut, überquerten den K6 von der Westseite her und besuchten einen ehemaligen Führungspunkt, der sicher erst nach unserer Militärzeit gebaut worden war. Dann fuhren wir in Richtung Brücke Spichra, wo ein Grenzer unserer Kompanie (Uwe Dittmann) in den achtziger Jahren erschossen worden war. Von dort aus suchten wir den Gedenkstein für Herbert Liebs, ein Grenzer, der ebenfalls dort, in der Nähe von Pferdsdorf, erschossen worden war. Leider fanden wir ihn nicht mehr. Irgendjemand muss diesen Stein beseitigt haben. Ich halte dies für unmoralisch, egal, auf welcher Seite das Opfer gestanden hat. So etwas darf nicht vorkommen. Geschichte kann man nicht zerstören, sie kommt immer wieder zurück ins Bewusstsein der Menschen.

Wir machen nun jährlich solche Ausflüge, und das Miteinander ist immer sehr schön, da wir uns sehr gut verstehen und auch die Frauen gut miteinander harmonieren. Im letzten Jahr fuhren wir außerplanmäßig zusätzlich in die Rhön und besuchten dort den Grenzort Birx. Die Landschaft ist einzigartig und wir sahen, dass aufgrund der Höhenverhältnisse im Winter der Stress für die Grenzer noch größer als in unserem Abschnitt gewesen war. In Großburschla und Umgebung hatten wir an den größten Er-

hebungen etwa 500 m, während es in der Rhön, im Bereich Birx, fast 800 m Höhenunterschied gab. In der Ausbildung hofften wir, aufgrund der Kälte, im Winter nicht in der Rhön zu landen. Da ich mehrere Geschichten und ein Buch über diesen Grenzabschnitt gelesen hatte, waren wir neugierig auf die dortigen topografischen Verhältnisse. Außerdem wollte ich schon immer den Grenzstein sehen, der die Grenzlinie zwischen Thüringen, Bayern und Hessen markiert. Nach längerer Suche und einem relativ beschwerlichen Weg fanden wir diesen Grenzstein. Im Rhönhaus, einer Gaststätte, legten wir eine Pause ein. Dort hatten die Inhaber eine wunderschöne evangelische Kapelle errichtet. Befragt nach den Grenzern und deren Verhältnis zu den Bewohnern hörten wir nur Gutes, da die Freundin der Seniorchefin auch einen Grenzer geheiratet hatte. Vorbei an Spahl und Wiesenfeld sahen wir wieder die Kruzifixe, wie im Eichsfeld.
Dieser Teil der Thüringer Rhön war vom katholischen Glauben dominiert. Als ich einst im katholischen Fernsehsender K-TV anrief, hörte ich an der Stimme, dass dort eine sehr sympathische junge Frau den Telefonhörer abnahm, die aus der Gegend der Thüringer Rhön stammte. Schnell kamen wir ins Gespräch und erzählten über die innerdeutsche Grenze und den katholischen Glauben in ihrer Region.
Vor dem Besuch des Rhönhauses besuchten wir die Durchbruchstelle des Werner Weinhold im Bereich Harras-Veilsdorf an der thüringisch-bayerischen Grenze. Im Jahr 1975 wurden hier die zwei jungen Grenzsoldaten, Klaus-Peter Seidel und Jürgen Lange, von einem Flüchtling erschossen. Unsere damaligen Posten erzählten mir, dass sie teilweise dorthin kommandiert worden waren. Es ist sehr traurig, dass man es seitens der Offiziellen bis zum heutigen Tag nicht geschafft hat, dort eine würdige Erinnerungstafel zu installieren.
Ich erinnere mich noch genau daran, dass ich kurz nach meiner Entlassung von dem Vorfall hörte. Ich hatte gerade mein Studium begonnen und war im Kopf noch bei den Grenztruppen der DDR. Über die Vorfälle in meinem Abschnitt hatte ich zu dieser Zeit noch mit niemandem gesprochen. Im Radio hörte ich die

Meldung über den Tod zweier Grenzsoldaten, die von einem vorbestraften NVA-Soldaten, der desertiert war, in der Nacht zum 19. Dezember 1975 innerhalb unseres Grenzkommandos erschossen worden waren.
Bei unserem Besuch dort stellten wir fest, dass die Kameraden der erschossenen Grenzer dort aus Eigeninitiative eine Gedenktafel angebracht hatten. Bereits vor mehreren Jahren hatte ich beim Volksbund Deutsche Kriegsgräberfürsorge darum gebeten, auch den an der Grenze gefallenen Soldaten der DDR eine würdige Gedenkstätte zu bereiten. Leider wurde das abgelehnt, was ich bis heute nicht verstehen kann, da auch diese Soldaten eine Mutter hatten und in der Regel nicht freiwillig dort waren. Die wenigsten von ihnen waren Kommunisten oder Stalinisten.

Rückblick

Wenn ich darüber nachdenke, nach welchen Kriterien die Grenzsoldaten ausgewählt wurden, komme ich zu dem Schluss, dass nicht die Parteizugehörigkeit oder eine Ideologie eine Rolle gespielt haben, sondern es war einzig und allein der Lebenswandel dieser Menschen, insbesondere der Familien. Freiwillige Unteroffiziere, bei denen die Familienverhältnisse nicht in Ordnung waren, wurden zum Teil zwar auch gemäß ihres Wunsches zu den Grenztruppen eingezogen, jedoch blieben diese meist in den Ausbildungskompanien hängen. Sie sahen also die echte Grenze nie, lediglich eine Ausbildungsgrenze im Vorland. Deshalb muss man bei den Zahlen der Grenztruppen differenzieren, denn so viele „echte Grenzer" gab es nicht. Die Pioniereinheiten, Stabs-, Bataillons- und Regimentskompanien hatten auch wenig mit der direkten Grenze zu tun. Die eigentlichen Grenztruppen, die für die Sicherung der Staatsgrenze täglich vor Ort ihr Leben aufs Spiel setzten, waren nur wenige. Wie kam es zur Einstufung? Einige Grenzmuseen, die ich besuchte, stellen diese Grenze anders dar, als ich sie erlebt habe.
Bei einer Führung im Grenzmuseum Schifflersgrund vor etwa fünfzehn Jahren erzählte ein junger Mann den Besuchern einen

solchen Schwachsinn, der nicht zu überbieten war. Mit Schlagworten wie „alles Linientreue bei den Grenztruppen" und „akute Lebensmittelknappheit in der DDR" besudelte er seine aufmerksamen Zuhörer, die ihm, ohne etwas zu hinterfragen, glaubten. Er hatte aufgrund seines Alters – mit hundertprozentiger Sicherheit – nie eine Schicht an dieser Grenze gedient. Natürlich war in der DDR vieles knapp, aber dass unser Volk gehungert hätte, stimmte nun wirklich nicht.

In dem Dorf, in dem ich geboren wurde und aufwuchs, gab es in den fünfziger Jahren nicht allzu viel Luxus. Es gab eine Hebamme, denn alle Geburten fanden in den Wohnhäusern der Bauernfamilien statt. Die Hebamme Lieschen G. war genauso alt wie meine Oma. Sie kannte jeden im Dorf. Wenn keine Geburten anstanden, betätigte sie sich als Krankenschwester. Während ich als Kind einmal eine Lungenentzündung hatte und mit 41,5 Grad Fieber im Bett lag, kam sie täglich, um nach mir zu schauen, nicht ganz altruistisch, denn sie trank immer gern einige Tassen Kaffee – Bohnenkaffe natürlich, der damals sehr teuer und knapp war. Sie war eine Respektsperson und trat an den Krankenbetten der Bewohner immer sehr resolut auf.

Der Arzt kam fast täglich aus dem Nachbarort mit seinem Motorrad und war nicht nur Allgemeinmediziner, sondern zugleich Chirurg, Orthopäde, HNO und auch Zahnarzt. Er verschrieb Antibiotika und zog mit Lieschen auch Zähne. Niemand war daran gestorben, und wenn man es mit heute vergleicht, dann kann ein Arzt jeweils nur sein Fachgebiet bearbeiten. Kleinere Eingriffe am Gebiss, zumindest das Ziehen von Milchzähnen, wurden vom Dorffriseur vorgenommen. Sein Sohn Fred war mein bester Freund, und er sah oft zu, wenn sein Vater mit Hilfe eines Zwirnsfadens einen Milchzahn arretierte und diesen Faden an einer Türklinke befestigte. Danach ging jemand durch die Hintertür hinaus und öffnete die Tür des Friseurgeschäfts. Ein kurzer Schreck des Kindes, verbunden mit leuchtenden Augen, dass der Wackelzahn nun endlich heraus war. Aufgrund dieser Beobachtungen studierte mein Freund Zahnarzt und eröffnete später eine staatliche Praxis.

Wir hatten zwei, manchmal sogar drei Gaststätten im Dorf, Konsum, Fleischgeschäft, Friseur, Schmied, Bürgermeister, ABV, Kindergarten, Schule und LPG, die durch die Kollektivierung Anfang der sechziger Jahre entstand. Mein Vater erzählte mir, dass vor der Gründung der LPG (Typ I und III), zweiundsiebzig Fuhrwerke zur Feldbearbeitung das Dorf verließen.
Wenn man sich heute die Katasterkarten von unserem Ort und den einzelnen Fluren ansieht, dann kann man die Aussage meines Vaters bestätigen. Manche Wirtschaften hatten zwei bis drei Hektar Land, wobei davon noch ein Teil Wiese war. Nach der Wende waren diese Strukturen sofort wieder aktuell. Nun waren aber seit 1945 etwa fünfundvierzig Jahre vergangen, und das Ackerland war zusammengelegt worden. Die Flächen wurden von einer spezialisierten LPG-Pflanzenproduktion bewirtschaftet, Feldwege wurden teilweise umgepflügt, und die Grenzsteine waren nicht mehr vorhanden. Dies machten sich einige Westlandwirte zunutze, indem sie die Eigentümer bzw. Erben größerer Flächen aufsuchten. Oft konnten sie diese Flächen für ein Trinkgeld kaufen oder pachten. Unsere Leute hatten davon keine Ahnung, da das Land in der DDR vom Staat vergeben wurde und die alten Strukturen hierbei kaum eine Rolle spielten.
Ich hatte zum Beispiel im Rahmen meiner unternehmerischen Tätigkeit eine Erbengemeinschaft von etwa dreißig Mitgliedern aufzulösen. Im Grundbuch stand ein Mann, der 1898 aus unserem Dorf nach Lübeck als Schlosser ausgewandert war. Ihm gehörten 20 % der Ländereien. Er starb 1945 auf dem Bahnhof in Lübeck. Seine Kinder und Enkel waren auch bereits teilweise verstorben, und es war fast unmöglich, die wahren Erben zu finden.
Fast jeder Haushalt hatte landwirtschaftliche Nutztiere zu versorgen, so dass täglich Arbeit anfiel und es auch keine psychischen Probleme gab, die in der heutigen Zeit aktuell sind. Jedes Dorf versorgte sich quasi selbst. Nach meinem Studium war ich als Veterinäringenieur der Tierarzt im Ort, da meine StGP (Staatlich tierärztliche Gemeinschaftspraxis) auch für unseren Ort zuständig war. Private Praxen gab es in den siebziger Jahren nicht

mehr, da diese durch den Aufbau der entwickelten sozialistischen Gesellschaft nicht mehr zugelassen wurden. Durch meine Tätigkeit kannte ich die Menschen im Ort sehr gut, und wenn ich ein Schwein oder eine Kuh behandelt hatte, bekam ich zumeist eine Bratwurst oder eine Pappe Eier als Bezahlung. So ergab es sich, dass wir alle Hausschlächter im Dorf bereits am Geschmack der Wurst einordnen konnten. Es brauchte niemand im Dorf wegen einem Arzttermin oder wegen der Schule (außer in den höheren Klassen) das Dorf zu verlassen. Wenn heutzutage viel von Ökologie gesprochen wird, kann man es nicht nachvollziehen, dass die Ortsbewohner wegen jeder Kleinigkeit mehrere Liter Benzin verfahren müssen, um sich mit materiellen, immateriellen oder kulturellen Dingen zu versorgen.
Es war also der Halt in der Heimat, im Ort, der die staatlichen Organe dazu bewegte, junge Männer zu den Grenztruppen der DDR einzuziehen. Die Verbundenheit mit den fleißigen Menschen im Dorf und der Halt, der dadurch entstanden war, konnte dafür ausschlaggebend gewesen sein, dass ich zur Grenze gezogen wurde. Ich war kein Mitglied der SED, wie es öfters fälschlicherweise in den Medien in Bezug zu den DDR-Grenzsoldaten dargestellt wurde. Wenn man heute zurückblickt, erkennt man, dass die DDR lediglich daran gescheitert ist, dass man Gott verleugnet hat. Die Grundidee war eigentlich auf christlicher Basis aufgebaut, aber man hatte Gott verleugnet, und das geht immer und in jedem System schief – auch in dem heutigen politischen Gefüge, wo der Name Gottes oft missbraucht wird. Meinungsfreiheit ist heute ein oft gepriesenes Wort, aber wenn man eine andere Meinung als der allgemeine Mainstream hat, wird man förmlich fertiggemacht. Die Mehrheit der Bevölkerung denkt nach meiner Meinung so, aber es wird mit Hilfe der Massenmedien sehr viel in die gewünschte Richtung getrieben.
Zurück zu unserem Dorf. Meine Eltern heirateten 1949, und mein Vater musste die Landwirtschaft meines Großvaters übernehmen, da dieser beim Anheben einer Dreschmaschine verunglückte und bald darauf, 1947, starb. Anfang der sechziger Jahre brachten meine Eltern ihre Wirtschaft mehr oder weni-

ger unfreiwillig in die LPG ein. Ich erinnere mich noch an die langen Gespräche, die die „Werber“ für die Genossenschaft mit meinen Eltern führten. Zusätzlich hatte man uns eine Familie von Flüchtlingen einquartiert. Da meine Eltern nun zwei Kinder hatten und die Flüchtlingsfamilie ebenfalls ein bereits größeres Kind mitbrachte, war es manchmal sehr eng in unserem Haus. Diese Menschen kamen aus dem Sudetenland. Es waren fleißige und gute Menschen, mit denen wir uns gut verstanden haben. Ihr Glaube jedoch war katholisch geprägt, und das passte nicht in unsere Gegend. Trotzdem bekamen sie die Möglichkeit, im evangelischen Pfarrhaus ihre Heiligen Messen abzuhalten. Mich beeindruckte ihre Aufrichtigkeit und ihr Mut, sich zu ihrem Glauben zu bekennen, auch wenn sie ihre Heimat verloren hatten. Dieses Thema der Vertreibung wurde in der DDR völlig ausgeblendet. Man durfte damals nicht darüber sprechen.
Als ein anderer Vertriebener aus Böhmen, Josef Kühnl (Pepi) Anfang der sechziger Jahre Radio Vatikan hörte und Westfernsehen schaute und einige Ortsbewohner, insbesondere Sudetendeutsche, dazu einlud, wurde er, ich glaube, mit einem Jahr Gefängnis bestraft. Dennoch unterrichtete er insgeheim die durch die Flüchtlinge eingereisten Katholikenkinder über den katholischen Glauben. Er ließ sich auch nicht durch die Gefängnisstrafe von seinem Glauben abbringen. Später war er ein Hauptakteur beim Aufbau der Friedhofskapelle und beim Aufbau der evangelischen Kirche.
Er hatte einen großen Wunsch – er wollte seine alte Heimat noch einmal wiedersehen. Ich frage ihn, wo das denn genau wäre, da ich ihm gern eine Freude machen wollte, denn er hatte zuerst unverheiratet seine Mutter bis zum Tod gepflegt und später, nach seiner späten Heirat, noch seine Frau. Sie lag mehrere Jahre im Bett und konnte nicht mehr reden. Einmal, als ich Pepi besuchte, sah ich, wie er sie fütterte. Als sie ihn sah, war ein Lächeln auf ihrem Gesicht zu erkennen. Da ich mit Pepi und Rudi, einem weiteren Dorfbewohner, bereits zu DDR-Zeiten mit einem Trabant in Turzovka (Slowakei) war, hatte ich mir vorgenommen, ihn noch einmal in seine frühere Heimat zu fahren.

Ich glaube, es war Anfang des Jahres 2000 an einem Sonntagmorgen, sah ich beim Vorbeifahren Pepi vor seinem kleinen Häuschen stehen. Ich bremste ab und fragte ihn: „Pepi, wie hieß der Ort, wo du herkommst und was war dort das beste Haus, die beste Kneipe am Platz?“
Er lächelte und sagte: „Der Ort heißt Königsberg an der Eger und heißt heute Kynšperk nad Ohří. Das beste Hotel oder die beste Gastwirtschaft war damals das Hotel zum Schwan.“
Da ich ein spontaner Unternehmer war und bis heute noch bin, sagte ich scherzhaft zu ihm, dass wir heute dort Mittag essen werden und er das bezahlen müsse. Da lachte er, denn das schien ihm unmöglich. Als ich nach Hause kam, berichtete ich meiner Frau davon. Ich bat sie darum, zu Pepi zu fahren und ihn von der Mitfahrt zu überzeugen. Da sie mich kannte und wusste, wenn ich mir etwas in den Kopf gesetzt hatte dies auch durchführte, fuhr sie zu Pepi und überzeugte ihn, mitzukommen. Damals waren die Grenzen noch nicht offen und man wurde kontrolliert. Er hatte keinen gültigen Ausweis mehr, dieser war abgelaufen, trotzdem überzeugte meine Frau ihn, mitzukommen, da er einen provisorischen Ausweis besaß. Ich hatte mich zwischenzeitlich über die Route erkundigt und nach etwa drei Stunden standen wir vor dem Hotel Schwan, um Mittag zu essen.
Pepi kamen die Tränen. Er zeigte uns die Orte seiner Kindheit – den Bäckerladen, wo er gelernt hatte, die Schule und sein Wohnhaus. Er kannte jede Ecke und jeden Winkel. In der katholischen Kirche trafen wir sogar auf einen tschechischen Priester, der sich mit ein wenig Deutsch mit uns austauschte.
Es war schön, mit anzusehen, wie froh Pepi war, mit über achtzig Jahren seine alte Heimat wiederzusehen. Er hatte noch eine Bitte – er wollte zu einem in der Nähe liegenden Wallfahrtsort gefahren werden. Das war mit meinem Geländewagen kein Problem, obwohl er mich über alte Feldwege führte. Die Wallfahrtskirche nannte sich „Maria Kulm“. Dort war er als Pilger in seiner Jugend oft gewesen. Wir verließen unser Auto und gingen in die geöffnete Kirche. In einer Kapelle ließ er sich nieder und betete. Wir hörten Gesang aus der Hauptkirche ertönen und gingen neugierig hinein. Da ich Pepi darauf aufmerksam machen woll-

te, ging ich zurück zur Kapelle und informierte ihn darüber. Er war noch im Gebet versunken und betete unter Tränen. Damals war ich noch ein evangelischer Christ, und ich ärgere mich heute noch darüber, dass ich Pepi im Gebet störte. Er möge es mir im Himmel verzeihen, dass ich ihn damals aus seinem Gebet gerissen habe.
Wir hatten auch Angst, dass unser Auto vor der Kirche gestohlen werden könnte, da in den Medien über Autodiebstähle in Polen und der Tschechei viel publiziert wurde. Als wir zurück zu unserem Auto kamen sahen wir, dass wir die Scheiben des Autos zu schließen vergessen hatten und alles offen war. Jeder hätte ohne große Mühe das Auto stehlen können. Aber wir sahen es als Zeichen von oben an, dass alles richtig war, was wir dem alten Mann, der sein Leben auch für den römisch-katholischen Glauben aufgeopfert hatte, ermöglichten.
Pepi drückte uns ganz fest, als wir am Abend in Borxleben ankamen. Ich glaube, er sagte, jetzt könne er in Frieden sterben. Nach einigen Monaten schlief Josef Kühnl friedlich ein. Ich erinnere mich noch daran, dass er öfters mit einer Perlenkette in der Hand vor seinem Häuschen stand, das er nach dem Tod seiner Frau allein bewohnte. Damals wusste ich nicht, dass es der Rosenkranz war, da ich mich als oberflächlicher evangelischer Christ um solche Dinge wenig kümmerte.
Durch seinen Tod dachte ich mehr über sein Leben nach und bis zum heutigen Tag fahren wir, wenn wir in dieser Gegend sind, in Königsberg an der Eger und Maria Kulm vorbei. Einmal erlebten wir dort eine der feierlichsten Heiligen Messen, die ich überhaupt erlebt hatte. Eine Blaskapelle aus Bayern begleitete den Gesang der Gottesdienstbesucher, so dass die übervolle Kirche eine eindrucksvolle Kulisse bot. Immer am Sonntag um Maria Himmelfahrt herum findet dort eine große Wallfahrt statt, wo sich Tschechen und Deutsche treffen. Der Geist und das Leiden unseres Dorfbewohners Josef Kühnl lebt auch in unserer Kapelle in Borxleben weiter. Er war für alle ein Vorbild in Bescheidenheit und Glauben. Mit seiner überdimensionalen Intelligenz gab er nie an, sondern half jedem, der zu ihm kam.

Der Ausflug zu den Menschen und deren Biografie, die nach 1945 als Flüchtlinge zu uns kamen, gehört einfach dazu, da mit diesen Menschen, so sagte es einst Pfarrer G. Albrecht in einer Predigt, „auch ihr Glaube – also ihr römisch-katholischer Glaube“ in unserer Gegend ankam.

Josef Kühnl etwa 1991 zum Richtfest der Kirche Borxleben

Josef Kühnl vor seinem Haus in Königsberg a. d. Eger, wo er vor 1945 aufgewachsen war/Mai 2003

Wallfahrtskirche Mariakulm im Egerland

Mit der LPG änderte sich zunächst viel in unseren Dörfern. Es gab Verzögerungen bei der Zwangskollektivierung, deshalb wurden in unserem Ort zunächst zwei Typen von LPG zugelassen. In der LPG Typ 1 wurde das Vieh, in der Regel Kühe und Schweine, bei den einzelnen Bauern belassen und das Land wurde gemeinsam bewirtschaftet, während in der LPG Typ 3 alles zusammengelegt wurde, Tier- und Pflanzenproduktion. Hierbei gab es große Probleme, und einige Landwirte, die eine bestimmte Größe an Ackerfläche überschritten hatten (100 ha), verließen das Land. Andere wiederum kamen zurück in die DDR, da sie in ihrem angestammten Beruf in der Landwirtschaft arbeiten konnten und zusätzlich durch die Bodenreform einige Hektar Land, das früher den Großgrundbesitzern gehört hatte, kostenlos überlassen bekamen.
In unserem Dorf lernten wir als Kinder die verschiedensten Dialekte des alten Deutschen Reichs kennen, da Ost- und Westpreußen, der Warthegau, Pommern, Schlesien, Sudetenland und sogar Österreich vertreten waren. Meine Frau ist heute noch immer wieder darüber erstaunt, dass ich diese Dialekte so gut nachahmen kann. Wenn man als Kind damit aufwächst, verlernt man das kaum.
Zu dieser Zeit wurden die letzten Lebensmittelmarken vergeben, und ich hörte als kleiner Junge öfters von meinem Vater die Worte „freie Spitzen“ und „Soll“. Das Soll war eine Ablieferungspflicht von tierischen Produkten. Hierfür bekamen die Bauern nur sehr wenig Geld. Meine Mutter schickte mich öfters zum Eierverkauf, wo es sofort Bargeld gab, um ihre Familienkasse flüssig zu halten. Wenn ein Schwein oder ein Bulle als freies Spitzentier verkauft werden konnte, kam Geld in die Kasse. In der Woche gab es in der Regel zum Mittagsbrot Suppe. Nur am Sonntag wurde mit der Gabel gegessen. Gehungert haben wir nicht, aber Luxusgüter und täglich Süßigkeiten, wie heute, gab es nicht. Im Jahr schlachteten wir zwei Schweine, um die Speisekammer zu füllen, und das musste das ganze Jahr lang reichen. Vom Schwein wurde alles verarbeitet, auch das Darmfett. Man war es gewöhnt, bescheiden zu leben.

In die Kirche ging man wenig, aber das war in der protestantischen Kirche auch nicht so wichtig, da es keine Sonntagspflicht gab. Trotzdem machten fast alle Kinder die Konfirmation mit. Genauso nahmen alle meine Alterskollegen an der sozialistischen Jugendweihe teil. So auch ich. Man wollte sich nicht von vornherein jegliche Entwicklungschancen verbauen. Nach der Jugendweihe nahm ich noch an der Konfirmation teil. Mit der Konfirmation wurde man quasi aus der Kirche heraus konfirmiert. Bis zu meinem Armeedienst nahm ich nur noch an wenigen Gottesdiensten teil, da wir als Jugendliche andere Prioritäten setzten. Wir fuhren mit unseren Mopeds Star und Schwalbe in der Gegend herum und schauten schon nach den Mädchen. Ich empfand es immer als richtig, dass man von den Eltern angehalten wurde, zur Kirmes mit jedem Mädchen einmal zu tanzen. Damals war ich der Kleinste und Jüngste in der Klasse, deshalb sah das mitunter lustig aus, da mir mein Konfirmationsanzug viel zu groß war. Niemand ging mit einer Niethose zum Tanz, sondern Anzug und Krawatte waren fast Vorschrift. Bis heute finde ich das gut. Die Verwahrlosung der Sitten und Gebräuche wie heute gab es nicht. Jeder von uns hatte Sonntagssachen, die nur an Sonn- und Feiertagen angezogen wurden. Der Überfluss wie heute war undenkbar.

Erste Zeichen von katholischem Leben

Mit der politischen Wende in der DDR kamen auch gewisse Freiheiten zu uns, aber auch die Haltlosigkeit und die Sünde. In der evangelischen Kirche hatte man voll mit sich selbst zu tun, da die Homosexualität einiger Pfarrer hier im Osten ein absolutes Novum war. Aus meiner Zeit in der Thüringer Landessynode kannte ich das Problem. In unserer ländlich geprägten Region konnte man das ohnehin nicht verstehen, und deshalb beschäftigte ich mich vorerst nicht damit, bis dann unsere Gemeinden selbst durch einen solchen Fall betroffen waren. Hinzu kam, dass die Scheidungsrate der evangelischen Pfarrer mit der Wende gleichfalls angestiegen war. Im Internet fand ich Zahlen, die von 40 %

geschiedener Ehen bei evangelischen Pfarrern ausgingen. Deshalb wurde ich später, bis zum heutigen Tag, ein Verfechter des Zölibats in der katholischen Kirche. Dann lieber weniger Pfarrer, aber welche, die ihr Leben für Gott und die Menschen aufopfern. Es ist auch meiner Meinung nach nicht schlimm, wenn ein Priester schwach wird und eine Beziehung zu einer Frau hat, aber er muss sich dann entscheiden. Falls er sich für die Frau entscheidet, so sollte er trotzdem in der Kirche bleiben, jedoch nicht als Priester, sondern beispielsweise als Diakon.

Mit dem Bau des Feldkreuzes gab es in unserem Dorf nach unserer Firmung die ersten Regungen von katholischem Leben. Pfarrer Wieg fand sich zum Fest Kreuzerhöhung auf unserem Limberg ein. In einer feierlichen Zeremonie weihte er dieses Feldkreuz. Das war quasi die erste katholische Weihe eines Kreuzes in unserem Ort, vermutlich seit der Reformation. Das Kreuz wurde von der Bevölkerung gut angenommen, und in der Jahren 2008 bis 2019 feierten wir jährlich dort Himmelfahrt mit wachsender Teilnehmerzahl. In den ersten Jahren kamen etwa fünfzehn bis zwanzig Menschen, später fünfzig bis siebzig. Am Anfang der Feier zu Christi Himmelfahrt hielt ich, wenn kein Priester da war, eine kurze Andacht und dann gab es ein gemütliches Beisammensein. Viele Menschen kamen mit Fahrrädern, Mopeds oder auch mit Traktoren, was sich mittlerweile schon zu einer kleinen Tradition entwickelt hat.

Mit dem Bau der Kapelle, die nur etwa zweihundert Meter entfernt von dem Kreuz steht, verlagerte sich die Zusammenkunft dorthin. Im Jahr 2019 weihten wir die neu gebaute kleine Kapelle ein. Zur Eröffnung kamen fast zweihundert Menschen, obwohl unser Ort nur etwa zweihundertachtzig Einwohner hat. Wir hatten das Dorf mit Birken und kleinen weiß-gelben Fähnchen geschmückt. Es kamen Fuhrwerke mit alten, aber schön geschmückten Traktoren aus allen Himmelsrichtungen gefahren. Pfarrer Wieg und Pfarrer Palesch und später auch Pfarrer Albrecht hielten eine Andacht, so dass alles wunderschön war und die Menschen noch heute gern davon reden.

Bei der Zusammenkunft am Himmelfahrtstag stellte ich in vielen Gesprächen fest, dass die geistige Not der Menschen größer ist als alles andere. Man hatte sich durch die Jahre des Kommunismus von Gott entfernt und diese geistliche Armut prallte nun auf die Menschheit. In der DDR war alles vom Staat vorgezeichnet, und man gehorchte automatisch. Das fiel nun weg, und die Menschen waren auf sich allein gestellt. Viele hatten keinen Gott, der ihnen in Krisensituationen im Leben helfen konnte – bei dem sie Heimat finden konnten. Da man in der Schule gelernt hatte, dass Religion Opium für das Volk ist und von der herrschenden Klasse im Kapitalismus zum Machterhalt benutzt wird, konnte man nicht einfach davon ablassen. Also musste ein Wunder her, um den Glauben wieder unter die Menschen zu bringen.
Von unserem alten evangelischen Pfarrer wurde der Bau der evangelischen Kirche als „Wunder des Nordens“ bezeichnet, da dieser Bau zu DDR-Zeiten von uns initiiert wurde. Es war der Norden Thüringens gemeint, da unsere Gemeinde zur Thüringer Landeskirche gehörte.
Um ein Wunder hatte ich gebetet, als unser zweiter Sohn von einem Brecher abgestürzt war. In einer katholischen Kirche in Sangerhausen beteten meine Frau und ich, kurz nachdem wir ihn im Krankenhaus abgeliefert hatten, inständig darum, dass er überlebt. Gott hatte unser Gebet erhört und der Arzt fand die gerissene Stelle, was nicht selbstverständlich war. Da ich selbst öfters Tiere, insbesondere Schweine, mit großen Bauchbrüchen operiert hatte, wusste ich, wie schwer es ist, in einem Gewühl von Därmen die richtige Stelle zu finden. Da hilft ein Titel wie Chefarzt meist nichts. Entscheidend ist die Handwerkskunst des einzelnen Operateurs.
Ich persönlich hatte in der Tiermedizin die Erfahrung gemacht, dass hoch betitelte Leute, bis hin zum Professor, in der Praxis einfach für bestimmte Handlungen unfähig waren. Die Menschen wollen aber diese Titel haben und hören. Wenn der Chefarzt oder Professor das macht oder sagt, dann ist das für diese nicht kritisch nachfragenden Menschen fast der liebe Gott. Sollte ich einmal operiert werden müssen, möchte ich nicht von einem

Professor operiert werden, sondern von einem Arzt, der das fast täglich und möglichst aus Berufung tut. Ich ging und gehe bis heute vom Gedicht des August Lemmle aus: „Titel, Name, Geld, Befrackung ist nur Sache der Verpackung. Schale gilt nicht, sondern Perle – wichtig ist allein der Kerle." Der Arzt, der unseren Sohn operiert hatte, war kein Professor und damals auch kein Chefarzt, er hatte auch nicht promoviert, aber er hatte seinen Beruf aus Berufung erlernt. Das erfuhr ich später von einem befreundeten Arzt. Gott hatte seine Hände und Sinne geführt, und das war entscheidend. Das Wunder war also geschehen. Der Unfall hatte sich etwa 150 m südlich vom Standort der heutigen Kapelle ereignet.

Da hier bereits einiges von Ärzten geschrieben wurde, möchte ich noch eine Episode einfügen. In einer Sendung des K-TV, dem Tagesthema, hörte ich einst eine angeregte Debatte um Krankheiten, die Pfarrer Buschor mit den Anrufern diskutierte. Einer hatte dieses Wehwehchen und der Nächste ein anderes. Man wollte wissen, welcher Arzt welche Behandlung dem einen oder dem anderen verschrieben hatte.

Dann rief eine Frau aus der Schweiz an und sagte in etwa: „Herr Pfarrer, ich habe Ihre Sendung bisher verfolgt. Ich bin 102 Jahre alt und noch relativ gesund. Sagen Sie Ihren Anrufern: Wenn Sie alt werden wollen, dann gehen Sie nicht zu oft zu den Ärzten."

Dieser Auffassung kann ich mich nur anschließen. Bei wichtigen und unaufschiebbaren Dingen sollte man schon zum Arzt gehen, aber manche Dinge sind kontraproduktiv. Als Medizinethiker kann ich nur auf Statistiken im Gesundheitswesen verweisen. Seit der Einführung der Fallpauschalen zum Beispiel haben sich die Kaiserschnitte in der Humanmedizin vervielfacht. Grund dafür war, dass man für einen Kaiserschnitt etwa das Doppelte erhalten hat, als für eine Normalgeburt. Das Unethische dabei ist, dass durch die OP irreversibles Narbengewebe hinterlassen wird und dies bei weiteren Geburten Probleme machen kann. Außerdem kommt es durch die unnötige Durchtrennung von Gefäßen am Uterus zur Bildung von Kollateralkreisläufen. Bei Tieren hatte ich früher auch öfters Kaiserschnitte durchgeführt. Hier konnte ich dies sehr gut beobachten und kann nur vor unnötigen Operationen warnen. Auch Tätowierungen oder das Verstümmeln von Ohren, was man heutzutage oft bei jungen Leuten sieht, hinterlässt unnützes Narbengewebe und sollte aus meiner medizinischen Sicht nicht toleriert werden. Es handelt sich hierbei um irreversible Schäden an lebenden Organismen. Die Jugend hatte bereits früher das Vorrecht, gegen das Althergebrachte zu protestieren. Das ist und war auch in Ordnung. Wenn ich daran denke, wie wir uns früher die Haare haben lang wachsen lassen. Auch das war eine Art Protest. Aber es war kein irreversibler Schaden, man konnte die Haare wieder abschneiden oder wachsen lassen. Bei Tätowierungen oder Verstümmelungen von Nase und Ohren ist der Schaden nicht reversibel.

Ich denke, dieser Ausflug in die Welt der Medizinethik und Veterinärmedizin gehört auch als Warnung in die katholische Welt, um unsere jungen Menschen vor diesen überhandnehmenden Phänomenen zu schützen.

In jeder Heiligen Messe heißt es: „... Und bewahre uns vor *Verwirrung* und Sünde ..." Schon allein deshalb brauchen die Menschen Jesus Christus, um Halt zu finden und eine klare Richtlinie zu haben.

Perspektiven

Was kann die Zukunft bringen? Ich bin davon überzeugt, dass die katholische Grundüberzeugung eine Rettung für die Menschheit bedeutet. Einerseits würden Kriminalität und Zerrüttung der Familien und Gesellschaft überwunden werden und andererseits wäre ein Staat auf der Basis der katholischen Soziallehre auch für die Schwachen in der Gesellschaft akzeptabel. Derzeit wird viel über den Synodalen Weg in der katholischen Kirche diskutiert. Aus eigener Erfahrung in der evangelischen Landessynode kann ich nur vor solchen Wegen warnen. Ich erinnere mich an stundenlange Debatten, die am Ende zu nichts führten. Der Glaube und das Heilige blieben nahezu völlig auf der Strecke.

Man verstrickte sich automatisch in weltliche Dinge und verlor dadurch den wahren Grund des Zusammenseins. Im Neuen Testament gibt es genügend Stellen, die vor Spaltungen und Streit in den Gemeinden warnen. Die Sensationspresse wartet nur darauf, dass die letzte Bastion gegen Sexismus und Abartigkeit, die katholische Kirche, fällt. Das wird nicht passieren, solange sich die Kirche Jesu Christi auf seinen Ursprung besinnt und mit felsenfestem Glauben den Machenschaften des Teufels widersteht. Angst ist hierbei ein schlechter Ratgeber. Trotz aller Verfehlungen der katholischen Kirche in der Neuzeit werden „die Mächte der Unterwelt ... sie nicht überwältigen", wie Jesus es Petrus einst sagte.
Die Verfolgung der Christen hat die Kirche seit ihrem Bestehen nicht ausgelöscht, sondern aus dem Blut der Märtyrer wuchsen immer wieder neue Generationen von Gläubigen heran. Als ehemaliger Grenzsoldat kann ich es gut nachvollziehen, wie leicht es ist, von einem weichen Sessel aus zu seinen Überzeugungen zu stehen. An der Front aber, wenn es ernsthaft um Leben oder Tod geht, zeigt sich die wahre Jüngerschaft Christi. Manchmal muss man auch gegen den Strom schwimmen, auch wenn man dabei seinen Luxus oder sogar das Leben aufs Spiel setzt. Göttliche Gebote sind nicht verhandelbar! Alles ewig zu debattieren und immer wieder auf die Tagesordnung zu setzen bringt nichts. Wir haben einen Katechismus und das Lehramt der römisch-katholischen Kirche, der ältesten Institution der Welt, nach denen man sich richten kann. Alles andere führt nur zu einer erneuten Spaltung. Die vielen christlichen Religionsgemeinschaften oder Sekten geben Zeugnis über Streitigkeiten in den Gemeinden über Jahrhunderte hinweg. Die Zukunft kann nur aus der Tradition heraus wachsen. Ich habe die Erfahrung gemacht, dass die Menschen keinen „Halbglauben" wollen. „Ein bisschen schwanger" gibt es eben nicht. Ich glaube, oder ich glaube nicht.
Wie viele Beweise seiner Liebe sollte Gott mir noch erbringen? In einigen Kapiteln habe ich auf Gottesbeweise in meinem Leben hingewiesen. Irgendwann musste ich mich für oder gegen Gott entscheiden, auch wenn der Satan immer wieder Zweifel zu

streuen versuchte. Felsenfester Glaube, wie es im Eichsfeldlied gesungen wird, hilft, jegliche Versuchung zu bekämpfen. Eine Region wie das Eichsfeld, die es geschafft hat, allen politischen Diktaturen zu trotzen und, umgeben von einem atheistischen und protestantischen Umfeld, fest im Glauben verwurzelt auf Gott zu vertrauen, kann uns dabei Vorbild sein.
Weniger die weltlichen Machthaber sollten unsere innere Einstellung zu den Dingen beherrschen, sondern die Frage: Was will Gott hier und heute von mir? Unser Leben wäre sinnlos, wenn sich unser Horizont lediglich auf materielle Dinge beschränken würde. Die Vereinsamung der Menschen, insbesondere der älteren, stellt ein großes Problem dar. Niemand muss nach Afrika zur Mission. In den meisten Fällen genügt ein Blick zum Nachbarn oder zu einem Verwandten, der einsam ist. Hier liegt ein riesiges Aufgabenfeld für unsere Gemeinden.
Die Priester sollten auch ohne Angst wieder an die Sonntagspflicht erinnern. Früher verstand ich als evangelischer Christ die Aufforderung der katholischen Kirche zur Sonntagspflicht nicht, da es bei uns sehr liberal gehandhabt wurde. Die Folge war ein massiver Abfall vom Glauben. Heute würde ich sagen, nur wer zumindest einmal in der Woche, also am Sonntag, zur Hl. Messe geht, hat das Gesetz erfüllt, zumal man bereits am Samstag ab 16 Uhr eine Messe besuchen kann, um die Sonntagspflicht zu erfüllen. Bei Nichterfüllung der Sonntagspflicht muss ich unbedingt zur Beichte, da es sich um eine *schwere* Sünde handelt. Jegliche Aufweichung dieses Gesetzes ist kontraproduktiv.
Nicht immer kann derjenige ernten, der gesät hat. Manchmal ernten andere, sagte mir einst ein evangelischer Pfarrer in meiner Kindheit. Den Römern ein Römer und den Griechen ein Grieche zu sein, sollte unser Leitgedanke bei der Heranführung von Menschen zum Glauben werden. Ohne Berührungsängste versuchte ich nach meinem Eintritt in die römisch-katholische Kirche meinen Mitmenschen zu begegnen. Das Schwierigste dabei ist das Vorleben. Leider gelingt mir das auch nur selten, denn ich bin ein emotional veranlagter Mensch. Außerdem wird in ländlichen Regionen genau beobachtet, wie man sich verhält. Bei der

kleinsten Verfehlung wird einem das angerechnet. Dabei trifft oft der Grundsatz zu: Kein Prophet gilt etwas im eigenen Land. Sehr wichtig ist die Kontinuität und das Einhalten von Versprechungen. Mein Leben hat sich zumindest mit dem katholischen Glauben zum Positiven hin entwickelt.

Leben mit dem katholischen Glauben

Seit ich mit meiner Familie zum katholischen Glauben konvertiert bin, habe ich eine klare Richtschnur im Leben gefunden. Täglich früh 6 Uhr beten wir im K-TV den Rosenkranz mit. Damit fängt der Tag geordnet an. In dieses Gebet legen wir unsere Wünsche, Hoffnungen und Erwartungen für den neuen Tag hinein. Danach begeben wir uns in das meist atheistische Umfeld der freien Wirtschaft. Bekommt man dort mit, dass wir katholisch sind, sind die Reaktionen unterschiedlich. Manche Menschen sind neugierig und wollen mehr über diesen Glauben erfahren. Manche halten einen für dumm und ungebildet, da man einer sterbenden Religion anhängig ist. Wieder andere versuchen einen auszunutzen, da sie der Meinung sind, dass man aufgrund des Glaubens auch in der Geschäftswelt immer nachgeben muss und damit leichtes Spiel mit einem haben. Ich habe die Erfahrung gemacht, dass man klare und unmissverständliche Positionen vertreten und danach handeln muss.
Wir hatten einen großen Baukonzern, der mit uns einen relativ großen Auftrag abarbeiten wollte. Die Firma war mit unserer Arbeit im Zulieferbereich sehr zufrieden, weil wir Tag und Nacht gearbeitet haben. Wir hatten unser Werk vierundzwanzig Stunden am Tag geöffnet. Da die Firma im Bereich des Bahnbaus tätig war, sollten wir nun auch am Sonntag arbeiten, um den Auftrag fristgerecht abarbeiten zu können. Dies hatte ich aber von vorherein ausgeschlossen, da ich unseren Mitarbeitern und uns am Sonntag, auch aus biblischer Sicht, einen freien Tag zum Besuch des Gottesdienstes ermöglichen wollte. Die Firma aus dem Westen war damit nicht einverstanden und übte Druck auf mich aus. Ich solle doch am Sonntag öffnen, um den Auftrag

abzuarbeiten, ansonsten müssten sie sich um einen anderen Lieferanten bemühen. Ich gab dem Druck nicht nach und öffnete am Sonntag nicht. Die Firma kündigte uns kurzerhand den Lieferantenvertrag. Wenige Wochen danach meldete sich unser Auftraggeber wieder, es sei mit uns doch immer alles gut und zuverlässig verlaufen, mit dem neuen Lieferanten gäbe es nur Ärger und die Lieferfristen würden ohnehin nicht erfüllt. Man würde es respektieren, dass wir aus christlicher Sicht am Sonntag nicht liefern.

Eine weitere Aktion war der Fronleichnamstag. Solange ich die Geschäfte führte, schloss ich an diesem eigentlich nur in katholischen Regionen begangenen Feiertag unsere Betriebe. Ich ließ ein Schild anfertigen mit der Aufschrift: „Wegen katholischem Feiertag am ... geschlossen! (Fronleichnamstag)“ An diesem Tag fuhren wir nach Heiligenstadt, um an der Prozession teilzunehmen. Zunächst hatten wir mit einer Welle der Entrüstung zu kämpfen, da Kunden, insbesondere Spediteure mit ihren LKW, vor unseren Kies- und Betonwerken standen, obwohl wir es per Post angekündigt hatten. Es gab Telefonate und Beschimpfungen, die aber relativ schnell verhallten. Wir selbst hatten Zweifel an der Maßnahme und dabei nicht immer ein gutes Gewissen.

In der Weihnachtszeit fuhr ich jedes Jahr zu unseren größten Kunden und sprach einige Worte mit den Geschäftsführern. Das Thema des Fronleichnamstags kam dort auch wieder zur Sprache und ein Geschäftsführer fand es einfach toll, dass wir den Mut hatten, uns zu unserem Glauben zu bekennen. Es ermutigte ihn, sich mit der Materie zu beschäftigen. Weshalb verzichteten wir auf materielle Dinge und setzten uns der Gefahr aus, Kunden zu verlieren? An diesem Glauben musste etwas dran sein. Ich hörte mir Geschichten von Flucht und Vertreibung der Eltern der Firmeninhaber an, die in ihrer angestammten Heimat auch katholisch waren, jedoch den Bezug zur Kirche im Lauf der Jahre verloren hatten. Alles in allem hatten wir nach unserer Aktion, die Firmen während Fronleichnam geschlossen zu lassen, mehr Sympathie erlangt als zuvor, denn auch unsere Arbeitnehmer und die LKW-Fahrer bzw. die Mitarbeiter der Baufirmen waren

über den reduzierten Arbeitsstress an diesem Tag nicht böse. Im Gegenteil, man hatte eine Ausrede, wenn die Leistung für diesen Tag nicht kam, da wir als Zulieferer geschlossen hatten. Gott schreibt auf krummen Linien gerade, wenn er will. Zu diesem Schluss kam ich nach der Maßnahme. Mangelndes Gottvertrauen und ständige Zweifel behindern nur jeglichen Glaubensfortschritt.
Wir begannen nach dem Bau des Kreuzes und der Kapelle, jedes Jahr zu Christi Himmelfahrt die Menschen einzuladen. Jeder war und ist willkommen. Es hat sich schon zu einer Tradition entwickelt, dass dort eine katholische Andacht stattfindet. Jährlich finden sich dort Menschen ein, die am Glauben und auch an Gesprächen interessiert sind.
Wichtig war es mir immer, dass Worte glaubhaft rüberkommen. Die Menschen merken es, wenn jemand etwas nur so dahinsagt, oder ob er es aus innerer Überzeugung von sich gibt. Ein Vorbild diesbezüglich war mir der Gründer des Fernsehsenders K-TV, Pfarrer Hans Buschor, der in seiner ganzen Art felsenfest im Glauben stand. Wie oft wurde er in seinen Live-Sendungen beschimpft und verspottet, wie oft rechtlich wegen seinem festen Standpunkt zur römisch-katholischen Kirche angegriffen? All dies hat er ertragen, ohne zu jammern.
Dass der Glaube Berge versetzen kann, zeigte sich in Österreich in den fünfziger Jahren. Um 1955 herum wurde ein Rosenkranz-Sühnekreuzzug in ganz Österreich gebetet. Hierzu ein Zitat der Homepage rsk-ma.at:
„Der im Zweiten Weltkrieg zum Sanitätsdienst einberufene P. Petrus landete 1944 in einem riesigen Kriegsgefangenenlager bei Cherbourg in Frankreich. Ein Jahr nach Kriegsende konnte er in Mariazell für die glückliche Heimkehr danken. Tief besorgt betete er für seine österreichische Heimat. Vom Krieg zerschlagen war sie unter den vier Besatzungsmächten aufgeteilt, und besonders das Verhalten der Sowjets ließ Schlimmes befürchten. Da vernahm er deutlich eine innere Stimme: „Tut, was ich euch sage, und ihr werdet Frieden haben.“ Im Lauf eines halben Jahres reifte in ihm der Plan, eine Gemein-

schaft von Rosenkranzbetern zu gründen. Als er etwa fünfhundert Mitglieder gesammelt hatte, suchte er die kirchliche Zustimmung. Kardinal Dr. Theodor Innitzer, damals Wiener Erzbischof, gab sie bereitwillig und ließ in der Novembernummer des Amtsblattes der Erzdiözese auf das Unternehmen empfehlend hinweisen. Die Zahl der Mitglieder stieg: Bis Ende 1950 auf 200.000, zwei Jahre später waren es 340.000 und im Mai 1955 überstieg sie eine halbe Million. Unter den Mitbetern war schon seit 1948 der beliebte Nachkriegsbundeskanzler Leopold Figl, etwas später stieß Bundeskanzler Julius Raab dazu. P. Petrus trommelte zum Gebet, und das zeigte sich auch an den Teilnehmerzahlen bei den nun jährlich zu Maria Namen (um den 12. September) veranstalteten Sühneprozessionen: 1953 50.000 und 1954 80.000. So ist es nicht verwunderlich, dass in der unerwarteten Zustimmung der Russen zum Staatsvertrag im Jahre 1955 viele eine Erfüllung ihrer Bitten an die Gottesmutter sahen."

Der Mut und der Glaube der Menschen hatten die Russen zum Abzug bewogen. Auch heute noch kann man solche gewaltigen Glaubenserlebnisse beobachten, wenn man sie ernsthaft sucht.

Warum werden nicht alle Menschen katholisch?

In der Deutschen Tagespost, einer katholischen Wochenzeitung vom 7.1.2022 analysiert Alexander Garth in einem Artikel den „Sterbeprozess des protestantischen Landeskirchentums". Zuvor hatte der evangelische Pfarrer Garth die katholische Kirche in einem Brief bezüglich des Synodalen Weges gewarnt, nicht die gleichen Fehler wie die evangelisch-lutherische Landeskirche zu machen. Er bezeichnete dabei den Synodalen Weg als einen „Irrweg". Wer Frauenpriestertum, verheiratete Priester und Feminismus in der katholischen Kirche wolle, der solle doch evangelisch werden. (Quelle: DT v. 13.1.22, S. 32, B. Rinker)
Weiter hinterlegte er dies mit Fakten. In der EKD seien im Jahr 1950 noch 42 Millionen Christen registriert gewesen. Diese Zahl

ist bis heute auf 21 Millionen geschrumpft. In der Lutherstadt Wittenberg gibt es gerade mal noch 12 % lutherische Christen. Dabei sind auch die „bezahlten Christen" in diese Zahl eingeschlossen, denn in Wittenberg gibt es ein Kreiskirchenamt mit vielen Mitarbeitern, die in der Verwaltung wie Gebäudewesen, Finanzverwaltung, Meldewesen, Pacht- und Grundstücksverwaltung, Personalwesen usw. untergebracht sind. Außerdem gibt es weitere evangelisch-lutherische kirchliche Einrichtungen dort, wie zum Beispiel die Evangelische Akademie Sachsen-Anhalt, die Paul Gerhardt Diakonie-Akademie, die Luthergesellschaft, das LWB (Lutherisches Weltbundzentrum), das Wittenberg Center der Evangelisch-Lutherischen Kirche, Wittenberg-Zentrum für Globale Ethik in Amerika, Stiftung Christliche Kunst, Stiftung Luthergedenkstätten in Sachsen-Anhalt usw., die mit recht viel Personal dort vertreten sind.
Rechnet man bei einer Einwohnerzahl von rund 45.000 mit Ortsteilen der Stadt Wittenberg die Angestellten der kirchlichen Einrichtungen dort ab, so käme man bei genauerem Hinsehen unter 10 % Protestanten in der Wiege der lutherischen Kirche in Deutschland. Noch verheerender wäre das Ergebnis vermutlich, wenn man die dörflich geprägten Ortsteile mit relativ hoher evangelischer Bevölkerung wegrechnet. Kurz gesagt, an seinen Früchten erkennt man den Baum.
Nun könnte jemand behaupten, auch die katholische Kirche hat Mitglieder verloren. Er verkennt aber dann die globale Sicht. Die Gebiete um Deutschlands Osten wurden nach 1945 fast zu 100 % katholisch. Polen hat mit Pommern, Schlesien, Ost- und Westpreußen fast ein Drittel des ehemaligen deutschen Staatsgebiets rekatholisiert, und die Kirchen dort sind voll. Die Slowakei, Tschechien (auch wenn hier durch den Kommunismus der katholische Glaube sehr bekämpft wurde) usw. werden mittlerweile wieder vom katholischen Glauben dominiert. Dieser evangelische Pfarrer aus Wittenberg warnt vor dem Synodalen Weg, und ich denke auch, dass dieser Weg nicht der richtige ist.
Das Buch des evangelischen Pfarrers Andreas Theurer mit dem Titel „Warum werden wir nicht katholisch?" analysiert vermeintliche Hindernisse eines Zusammenschlusses zwischen evangeli-

scher und katholischer Kirche. Der Ablasshandel, der zur Spaltung geführt hatte, ist seit langem abgeschafft worden und auch in der Rechtfertigungslehre besteht kein Dissens mehr. Er stellt weiterhin die Frage: „Warum sind wir noch protestantisch? Es gibt keinen Grund, uns weiterhin von der Gemeinschaft mit dem Papst und der katholischen Kirche fernzuhalten." Nach der Veröffentlichung des Buches wurde der Pfarrer von der evangelischen Kirche gekündigt. Es sei auch erwähnt, dass er dann vom Bistum Augsburg eingestellt wurde.
All diese Beispiele müssen von uns gesehen werden. Gott arbeitet immer, wir müssen es nur sehen und sehen wollen. Fakt ist, nur noch Norddeutschland und Teile Mitteldeutschlands können als „evangelische Landesteile" betrachtet werden. Trotz Medienkampanien der letzten Jahre gegen die katholische Kirche gibt es in Deutschland mittlerweile mehr Katholiken als evangelische Christen. Wir sollten mutig zu unserem Glauben stehen. Wer zu Jesus steht, wird, wie er selbst, den Kreuzweg gehen – aber dieser Weg ist ein Weg ins Leben und nicht in den Tod, denn nach der Auferstehung kommt das ewige Leben. Warum werden nicht alle Menschen katholisch? Weil viele Menschen es sich bequem gemacht haben und in ihrer materiellen Welt glauben, die Erfüllung gefunden zu haben. Am Ende jedoch kommt die bitterböse Abrechnung, denn eine ständige Steigerung des Materialismus gibt es nicht. Man betrachte doch nur die riesigen psychischen Probleme in der heutigen Gesellschaft, die durch Langeweile entstehen.
„Müßiggang ist aller Laster Anfang", sagte meine Mutter oft. Dieses Sprichwort hat bis heute seine Bedeutung nicht verloren. Die Jugend verwahrlost zum großen Teil, da sie nicht rechtzeitig zur Arbeit herangezogen wird. Einem Jungen aus unserem Dorf, er war damals etwa fünfzehn oder sechzehn Jahre alt, erzählte ich nach der Wende, wie wir früher arbeiteten. In seinem Alter mussten wir auf dem Feld Rüben verziehen oder auch im Stall mitarbeiten.
Er antwortete mir darauf: „Da würde ich mich lieber aufhängen!" Ich war darüber geschockt. Er wurde nach der Wende arbeitslos und hatte sein Outfit völlig verändert. Hätte er Halt im

katholischen Glauben gehabt, wüsste er zum Beispiel als Ministrant, was dienen bedeutet. Er hätte auch gelernt, dass Lehrjahre keine Herrenjahre sind.
Als ich einst in Westdeutschlands Norden, genauer in Lübeck, Land für eines unserer Werke kaufte, ermittelte ich einen Erben, der achtundfünfzig Jahre alt war. Als ich nach seinem Beruf fragte, antwortete er mir: „Ich bin Student im Direktstudium." Als naiver Ostdeutscher kurz nach der Wende glaubte ich zunächst, dass er einen Witz machte, denn in der DDR war das unmöglich, außer bei einem Fernstudium. Doch es war tatsächlich so. Er hatte keinen Halt in seinem Leben gefunden.
Dienen, sich auch unterordnen können, Tugenden wie Fleiß und Einsatzbereitschaft, die auf den Prinzipien der katholischen Soziallehre aufgebaut sind, fehlen heute mehr denn je. Achtung vor älteren Menschen und deren Lebensleistung, aber auch die Regel des Hl. Benedikts „Ora et labora – bete und arbeite" müssen unbedingt wieder Beachtung finden. Bei allen Härten, die ich bei meiner Grenzer-Ausbildung in der DDR als junger Mensch erdulden musste, war doch vieles förderlich für mein späteres Leben, da wir mit achtzehn Jahren dienen lernten, was heutzutage der Jugend fehlt. Die Jugend fordert zum großen Teil nur, und dies wird ihnen von den Medien auch noch suggeriert. Härten ertragen braucht man nicht mehr. Was daraus wird, sieht man an der Kriminalitätsstatistik oder bei den vielen Sendungen im Fernsehen über Hartz-4-Empfänger.
In einer Fernsehsendung am frühen Morgen im Nachtprogramm der ARD diskutierte ein Professor mit den Machern der Sendung. Er bemängelte, dass die geringe Vermögensbildung von Jugendlichen eine Art Stolperstein für die Wirtschaft wäre und regte ernsthaft an, jedem Jugendlichen mit dem einundzwanzigsten Lebensjahr 20.000 € zu überweisen. Ich kann mir beim besten Willen nicht vorstellen, wie solch eine Vorgehensweise die Arbeitsmoral der Jugend wecken soll. Als Student arbeiteten wir auf dem Feld, im Stall oder in der Obsternte. Ich wüsste nicht, dass uns das geschadet hätte. Im Gegenteil, dadurch lernten wir Achtung vor der Leistung der Erwachsenen und konnten besser einschätzen und nachvollziehen, wie schwer es ist, irgendein Produkt herzustellen.

Bewahrung im Alltag

In einer unserer Kiesgruben hatten wir bewusst mit alten Geräten begonnen, um uns nicht zu verschulden. So begannen wir mit einem alten Radlader, den ich für wenig Geld in einem Glaswerk in Bad Münder kaufte. Um Kosten zu sparen, fuhren wir diesen Radlader vom Typ Zettelmeyer 1700 per Achse über 200 km nach Hause. Wenn ich heute darüber nachdenke, frage ich mich, wie wir das nur geschafft haben. Da dieses Gerät nur etwa 25 bis 30 km/h fuhr, brauchten wir etwa 15 Stunden dafür, weil wir unterwegs noch eine Panne hatten und uns zusätzlich die Polizei anhielt. Wir benutzten in der Nacht unerlaubterweise eine Kraftfahrstraße. In der Wendezeit war alles möglich. Die Polizisten drückten ein Auge zu, und wir konnten weiterfahren.

Ich hatte keine Ahnung von diesen Maschinen und musste mich erst hinsichtlich der benötigten Technik kundig machen. Da neben unserer ersten Kiesgrube der damalige Kreisbaubetrieb seinen Kiesabbau vorerst weiterführte, sah ich, mit welchen Maschinen dort gearbeitet wurde. Also kaufte ich für wenig Geld eine russische Planierraupe vom Typ T 100. Diese Maschinen waren sehr robust, aber der Komfort für den Fahrer konnte absolut nicht befriedigen. Dennoch stand für mich fest, keine Kredite aufzunehmen. Also wurde der Abraum mit einer solchen Planierraupe abgeschoben. Dieses Gerät bediente Bernd, ein handwerklich geschickter Mann aus einem unserer Nachbarorte, den ich noch aus meiner Zeit in der StGP kannte. Da das Kiesgeschäft durch die Erschließung vieler neuer Gewerbegebiete sofort boomte, standen die LKW manchmal einige Hundert Meter weit vor dem Kieswerk und warteten darauf, beladen zu werden. Also musste unsere alte russische Planierraupe bis zum Anschlag laufen.

Bernd hatte bei dieser Maschine aufgrund der hohen Auslastung Probleme mit dem Kühlwasser. Die Kühlung des Motors funktionierte nicht mehr richtig, so dass die Maschine an einem Abhang in einer Art Wassernebel stand. Er versuchte, den Kühlerdeckel vorsichtig mit einem Tuch zu öffnen. Plötzlich schleuderte ihm ein Gemisch aus kochendem Wasser und Dampf direkt auf den

Körper. Er schrie vor Schmerzen, sein Brustkorb war völlig verbrüht. Als ich das sah, lief ich zu ihm, riss ihm seine Kleider vom Körper und bespritzte ihn mit kaltem Wasser. Danach setzte ich ihn in mein Auto und fuhr zu einem Arzt im Nachbarort. Dieser konnte ihm nicht helfen, denn er war ein Allgemeinmediziner und auf solche Brandwunden nicht eingestellt. Er verwies uns auf einen Chirurgen in Bad Frankenhausen. Zwischenzeitlich verschlimmerte sich Bernds Zustand immer mehr, so dass er kurz vor einem Kollaps stand.
Bei dem Chirurgen angekommen, verschlechterte sich die Sachlage mehr und mehr. Ich betete darum, dass Bernd die Situation überlebt und bat den Chirurgen, unseren Mann auf die Intensivstation im hiesigen Krankenhaus einzuweisen. Damit war er aber nicht einverstanden, da er offensichtlich mit dem Krankenhaus nicht zusammenarbeitete. Er wollte, dass Bernd in ein anderes Krankenhaus, etwa fünfzehn Kilometer entfernt, gebracht werden solle. So rief ich in unserem Krankenhaus an und bat um sofortige Aufnahme. Ich hörte unseren Mitarbeiter vor Schmerzen nur noch schreien. Es kam ein Krankenwagen mit einem mir bekannten Chirurgen, der unseren Fahrer übernahm. Noch im Krankenwagen fiel Bernd ins Koma. Die Ärzte gaben eine ungünstige Prognose ab, da es Verbrennungen zweiten und teilweise dritten Grades waren. Ich betete inständig zu Gott, dass Bernd nicht stirbt und wieder völlig gesund wird. Telefonisch gab ich zugleich die Anweisung an meine Frau, dass alle Maschinen im Werk ausgeschaltet bleiben und die Männer gemeinsam für Bernd beten. Am nächsten Tag war er bereits aus dem Koma erwacht und wurde operiert. Nach etwa acht Wochen war er, bis auf einige große Narben, wieder völlig gesund. Wenn ich heute daran denke, danke ich Gott aufrichtig und von Herzen für seine Genesung.
Eine weitere Bewahrung erlebten wir in unserem Alltag im Bereich der Landwirtschaft, an der ich mich bis zum heutigen Tag noch aktiv beteilige. Ich war bereits katholisch, als wir etwa im Jahr 2010 mit zwei Mähdreschern unsere Ernte einbringen wollten. Es hatte einige Tage vorher geregnet, und an einen Drusch

war nicht zu denken. Endlich kam die Sonne heraus und die Feuchtigkeit unseres Weizens war im Toleranzbereich, so dass wir mit unseren Mähdreschern ausrücken konnten. Wir arbeiteten den ganzen Nachmittag bis zum späten Abend, um unsere Ernte einzubringen. Der Wetterbericht hatte schwere Gewitter für unsere Gegend vorausgesagt, und um uns herum wurde der Himmel fast schwarz. Wir hatten aber versäumt, unsere Anhänger mit Planen auszustatten, weil ich vorerst nicht mit Regen gerechnet hatte. Da ein Ende in Sicht war, ging ich das Risiko ein, weiter zu dreschen. Mir fiel der Slogan der Kommunisten zu DDR-Zeiten ein, der da lautete: „Ohne Gott und Sonnenschein bringen wir die Ernte ein." Davon war ich nicht überzeugt, und deshalb betete ich, dass der liebe Gott uns beim Einbringen der Ernte helfen möge. Wir waren fast fertig, und ein heftiges Gewitter oder, besser gesagt, Unwetter braute sich um uns zusammen. Man sah die Blitze um uns, und der Donner kam immer näher. Wir hatten es geschafft. Unsere Mähdrescher hatten die gesamten Restflächen abgeerntet, als um uns der Regen nur so herunterprasselte. Nun versuchten wir, so schnell wie möglich das Feld zu verlassen und unsere Unterstände zu erreichen. Es war unbeschreiblich, welches Unwetter nun rechts und links neben uns herunterging. Ich bat unsere Mitarbeiter per Funk darum, mitzubeten, dass der liebe Gott uns die Ernte trocken einbringen lässt. Es klingt wie ein Märchen, aber es war in Wirklichkeit so. Eine Schneise von wenigen Metern regnete es nicht, und wir schafften es, unser Getreide trocken einzufahren. Der Herr hatte uns bewahrt.

Das Bild des Katholiken und Christen in der Diaspora

Während ich dieses Buch schreibe, rollt eine scheinbar durch Medienvertreter gut vorbereitete zerstörerische Welle aufgrund von Missbrauchsvorwürfen über die katholische Kirche hinweg, so dass Außenstehenden der Eindruck vermittelt wird, dass die katholische Kirche fast ausschließlich aus Sexualtätern besteht. Das scheint der Sinn der Kampagne zu sein, die, meiner Meinung nach, teuflischen Ursprungs ist. Besonders verwerflich empfinde ich, dass hierbei sogar der 94-jährige emeritierte Papst mit hineingezogen wird. Wenn mich heute jemand fragen würde, an welcher Sitzung ich vor vierzig Jahren teilgenommen habe, wüsste ich das vermutlich auch nicht genau. Da wird das Bild eines heiligmäßig lebenden Menschen in den Schmutz gezogen, weil er nicht genau weiß, ob er vor etwa vierzig Jahren an einer Sitzung, bei der es angeblich um Missbrauchsvorwürfe ging, teilgenommen hatte oder nicht.

Damit hier Klarheit besteht: Sexueller Missbrauch muss hart bestraft werden! Aber damit die älteste und größte Religionsgemeinschaft der Welt insgesamt zu beschmutzen, ist angesichts der guten Taten dieser Organisation nicht akzeptabel. Man denke nur an Mutter Teresa, die in Indien die Sterbenden betreute, oder an die vielen katholischen Krankenhäuser, wo hervorragende Arbeit geleistet wird. Die Seelsorge an Hinterbliebenen oder die Welthungerhilfe, die so viele gute Taten vollbringen. All dies wird einfach beiseitegeschoben, nur um die katholische Kirche, die um ihres Sendungsauftrages willen an Wort und Schrift Gottes gebunden ist, zu erschüttern und unglaubwürdig zu machen. Vermutlich hat man Angst davor, dass die eigenen Verfehlungen hier auch weiterhin klar als Sünden benannt werden.

Kürzlich hörte ich die Predigt eines österreichischen Bischofs. Er erzählte die erdachte Geschichte eines Oberteufels, der seinen Teufelslehrling auf die Menschheit losließ. Als der Teufelslehrling zum Oberteufel zurückkam, berichtete er ihm, dass er einen Krieg angezettelt hätte, und dachte, der Oberteufel würde ihn dafür belobigen. Doch der Oberteufel meinte zu ihm, dass das nicht so gut sei, denn dann würden die Menschen wieder beten, stattdessen solle er sie verwirren. Genau das geschieht heute mit der katholischen Kirche. Die einzige Institution, die noch zwischen Recht und Unrecht vor Gott und den Menschen unterscheiden und Sünden klar benennen muss und kann, soll aus ihren Fundamenten gerissen werden. Das wird nicht gelingen, da es die Kirche Jesu Christi ist!

Wie sieht man die katholische Kirche in der Diaspora? Insgeheim beeindruckt das Heilige die Menschen, solange man selbst kein Opfer bringen muss. Die Sexualvorwürfe wirken natürlich abstoßend. Es reichen einige Schlagzeilen, und das Urteil ist gefällt. Man macht sich nicht die Mühe, Details kritisch zu hinterfragen und erst dann sein Urteil zu fällen.

Ich selbst hatte öfters mit dem Phänomen zu tun, dass man als Katholik verpflichtet sei, anderen Menschen ihren Luxus zu finanzieren. Eines Tages kam ein junger Mann zu mir, den ich seit Jahren kannte. Er erzählte mir, dass sein Auto defekt sei. Er bat mich darum, ihm 10.000 € zu leihen, damit er sich ein anderes Auto kaufen könne. Er weinte fast und meinte, er könne nun seine Familie nicht mehr ernähren, da er nicht zur Arbeit fahren könne. Ich hatte Mitleid mit ihm und bot ihm an, mit mir in die Stadt zu fahren, wo ich ihm ein kleines, günstiges Auto für den Übergang kaufen würde. Das wollte er auf keinen Fall, da er seinen großen Luxuswagen wieder bräuchte, und mit dem Geld könne er diesen wieder reparieren lassen. Das lehnte ich ab, da ich ihm kein Geld in die Hand geben wollte. Er hatte das Paradigma, dass man als gläubiger Katholik verpflichtet sei, barmherzig zu sein. Diese Auffassung habe ich auch bis heute, aber den Luxus eines Menschen zu finanzieren, ist nicht meine Aufgabe. Also lehnte ich ab. Wütend verließ er mein Büro. Er drohte mir, dass ich schuld daran wäre, wenn er sich nun das Leben nehmen müsste.

Als ich zu Hause ankam, erzählte ich meiner Frau davon, die auch über die Haltung des jungen Mannes empört war. Ich konnte einige Nächte nicht schlafen, weil ich Angst hatte, dass er sich

etwas antut. Als ich einige Wochen später durch eine unserer Kleinstädte fuhr, stutzte ich, als ich ein großes Plakat sah, auf dem der junge Mann mit einer Aktentasche als eine Art Finanz- und Versicherungsberater zu sehen war. Ich musste innerlich darüber lachen und war zugleich froh, dass er sich nicht das Leben genommen hatte. Ob er der richtige Mann dafür war, die Spargroschen anderer Menschen zu verwalten, sei dahingestellt.
Ähnliches hatte ich bereits kurz nach der Wende, als ich noch evangelisch war, mit einer Frau erlebt, die bei der evangelischen Kirche hauptamtlich als Katechetin beschäftigt war. Sie kam in mein Büro und erzählte mir, dass ihre volle Geldbörse gestohlen worden sei und sie nun ohne einen Pfennig Geld dastünde. Da ich bereits vorgewarnt war, glaubte ich ihr kein Wort und sagte ihr es auch auf den Kopf zu. Unser alter evangelischer Pfarrer war einige Tage zuvor außer sich zu mir gekommen und meinte, dass diese Frau „den Lügengeist“ hätte. Bei einer Fahrt mit den Christenlehrekindern hatte sie über 8.000 DM Schulden gemacht und er sollte nun dafür haften. Schweren Herzens übernahm ich die Rechnung und glich sie aus, da dieser Pfarrer uns bereits zu DDR-Zeiten geprägt hatte.
Einige Tage später saß mein Mitarbeiter, wie jeden Morgen, bei mir und fragte, was ich von der Katechetin halten würde. Auf meine Anfrage, warum er mich das fragen würde, gab er zu, dass diese Frau von ihm mehrere Tausend D-Mark leihen wolle. Er hatte das Geld bereits mit und wollte es der Frau in Kürze geben, da er davon ausging, dass sie Christ war und aus diesem Grund auch ehrlich sei. Durch meine Intervention konnte ich ihm das ausreden. Nun erzählte ich ihm, dass ich einige Tage zuvor bereits einen Anruf von einer Pension in unserer Gegend erhalten hatte. Hier hatte diese Katechetin sich eingemietet. Als sie bezahlen sollte, gab sie einfach unsere Adresse an. Sie behauptete, dass meine Frau und ich krank wären, und sie uns im Weihnachtsgottesdienst vertreten musste. Aus diesem Grund hätten wir auch ihre Rechnungen zu bezahlen. Davon war natürlich kein Wort wahr.

Ein anderer Bürger unserer Gemeinde war auf ihr Märchen mit der gestohlenen Geldbörse hereingefallen und hatte ihr Geld geliehen, damit sie Lebensmittel kaufen konnte. Stattdessen ging sie zum Friseur und anschließend zur Kirmes im Ort. Nachdem ich meinem Mitarbeiter davon berichtet hatte, nahm er Abstand von dem Leihgeschäft und wurde vor einem größeren Verlust bewahrt.
Viele Menschen, die weder getauft noch gefirmt oder konfirmiert wurden, oder getaufte Christen aller Konfessionen haben teilweise den Kontakt zum Christentum völlig verloren. Auf dem Gebiet der ehemaligen DDR sind zwar die Zahlen der Kirchenmitglieder geringer als in Westdeutschland, aber die Grunderziehung in der ehemaligen DDR baute auf christlichen Werten auf, wie Bescheidenheit, Ehrlichkeit, Rechtschaffenheit usw. Wenn man beispielsweise die Gebote der Jungpioniere der DDR betrachtet, die außer dem Bekenntnis zum Staat allesamt nicht als unchristlich angesehen werden können und wie folgt lauteten: „Wir Jungpioniere lieben unsere Eltern, lieben den Frieden, halten Freundschaft mit den Kindern aller Länder, lernen fleißig, sind ordentlich und diszipliniert, achten alle arbeitenden Menschen und helfen überall tüchtig mit, sind gute Freunde und helfen einander ...", erkennt man, dass diese Gebote ihren Ursprung in der christlichen-katholischen Weltanschauung haben. Hier kann und sollte man ohne Scheu aufbauen, denn die Menschen suchen und brauchen Gott jetzt dringender denn je.
Als ich versuchte, einen katholischen Kindergarten in der Region zu installieren, kamen sofort Einwände, dass in einem evangelischen oder atheistischen Dorf niemand sein Kind in einen katholischen Kindergarten schickt. Ich bin als Unternehmer völlig anderer Meinung, da ich glaube, dass der Bedarf auf jeden Fall vorhanden ist und dass ein solches Vorhaben ein Erfolgsmodell wird. Zu unseren jährlichen Himmelfahrtsfeiern kommen immer auch viele Kinder mit, so dass ich der Überzeugung bin, dass man die Jugend begeistern kann.

Die heutige Zeit

Als in den sechziger Jahren die Antibabypille aufkam, warnten die Päpste die Menschheit davor. Papst Paul VI. verbot 1968 den Gläubigen künstliche Verhütungsmittel. Der damalige Papst hatte eine Enzyklika veröffentlicht, auf die angeblich der damalige Bischof und spätere Papst Johannes Paul II. großen Einfluss hatte. Die öffentliche Meinung war empört über diese Meldung aus dem Vatikan. Wie heute, wurde vor allem in Westeuropa verbal auf die katholische Kirche und ihr Oberhaupt eingeschlagen. Pille und Kondom seien auch deshalb verwerflich, weil sie Frauen den Männern jederzeit sexuell verfügbar machten, schrieb der spätere Papst und Erzbischof von Krakau, Karol Wojtyla. Man kritisierte die katholische Kirche als weltfremd und nicht in die Zeit passend.

Ich selbst war damals der Meinung, dass diese Kirche nicht mehr in die moderne Welt passt. Heute sehe ich es anders! Ich finde es echt gut, dass die Kirche und voran der Papst den Mut hatten, sich gegen diese Antibabypille zu entscheiden. In der westlichen Welt vereinsamt die Menschheit zusehends. Wenn man in unser Dorf sieht, so wohnen in den Häusern in der Regel nur noch jeweils ein oder zwei Menschen. Früher hatte man mehr Kinder, und die Alten halfen bei der Kinderbetreuung. Psychische Erkrankungen, die heute in erster Linie in der Vereinsamung der Menschen begründet sind, gab es kaum. In katholischen Ländern wie Polen waren diese Probleme nicht primär. Hätte man sich an die Vorgaben der katholischen Kirche gehalten und auf die Pille verzichtet, wäre die Großfamilie erhalten geblieben.

Nur, weil eine gewisse Klientel auf nichts verzichten wollte und ein Riesengeschäft der Pharmabranche in Aussicht stand, wurde bereits damals die katholische Kirche von den Medien abgestraft. Wenn ich stehle oder Ehebruch begehe, kann ich doch nicht leugnen, dass dies eine Sünde ist, nur, weil ich es gern so hätte. Da wir alle sündige Menschen sind, verlangt doch die Kirche auch nicht, dass nun alle Menschen ohne Sünde sind. Sie verlangt lediglich, dass man seine Sünden erkennt und bereut.

Man kann doch nicht versuchen, Gott zu ändern, weil man seine eigenen Sünden nicht anerkennen will.
Das große Dilemma der heutigen Zeit besteht darin, dass man versucht, Gott zu spielen. Man ist der Meinung, dass mit der Wissenschaft alle Probleme der Menschheit zu lösen wären. Die rationale Wissenschaft nimmt keine Rücksicht auf empathische Belange, wie die Einsamkeit der Menschen in der Moderne. So sollte man doch weitsichtiger sein. Die Zunahme psychischer Erkrankungen ist die Folge mangelnder Kommunikation, die durch die fortlaufende Verdrängung der traditionellen Familie stark begünstigt wird. Als DDR-Grenzer kannte ich das Gefühl, sehr oft mit meinen Problemen allein zu sein. Man konnte sich niemandem öffnen, da der Geheimdienst allgegenwärtig war. In der heutigen Zeit ist es ähnlich. Um dies zu verdeutlichen, hier ein Auszug einer Standart-Datenschutzerklärung: „... Wir verwenden Tools von Unternehmen mit Sitz in den USA oder sonstigen datenschutzrechtlich nicht sicheren Drittstaaten. Wenn diese ... aktiv sind, können Ihre personenbezogenen Daten in diese Drittstaaten übertragen und dort verarbeitet werden. Wir weisen darauf hin, dass in diesen Ländern kein mit der EU vergleichbares Datenschutzniveau garantiert wird. Beispielsweise sind US-Unternehmen dazu verpflichtet, personenbezogene Daten an Sicherheitsbehörden herauszugeben, ohne dass Sie hiergegen gerichtlich vorgehen könnten. Es kann daher nicht ausgeschlossen werden, dass US-Behörden (z. B. Geheimdienste) Ihre auf US-Servern befindlichen Daten zu Überwachungszwecken verarbeiten, auswerten und dauerhaft speichern. Wir haben auf diese Verarbeitungstätigkeiten keinen Einfluss ..."
Wir sollten darum beten, dass die Menschen auch in den Regierungen und Geheimdiensten der Welt Gott als ihren Schöpfer erkennen und anerkennen, um die Menschen vor weiteren Katastrophen zu bewahren. Statt Gemüse mit Flugzeugen um die Welt zu fliegen, könnten diese Produkte jeweils vor Ort produziert werden. Wenn wir uns alle auf eine etwas bescheidenere Lebensweise einstellen und den Verzicht auf bestimmte Luxusgüter üben, kann das auch der Umwelt zugutekommen. Die Fe-

rien in der Heimat verbringen, kann auch schön sein. Ich kenne Menschen, die haben die ganze Welt bereist, um dort das Glück zu finden. Sie sind aber weiterhin auf der Suche und haben es noch nicht gefunden. Es ist sehr wichtig, jeden Sonntag die Heilige Messe zu besuchen, mehrmals im Jahr zur Beichte zu gehen und eine ehrliche Gewissenserforschung zu betreiben. Das konsequente Festhalten an den göttlichen Geboten bewahrt uns alle vor Fehlern und Irrlehren.

Abkürzungsverzeichnis

AAÜG	-	Anspruch- und Anwartschaftsüberführungsgesetz
ABK	-	Ausbildungskompanie
A-Gruppe	-	Alarmgruppe
A-Zug	-	Alarmzug
BGS	-	Bundesgrenzschutz
BHG	-	Bäuerliche Handelsgenossenschaft
DDR	-	Deutsche Demokratische Republik
DGB	-	Deutscher Gewerkschaftsbund
DSF	-	Deutsch-Sowjetische Freundschaft
EK	-	Entlassungskandidat
EOS	-	Erweiterte Oberschule
EU	-	Erholungsurlaub
FDGB	-	Freier Deutscher Gewerkschaftsbund
FDJ	-	Freie Deutsche Jugend
GAR	-	Grenzausbildungsregiment
Gänger	-	Gefreiter im letzten Diensthalbjahr
GK	-	Grenzkompanie
GMN	-	Grenzmeldenetz
GT	-	Grenztruppen
GUvD	-	Gehilfe des Unteroffiziers vom Dienst
Güst	-	Grenzübergangsstelle
GZD	-	Grenzzolldienst
Jumbo	-	Schutzanzug gegen radioaktive Strahlung
K6	-	Kontrollstreifen 6 Meter (geharkter Spurenstreifen)
Kapo	-	Unteroffizier
KC	-	Kompaniechef
KSZE	-	Konferenz über Sicherheit u. Zusammenarbeit in Europa
LFK	-	Verlängerungskabel für das Grenzmeldenetz
LO	-	Robur-LKW der Grenztruppen, luftgekühlter Ottomotor
LPG	-	Landwirtschaftliche Produktionsgenossenschaft

MdI	-	Ministerium des Inneren
Medpunkt	-	Medizinischer Punkt zur Versorgung von Soldaten
MfS	-	Ministerium für Staatssicherheit
MKE	-	Militärische Körperertüchtigung
MPi	-	Maschinenpistole
Nato	-	Nordatlantikpakt (North Atlantic Treaty Organization)
NBI	-	Neue Berliner Illustrierte
OvD	-	Offizier vom Dienst
Sankra	-	Sanitätskraftwagen
SED	-	Sozialistische Einheitspartei Deutschlands
SP1	-	Signalgerät 1
TSM	-	Truppenschutzmaske (Gasmaske)
Uffz.	-	Unteroffizier
UvD	-	Unteroffizier vom Dienst
VVB	-	Vereinigung Volkseigener Betriebe
Waffenspitz	-	Unteroffizier für Waffen- und Signaltechnik
Zehnender	-	Schimpfwort für einen Unteroffizier, der sich für zehn Jahre verpflichtet hatte
ZGD	-	Zollgrenzdienst

Fotonachweis

Seite 43: www.fotos-reiseberichte.de/innerdeutsche-grenze)
Seite 62: www.forum-ddr-grenze.de

Inhaltsverzeichnis

Motschmann, Jens
Widerspruch war nicht erwünscht

Erinnerungen an die Kindheit und Jugend im ostdeutschen Nachkriegs-Deutschland. Präzise und aufmerksam erzählt Motschmann, wie er aus den Kriegswirren in die neu gegründete DDR hineinwächst und wie er sie erlebt.

141 S. | Taschenbuch | 13,5 x 20,5 cm | 9,95 €
Best.-Nr.: 644206 | ISBN 978-3-86716-206-7

Voigt, Reinhard
Leis der Wind im Abend weht

Das Verhältnis von Zeit und Ewigkeit beginnt erst ganz behutsam für Adrian interessant zu werden. Nur manchmal gibt es für ihn Tage, an denen die kantigen Eigenarten der jungen DDR seine Träume und Ziele durcheinanderbringen.

244 S. | Taschenbuch | 13,5 x 20,5 cm | 16,95 €
Best.-Nr.: 644243 | ISBN 978-3-86716-243-2

Voigt, Reinhard
Im Schatten des Morgenrots

Wie entfernt sind wir möglicherweise Zuständen wie in der ehemaligen DDR; träumen einige etwa immer noch den sozialistischen Traum? So lebten Christen mit Rückgrat in der DDR.

152 S. | Taschenbuch | 13,5 x 20,5 cm | 11,95 €
Best.-Nr.: 644201 | ISBN 978-3-86716-201-2

Seidel, Frieder (Hg)
Mauerfall – Deutsche Einheit – Gott sei Dank!

Helmut Matthies, Jörg Swoboda,
Michael Kretschmer (MP Sachsen),
Harald Bretschneider,
Prof. Dr. Dr. Thomas Schirrmacher u.v.a.
berichten von ihren Erlebnissen in der Zeit der Wende.

356 S. | gebundene Ausgabe | 13,5 x 20,5 cm | 18,95 €
Best.-Nr.: 644184 | ISBN 978-3-86716-184-8

Seidel, Frieder / Matthies, Helmut (Hg)
Deutsche Einheit – Hinter den Kulissen

Monika Hohlmeier,
Dr. phil. Bernhard Vogel,
Werner J. Patzelt, Henning Röhl u.v.a.
berichten, was hinter den Kulissen passierte, damit die Deutsche Einheit möglich wurde.

175 S. | gebundene Ausgabe | 13,5 x 20,5 cm | 16,95 €
Best.-Nr.: 644202 | ISBN 978-3-86716-202-9

Weigel, Thomas
Ausgangssperre

Ende der achtziger Jahre in der DDR. Bernd hat den Armeedienst mit der Waffe verweigert und muss als Bausoldat nach Prora. Wird er in den Konflikten zwischen Anpassung und Auflehnung, im Ringen um Würde und gegen Willkür zerrieben?

316 S. | Taschenbuch | 13,5 x 20,5 cm | 14,95 €
Best.-Nr.: 644195 | ISBN 978-3-86716-195-4